하나님의 섭리로 본 기독교와 미국

성희출판사

하나님의 섭리로 본 기독교와 미국

2002년 8월 5일 초판 발행
2017년 5월 1일 재판 발행

발행처 (주)성화출판사
신고번호 제302-1961-000002호
주소 서울시 용산구 청파로 63길 3(청파동1가)
전화 02-701-0110
팩스 02-701-1991

가격 12,000원

ISBN 978-89-7132-212-3 04230
ISBN 978-89-7132-210-9 (세트)

하나님의 섭리로 본 기독교와 미국

책머리에

'하나님의 해방과 인류의 구원'을 위한 생애

　문선명 선생의 삶의 지표는 '하나님의 해방과 인류의 구원'이라고 생각합니다. 선생의 말씀과 기도문을 통해 나타난 의식과 삶이 이를 증언하고 있기 때문입니다.

　지금까지 여타의 신관에 의하면, 절대자이고 무한자이신 신이 상대자이고 유한자인 인간을 해방한다고 되어 있습니다. 선생께서는 정반대로 인간이 신을 해방시켜 드려야 한다고 가르치시고 이를 실천하는 한 생애를 살아오셨습니다. 이는 신과 인간의 관계정립의 차이에서 온 결과입니다.

　선생께서는 신과 인간의 관계를 '부자지인연(父子之因緣)'이라고 해명하셨습니다. 하나님은 인간을 당신의 형상 곧 자녀로 창조하셨고, 자녀인 인간을 통해 창조의 이상을 실현코자 하셨습니다. 그러나 인간이 타락하여 생명을 잃게 되자 하나님은 자식 잃은 슬픈 부모가 되셨습니다. 불 속에 있는 자녀를 보면 생명을 던져서라도 자녀를 구하기 위해 불 속으로 뛰어드는 숭고한 부모사랑의 본체가 되시는 하나님은, 본연의 인간회복을 위해 구원섭리를 인류역사와 함께 전개해 오셨습니다. 잃어버린 자녀를 찾아오신 하나님의 섭리는 처절한 고통과 한의 역사였습니다.

성서의 기록대로 하나님의 섭리 완성을 위해 소명받은 인물들은 하늘의 명을 어겼습니다. 하나님은 한없는 부모의 사랑으로 섭리를 반복하셨지만, 인간은 철저하게 하늘을 배반하였습니다. 그럼에도 불구하고 처음부터 '부자지인연'이었기에 하늘은 포기하지 않고 끝없는 참사랑으로 우리에게 다가옵니다. 그래서 이제는 성숙한 자녀가 슬픈 부모 되시는 하나님을 충효로써 해방시켜 드려야 함을 선생께서는 가르치신 것입니다.
　선생의 의식과 삶의 결정체인 기도 한 편을 소개하겠습니다.

아버지와 더불어 살 수 있는
그 한날이 그립사옵니다.
아버지를 그리며
아버지를 향하여 달리는 저희들,
아버지와 더불어 살 수 있는
영광의 한날을 맞이하여
아버지 앞에 감사와 기쁨의 송영을 돌림으로써,
지으신 만물을 화동시킬 수 있는
아들딸들이 되게 하여 주시옵소서.
저희의 마음과 몸은
아버지의 형상을 닮아 지은 것이오니,
온전히 아버지를 닮은
아들딸이 되게 하여 주시옵기를,
아버님,
간절히 바라옵고 원하옵나이다.

아버지여!

당신의 슬픈 마음이
땅 위에 서려 있는 것을
인간들은 모르고 있사옵고,
하늘의 서글픈 눈물자국이
인류역사의 발자취에 스며 있다는 것을
모르고 있사옵니다.
한없는 하늘의 탄식이
저희의 마음과 몸에 감돌고 있다는 것을 모르고는,
하늘 앞에 면목을 세울 수도 없고
하늘의 신임을 받을 수도 없는
패역한 인간의 후손이 됨을
자인하지 않을 수 없사옵니다.

아버지!
땅에는
당신의 눈물을 거두어 드릴 자가 없사옵고,
당신의 슬픔을 붙들고 위로해 드릴 자가 없사옵고,
당신이 가시는 그 길을 지킬 자가 없사옵니다.

그러므로
이 땅에 한이 있다 할진대
그것은 하늘의 한이 사무친 땅이라는 것이요,
슬픔이 있다 할진대
하늘의 슬픔이 사무친 땅이라는 것이요,
원한이 있다 할진대

하늘의 원한이 사무친 땅이라는 것이옵니다.

그러기에
이 땅에 살고 있는 인간들은
슬픔의 제물이 되지 않을래야 되지 않을 수 없는
운명에 처해 있사옵고,
한스러운 자신을 넘지 않을래야 넘지 않을 수 없는
운명에 처해 있사옵니다. 「아버지의 기도 4권 p 62~63」

문선명 선생의 생애를 한마디로 규정하기란 한계가 있지만, 천의에 따라 '하나님의 해방과 인류 구원'을 위해 평생을 바쳐오신 숭고한 삶이라고 감히 증언합니다.

선생은 하나님께 사무치신 일관된 길을 평생 걸어오셨습니다. 고통과 한의 하나님이심을 온 몸으로 체휼하신 하나님의 형상이셨기에, 자신의 생명과 가정도 다 잊으신 채 오직 죄악으로 찌들어 버린 타락인간에게 하늘의 심정과 사랑을 심기 위해 심혈을 다 기울이셨습니다. 이른 새벽부터 다음 날 새벽까지 쉴새없이 가르치고 또 가르치셨습니다. 때로는 자비로운 인자하심으로, 때로는 온 천하를 주고도 바꿀 수 없는 깊고 오묘한 진리의 말씀으로, 때로는 끝없는 기다림의 침묵으로, 때로는 피, 땀, 눈물이 뒤범벅이 된 몸부림으로, 때로는 불호령으로, 때로는 친구처럼 화동하며 더불어 함께 하시는 모습으로 인간과 세계, 역사와 영계, 그리고 온 천주의 근본이신 하나님의 모든 것을 밝히 가르치셨습니다. 그 모든 말씀은 말씀선집을 비롯해 많은 저서 속에 나타납니다.

본서는 수많은 선생의 말씀 중에서 하나님의 섭리를 통한 문명의 흐름과 역사발전, 하나님이 미국에 대한 축복과 소망, 위기에 선 기독교와 미국의 현재, 하나님의 뜻 실현과 미국을 중심한 통일운동, 기독교와 미국의 새로운 장래에 관한 말씀을 수록하였습니다.

　일평생을 오직 하나님을 안식시켜 드리고, 인류를 하늘의 참된 본연의 자녀로 인도하기 위해 수고해 오신 참부모님 되신 양위분께 무엇으로 감사를 다 드릴 수가 있겠습니까?

　독자 여러분께서 본서를 통해 숭고하신 선생의 삶과 가르침을 깊게 이해하시어 하늘 앞에 참된 자녀가 되시기를 소망합니다.

2017년 5월
선학역사편찬원

차례

머리말 5

1 하나님의 섭리를 통한 문명의 흐름과 역사발전…13

1. 하나님의 구원섭리역사 · 14
2. 하나님의 섭리를 중심한 문명의 흐름 · 41
3. 종교를 중심 한 섭리와 문명의 자각 · 73
4. 통일된 세계와 문명을 찾아 나온 하나님 섭리 · 89
5. 기독교의 세계적 확장과 근대세계의 발전 · 106

2 하나님의 미국에 대한 축복과 소망…135

1. 청교도 이상을 중심 한 미국의 건국 · 136
2. 미국에 대한 하나님의 축복 · 149
3. 세계복귀의 소명을 받은 미국 · 172

3 위기에 선 기독교와 미국의 현재…201

1. 하나님이 떠나가고 있는 미국의 현실 · 202
2. 세속화된 기독교와 그 위기 · 229
3. 각성해야 할 기독교와 미국사회 · 251

4 하나님의 뜻 실현과 미국을 중심한 통일운동···261

1. 기독교의 새로운 부활과 통일운동 · 262
2. 미국과 세계 구원을 위한 통일운동의 위상과 목적 · 276
3. 미국 근 현대사를 주도해 온 통일운동 · 300

5 기독교와 미국의 새로운 장래···325

1. 세계 복귀를 위한 기독교의 사명 · 326
2. 새로운 청교도 운동과 미국의 갈 길 · 343
3. 재림메시아를 중심한 미국의 사명 · 354

■ 일러두기

이 책은《문선명선생 말씀선집》에서 '기독교와 미국의 섭리'에 관련된 말씀을 뽑아 재구성한 것입니다.
말씀의 왼쪽에 그 출처와 말씀을 하신 날짜를 밝히고 있습니다.

1

하나님의 섭리를 통한 문명의 흐름과 역사발전

1. 하나님의 구원섭리역사

인간의 창조와 타락

015 - P.321, 1965.12.07

천지만물을 지으신 하나님께서는 인간을 지극히 사랑하시는 존재로 지으셨습니다. 엿새 동안에 지은 피조물 가운데, 그 무엇보다도 인간 하나를 하나님의 영광과 소망의 대상으로 세우기 위해 간곡한 심정을 가지고 지으셨다는 것을 우리는 압니다.

그 인간 한 사람이 성장하여 소망을 성취하고, 행복을 노래하는 평화의 가정을 만들어서 함께 살기를 하나님께서 얼마나 바라셨는가 하는 것을 생각해야 되겠습니다.

하나님께서는 본연의 아담 해와를 창조해 놓으시고 기뻐하셨지만, 타락한 연고로 애절한 심정과 간곡한 심정을 지니시고 하나의 승리를 완결할 수 있는 그때를 소망해 나오셨다는 것을 다시 한 번 생각해야 되겠습니다.

아담 해와를 위해 지어 놓으신 피조세계를 바라보는 것도 좋았지만 만물을 주관할 아담 해와가 자라는 모습을 바라보고 더 좋아하시던 것이 아버지의 마음이었던 것을 알아야만 되겠습니다.

　하나님 앞에 소망과 행복의 터전이 될 수 있었던 아담 해와였고, 만유세계에 있어 모든 것이 그로 말미암지 않고서는 안 될 중심존재인 아담 해와였습니다. 그렇기 때문에 타락해서는 안 될 아담 해와였고, 슬픈 날이 있어서도 안 될 아담 해와였습니다. 그러나 한 날의 실수로 말미암아 타락이라는 명사가 붙여졌고, 이로 인해 슬픔이라는 명사가 초래됐습니다. 하나님이 소망하시던 세계에 있어서는 안 될 흑암의 권세가 출현하였습니다. 이 사실이 원통하고 비통하다는 것입니다.

　인류 시조가 타락함으로 말미암아 인류가 슬픔을 당하는 것은 마땅하나, 인류 시조를 바라보고 소망의 마음을 갖고 나오시던 하나님이 이들로 인해 슬픔을 당하게 되었다는 것이 얼마나 비통한 사실인가를 알아야 합니다. 인간이 슬퍼하는 자리에 떨어짐으로 말미암아 하나님께서도 억울하고 고통스러운 자리에 서지 않으면 안 되었습니다. 하늘땅에 있어서는 안 될, 혹은 생각도 할 수 없었던 이런 일이 인류 시조의 실수로 말미암아 벌어졌던 사건이 인간 타락이라는 것을 알아야 되겠습니다.

　그러면 아담 해와가 하나님의 모든 심정을 알고, 하나님의 창조목적과 하나님의 전체 소망을 아는 자리에서 타락했느냐? 그렇지 않습니다. 만일 모든 것을 완비하고 완성된 자리에서, 전부 다 깨달은 자리에서 아담 해와가 타락했다면 하나님의 창조이념, 즉 하나님의 창조위업은 완성이 있을 수 없는 것입니다. 아담 해와는 하나님께서 창조하신 모든 내용을 나 알고, 전체 내용을 다 상속받은 가치적인 존재로서 모든 것을 주관할 수 있는 자리에서 타락한 것이 아니라, 모든 것을 알지 못하고 자라던 성장 과정에서 타락하였다는 사실을 알 수

1. 하나님의 구원섭리역사

있습니다.

　오늘날 기성교회에서는 아담 해와가 성인이 되어 천지 이치를 다 알고, 하나님의 심정과 창조위업을 모두 상속받을 수 있는 권한을 갖춘 한 남성과 여성으로서 타락한 것으로 아는 사람이 많습니다.

　그러나 아담 해와는 그러한 내용을 알지 못하는 자리에서 타락했습니다. 완성한 자리에서 타락한 것이 아니라, 완성을 바라고 나가던 자리에서 타락했습니다. 만일에 완성한 자리에서 타락하였다면 우리가 완성한 세계라고 할 수 있는 천국에 가서도 타락할 가능성이 있다고 볼 수 있습니다. 그렇기 때문에 아담 해와가 타락한 때는 미완성 단계였다는 것을 알 수 있습니다.

　아담 해와는 하나님의 창조위업과 하나님의 창조이상을 마음속에 간직하지 못하고, 하나님을 진정으로 사랑할 수 있는 일념 속에서 살지 못하고 타락했습니다. 그리하여 형성된 세계가 오늘날까지 타락한 후손이 살고 있는 이 세계요, 이것으로 인해 이 세계가 악한 세계가 되었다는 것을 알아야 됩니다. 그렇기 때문에 지금까지 하나님께서 아담 해와를 지어 놓으시고 바라셨던 소망은 소망대로 남아져 있다는 것을 알아야 됩니다. 그 소망을 이룰 수 있는 사람을 잃어버린 것이 하나님의 슬픔입니다.

인류역사는 구원역사이며 본연으로 돌아가려는 역사

168 - P.299, 1987.10.01 　오늘날 인간이 역사를 엮어 오는 데는 하나님이 개재돼 있

▶ 매디슨 스퀘어가든대회에서 희망의 메시지를 전하고 있는 문선명 선생 (1974.9.18).

다는 것을 신앙생활을 하지 않는 사람들은 모르고 있습니다. 인간 역사의 배후에는 우리 인간만이 아니고 신의 섭리사가 있는 것입니다. 신의 섭리사와 더불어 인간 역사가 엮어져 나온다는 것입니다.

그러면 왜 인간 역사에 신이 개재해야 되느냐? 사람을 짓고, 이 세계를 존속케 하는 것은 하나님의 뜻을, 하나님의 창조이상을 실현시키기 위한 것이기 때문에 인간들이 제아무리 잘못했나 하너라도 이 창조이상을 실현시킬 수 있는 인간으로서 등장시키지 않으면 하나님의 창조이상을 완성할 수 없는 것입니다.

그렇기 때문에 인간들은 모르지만 인류역사는 하나님의 창

1. 하나님의 구원섭리역사

조이상 재현, 즉 다시 나타내기 위해서 걸어 나온다는 것입니다. 이것이 구원입니다. 그렇기 때문에 모든 종교는 구원을 말하고 있습니다. 새로운 세계, 이상세계로 갈 수 있는, 영원한 세계와 연결될 수 있는 구원을 목표로 하고 있다는 것입니다.

그러면 구원의 길이 무엇이냐? 병이 나지 않았을 때, 본연의 상태로 돌아가는 것을 말합니다. 그래서 우리 통일교회는 말하기를 '구원역사는 복귀역사다. 되돌아가는 것이다. 본연의 기준을 중심삼고 돌아가야 된다'고 합니다. 이러한 말이 필요하게 됐다는 것은, 구원이라는 말, 복귀라는 말이 필요하다는 사실은 무엇 때문이냐? 그것은 인간이 타락되었기 때문입니다.

그러면 타락되었다는 것이 뭐냐? 하나님 앞에 직접 주관받고, 하나님 앞에 일체이상권에 서 있었으면 타락이 있을 수 없는 것입니다. 원래 우리 인간은 하나님을 중심삼고, 하나님의 사랑과 더불어 하나님의 사랑을 중심삼고, 하나님과 떼려야 뗄 수 없는 부자의 인연을 가지고 모든 생활을 시작해야 되는 것입니다. 하나님의 사랑을 중심삼고 생활하는 자리는 슬픔의 자리가 아니고 고통의 자리가 아닙니다. 그 자리는 행복의 자리요, 기쁨의 자리요, 만족의 자리가 돼야 되는 것입니다. 그런데 타락함으로 말미암아 그것을 잃어버렸습니다.

그것을 잃어버리게 한 동기, 그 근본이 무엇이냐? 하나님이 그렇게 만들어 주었느냐? 인간이 그렇게 되었느냐? 아닙니다. 그것은 천사장입니다. 천사장이 인간을 유인해 가지고 그렇게 된 것입니다. 인간이 완성할 수 있는 자리에 도달하기 위한 과정을 거치는 그런 입장에 있었는데 사탄이, 천사장이 우리 인류 시조를 겁탈했기 때문에 거기서부터 비운의 곡절의 역사가 시작되었던 것입니다. 그러니 이것을 복귀해야 된다는 것입니다.

타락이 무엇이냐? 사탄의 지배를 받은 것입니다. 그렇기 때문에 아담 해와를 중심삼고 태어난 모든 후손들은 사탄의 지배권 내에서 벗어나지 못한 채 역사는 오늘날까지 발전해 나온 것입니다. 개인ㆍ가정ㆍ종족ㆍ민족ㆍ국가ㆍ세계적인 환경을 거쳐 나왔지만 이것은 어디까지나 하나님 주관권 내가 아니라 사탄 주관권 내에서 움직여 나왔다는 것입니다. 이것은 본래 신의 뜻이 아니요, 인간이 이상하는 바가 아니기 때문에 신과 인간은 합해 가지고 이 타락권에서 벗어나지 않으면 안 되는 역사과정의 책임을 짊어져야 되는 것입니다.

하나님의 섭리역사의 개관

053 - P.031, 1972.02.06

사탄과 하나님은 어떠한 관계의 원수냐? 그것을 알아봅시다. 사탄은 하나님의 사랑하는 가정을 파탄시킨 사랑의 원수입니다. 이러한 사탄을 하나님은 용서할 수 없는 것입니다. 용서할 수가 없다는 것입니다. 그것을 용서하는 날에는 천지가 뒤집어지는 거예요. 전부가 파탄된다는 것입니다.

053 - P.140, 1972.02.13

타락하지 않았으면 아담 해와가 하나님의 몸이 되어 가지고 하나님의 사랑 가운데서 하나되어 가정을 이루었을 것입니다. 거기에서 아들딸이 태어났으면 그 아들딸은 하나님의 아

1. 하나님의 구원섭리역사

들딸이자 아담 해와의 아들딸이 되는 것입니다. 하나님이 직접 주관하는 가정이 되고, 종족이 되고, 민족이 되고, 세계가 되고…. 이렇게 되면 지상에 자동적으로 천국이 이루어질 것이었습니다. 그런데 사탄 마귀가 들어와 혈통적으로 유린함으로써 아담 해와가 하나되어 가지고 후손을 번식한 것이 타락이요, 그 후손을 세계적으로 번식해 놓은 것이 지금까지의 인류인 것입니다.

   타락하지 않았으면 하나님과 같이 살 수 있는 참된 부모를 중심삼고 참된 가정이 에덴에서 아담가정을 중심삼고 이루어졌을 것인데, 타락함으로 말미암아 거짓된 부모와 거짓된 아들딸이 생겼습니다. 참된 세계 대신 악한 세계가 된 것은 우리 인류의 원통한 일이요, 하나님에게도 원통한 일입니다.

   이렇게 핏줄을 타고 들어왔기 때문에 자동적으로 아담가정을 중심삼고 번식해 나갔습니다. 사탄 마귀가 인류의 중심이 되니 이 세상의 왕이 안 될 수 없습니다. 그렇게 됨과 동시에 우리는 떼려야 뗄 수 없는 사탄 마귀의 핏줄을 받고 태어났습니다. 혈통적으로 원죄를 갖고 태어난 것입니다.

   하나님의 혈통을 받고 영원히 하나님의 사랑을 받아야 할 몸이, 이 몸뚱이가 하나님의 원수요 본연의 인간 앞에 원수되는 사탄 마귀의 피를 받아 가지고 지옥으로 끌려가야 할 원통한 입장에 있다는 사실을 지금까지 몰랐습니다. 다시 말하면 하나님을 중심삼고 평화로운 천국에서 이상적으로 재미있게 살 수 있는 가정을 사탄이 채어 덮쳐 가지고 불행과 지옥의 세계를 만들었다는 것입니다. 그럼으로 말미암아 하나님은 쫓겨났다는 것입니다. 하나님이 쫓겨났다는 거예요.

   사랑은 절대적이기 때문에 사랑의 관계를 맺게 되면 온 우주가 그 앞에 주관을 받게끔 되어 있습니다. 창조원칙이 그렇기 때문에 사탄이 먼저 점령한 것을 하나님이 그 원칙을 무시하고 그냥 빼앗을 수 없습니다. 만일에 하나님의 사랑과 하나 되어 있다면 그걸 누가 끊을 수 있어요? 끊을 수 없습니다. 끊을 자가 없다는 것입니다.

그러면 사탄 마귀는 무엇이냐? 결론을 내립시다. 하나님을 중심삼고 볼 때 하나님의 사랑의 원수입니다. 사랑의 원수. 즉 간부(姦夫)라는 거예요. 이걸 용서했다가는 천지가 뒤집어지기 때문에, 본연의 사랑을 찾기 위해서는 용서할 수 없다는 것입니다. 이걸 심판하지 않고는 찾을 수 없다는 것입니다. 그렇기 때문에 불륜한 사랑관계를 하나님이 제일 원수시하는 것입니다. 이것이 팽창했기 때문에 하나님이 안착할 수 없는 것입니다.

053 - P.031, 1972.02.06

사탄의 피를 이어받은 개인이 가정을 이루고, 종족을 이루고, 민족을 이루어 혈통적으로 퍼져 나갔기 때문에, 사탄이 세계 만민의 왕이 되는 것은 자연이치입니다. 본래 주인의 아들이 되어야 할 우리 인간이 종의 아들이 되어 버린 것입니다. 하나님이 아담 해와를 길러 가지고 장래에 하나님의 가정을 만들려고 하던 것을 사탄이 가로챘습니다. 그러기에 사탄은 하나님의 원수요. 우리 인간의 본래의 이상을 빼앗아간 인간의 원수라는 것을 우리는 확실히 알아야 되는 것입니다.

타락으로 말미암아 우리는 하나님의 혈통을 받아 하나님의 아들딸이 될 수 있는 길을 잃어버린 것입니다. 지금까지 우리 인류는 신음의 역사를 거쳐오면서 그 길을 바라며 가고 있는 것입니다.

1. 하나님의 구원섭리역사

　우리 인간이 사탄의 아들딸이 되었기 때문에, 사탄의 품에 안겼기 때문에 하나님 앞에 종의 종이 된 것입니다. 그렇기 때문에 이 종의 종들을 사탄에게서 끌어내어 하나님의 종과 같은 사람으로 만들고, 그 사람들 가운데 하나님의 뜻을 위해 정성을 다하고 충성을 다하는 사람을 하나님의 양자와 같은 자리에 세워 가지고 점점 끌어올리자는 것입니다.

　그래서 하나님은 구약시대부터 종의 종의 자리에 있는 인간을 양자의 자리에까지 끌어올리는 역사를 해 나오신 것입니다. 그것은 양자권을 만들어 놓자는 것입니다. 그 양자권이 이스라엘 민족입니다. 다시 말하면 이스라엘 민족이 사탄세계에서 골라 낸 하늘편의 종과 양자권이라는 것입니다. 이것은 하나님이 마음대로 하실 수 있는 돌감람나무 밭과 마찬가지입니다.

　이렇게 하나님은 이스라엘 민족을 종의 종에서부터 종으로, 양자로 끌어올려 가지고 아들이 올 때까지 이스라엘 나라를 만들어 놓은 것입니다. 그런 터 위에 메시아를 참감람나무로 보내 돌감람나무 밭과 같은 이스라엘 나라 전체를 접붙여 가지고 하나님이 주관하실 수 있는 선주권의 국가를 만들자는 것이었습니다. 이것이 지금까지 하나님이 섭리역사를 해 나오신 개관입니다.

사탄에게 빼앗긴 믿음 · 말씀 · 사랑을 되찾으려면

053 - P.039, 1972.02.06

　아담 해와가 타락한 직후에 하나님은 그들을 추방하지 않을 수 없었습니다. 본래는 영원히 같이 있어야 할 자신의 아들딸이요, 자신의 혈육인데도 불구하고 같이 있으려야 있을 수 없는, 악한 사탄의 피를 받고 불법의 사랑에 더럽혀진 몸들이 되니 하나님은 같이 있을 수 없기에 쫓아내지 않을 수 없었던 것입니다. 아담 해와와 더불어 천사장도 쫓아냈습니다.

　여기서부터 섭리노정의 공식이 필요하게 된 것입니다. 아담 해와는 하나님의 말씀을 절대적으로 믿지 못했습니다. 그 말씀을 지켜 가지고 하나님과 하나되어야 했는데 그러지 못했습니다. 하나님과 하나되지 못하여 하나님의 사랑을 받지 못했습니다. 하나님의 말씀을 잃어버렸습니다. 하나님이 이루려 하시던 성전인 몸을 잃어버렸습니다. 하나님과 통할 수 있는 사랑을 잃어버렸습니다. 3대 요건을 잃어버렸다는 것입니다. 그리하여 사탄의 아들딸이 되어 버렸습니다. 전부가 사탄편이 되어 버렸다는 것입니다. 하나님편에는 사람이 없게 되어 버렸습니다. 문제가 컸다는 것입니다. 사탄이 빼앗아갔으니, 훔쳐갔으니 이것을 다시 찾아와야 되는 것입니다.

　하나님은 천사장과 같은 종을 잃어버렸으니, 그의 후손 가운데에서 천사장이 충성하지 못한 것 이상으로 충성을 하는 종을 찾겠다고 탄식하며 찾아 나오신 것입니다. 그 종을 찾은 다음에 아들딸을 찾아야 된다는 것입니다.

　그래서 하나님은 사탄세계에 사랑의 말씀을 주시는 것입니다. 그 가운데에서 하나님의 말씀을 절대 신앙하는 사람이 나와야 되는 것입니다. 다시 말하면 아담보다도 하나님의 말씀을 더 절대적으로 믿는 무리가 필요하다는 것입니다. 하나님의 말씀을 불신하게 했던 천사장 이상으로 신임할 수 있는 놀음을 해야 된다는 것입니다. 하나님의 말씀을 듣고 사탄세계에 있는 몸뚱이를 빼내 와야 됩니다. 몸뚱이를 찾아와야 된다

1. 하나님의 구원섭리역사

는 것입니다. 이렇게 해서 하나님은 사탄세계의 그 누구보다도 사랑할 수 있는 종을 가졌다는 입장에 서야 되는 것입니다. 그리하여 종에서부터 양자로 끌어올려야 하는 것입니다.

그러기 위해서는 이 타락한 세상의 인간들 가운데 사탄을 배반하고, 사탄을 저버리고, 사탄을 부모로 모시지 않고 하나님을 부모로 모시기 위해 사탄세계로부터 빠져 나오는 사람이 있어야 합니다. 그럼으로 말미암아 인간은 종의 자리에서 양자의 자리로 올라갈 수 있는 것입니다. 또한 양자 가지고는 안 되기 때문에 직계아들이 되기 위해서는 접을 붙여 줄 메시아가 와야 됩니다. 인간에게는 원죄가 숨어 있기 때문에 원죄를 뽑아야 되는 것입니다. 이 원죄를 뽑지 않고는 하나님의 직계 아들딸이 될 수 없기 때문에 그 원죄를 뽑아 줄 메시아가 와야 된다는 것입니다.

이 원죄를 뽑기 위한 싸움은 아담가정에서부터 시작되었습니다. 아담가정의 두 아들인 가인과 아벨을 갈라놓고 섭리역사는 시작되었던 것입니다. 하나님은 아벨을 사랑하게 되었습니다. 아벨한테 제물을 바치게 하셨습니다. 제물을 드리는 데는 누구보다도 하나님의 말씀을 절대시해야 되는 것입니다. 사탄이 반대하더라도 그것을 극복하고 넘어가야 됩니다. 아벨은 있는 정성을 다하여 환경상의 어려움을 극복하고 뜻에 맞게 제물을 드렸던 것입니다. 제물을 드리는 그 아벨은 타락한 아담보다도 하나님의 말씀에 절대 순응해야 됩니다. 그 아벨은 하나님하고 하나되지 사탄하고는 영영 관계가 없는, 하나님과 영원히 하나될 수 있는 실체가 되어야 됩니다. 그래야 비로소 하나님의 사랑을 받을 수 있는 자리에 들어간다는 것입니다. 그럼으로 말미암아 악한 주권 내에서 해방을 받아 선주권 내로 들어온다는 것입니다.

 그러한 개인이 가야 할 전통을 세워야 되고, 가정이 가야 할 전통을 세워야 되고, 민족이 가야 할 전통을 세워야 되고, 나라가 가야 할 전통을 세워 대표의 자리에 서야 되는 것입니다. 하나님의 말씀을 믿고 하나님과 절대적으로 하나되어 가지고 하나님의 사랑을 받아야 된다는 것입니다. 이것이 원칙입니다.

 그런데 그러한 입장에 세워진 아벨이 가인한테 맞아 죽었습니다. 아벨의 후손을 통해 하늘의 계대(繼代)를 이어 가지고 하늘편에 설 수 있는 사람을 세우려 하시던 하나님의 뜻이 깨져 나가 버렸기 때문에, 하나님은 또 다시 1600년 동안 수고하여 노아를 찾아 세운 것입니다.

 노아 할아버지에 대해 생각해 보라구요. 여러분이면 산꼭대기에 방주를 지으라는 하나님의 명령을 믿겠습니까? 배를 지으려면 강가에 지어야 할 것인데, 산꼭대기에 지으라니 이것은 상식에 벗어난 일이라는 것입니다. 그러나 하나님이 왜 그런 일을 시키셨느냐? 아담 해와가 하나님의 말씀을 믿지 않고 타락했기 때문에 그 후손에게 반대의 명령을 했을 때 그것까지도 믿음으로 말미암아 믿지 않았던 아담 해와의 실패를 복귀할 수 있는 것입니다.

 여기에 목사님이나 신부님이 계시거든 여러분에게 하나님께서 120년은 고사하고, 12년 동안 방주를 지으라고 명령하시면 지을 사람이 있겠어요? 상식에 벗어난 일을 하라면 하겠어요? 그렇지만 노아는 120년 동안 방주를 계속 지었다는 것입니다. 그것이 위대한 것입니다.

1. 하나님의 구원섭리역사

014 - P.239, 1965.01.01

잃어버린 자녀를 찾기 위한 섭리역사

아담 해와는 하나님이 진정으로 바라는 참다운 인류의 조상, 인류의 참부모가 되어야 했습니다. 그 참부모의 혈족으로 우리 인류는 태어나야 했습니다. 역사의 출발에서부터 시작해야 했던 인류의 참부모, 그 참부모는 하나님 앞에 영광의 실체로, 인류 앞에는 승리적인 영원한 실체로서 나타나야 했습니다. 그러나 아담 해와는 승리적인 실체로서 나타나지 못했던 것입니다. 이것이 지금까지의 슬픈 역사를 이루어 나온 원한의 터전이 되었다는 것을 우리는 잘 알고 있습니다.

그렇기 때문에 하늘의 법도를 떠났고, 자기의 실체를 잃어버리고 하나님의 심정을 유린한 우리 인간은 말씀에 따라서 실체를 찾고, 심정의 세계를 찾는 복귀의 노정을 더듬어 나오고 있는 것입니다. 타락한 인간은 만물보다도 더 악한 자리에 서게 되었고, 하나님을 자유롭게 대할 수 없는 슬픈 입장에 떨어지게 되었습니다. 인간이 스스로는 회복할 수 없기에 하나님은 이들을 일깨워 재창조 역사를 해 나오셨습니다. 종의 자리를 거치고, 양자의 자리를 거치고, 아들의 자리를 거쳐서 승리적인 주관권을 갖추어 참부모의 자리까지 복귀해 나오셨다는 것입니다.

구약시대는 소생시대요, 신약시대는 장성시대요, 성약시대는 완성시대라 할진대, 구약시대는 종의 시대요, 신약시대는 양자의 시대였습니다. 이 양자의 시대를 거쳐서 실체 자녀의 시대를 완결짓고 나서야 부모의 시대로 넘어갈 수 있습니다. 이것이 복귀의 노정입니다. 이러한 복귀역사노정을 두고 볼 때, 종의 시대와 양자의 시대는 지나가고 이제는 실체 자녀의 시대로서 승리적인 기준을 세운 다음에, 부모의 자리까지 나아가야 할 노정이 남아 있는 것을 우리는 잘 알고 있습니다.

그러면 이 땅 위에서 하나님이 바라는 종이 되어, 여기서부터는 종의 세계이니 사탄이 침범할 수 없다고 하는 승리의 팻말을 꽂고 종으로서의 전체적인 조건을 세운 우리의 선조들이 있었느냐? 없었습니다. 또 종의 승리적인 터전을 상속받아 하늘편 전체의 종을 통할하고, 하나님 앞에 명령을 받을 수 있는 양자가 되어 하나님이 찾고 하나님이 바라시는 양자로서의 승리적인 결정권을 세운 사람이 있었느냐? 없었다는 것입니다. 그렇기에 지금까지 하나님과 사탄은 사람 하나를 놓고 싸워 나왔습니다. 그런데 하나님이 세워 놓으면 번번이 사탄이 침범하여 망쳐 버렸다는 것입니다.

뒤넘이치는 이 역사가 6천년이나 흘러왔지만 어느 한 때 종으로서 사탄을 쳐부술 수 있는 한 사람을 찾지 못하였고, 어느 한 때 하나님을 대신하여 사탄을 쳐부수고 하나님의 권한을 세울 수 있는 양자를 찾지 못한 것이 하나님의 한스런 복귀역사였습니다. 이러한 것을 생각할 때, 그러면 이것을 누가 책임져야 하느냐? 하나님께서 직접 책임지는 입장에 서서 한 사람의 사명자를 세우기 위해 수많은 사람을 갈라 세워 역사해 나오셨습니다. 하나님께서는 준비한 기반 위에 한 사람을 불러 세워서 명령을 실천하게끔 역사하셨는데도, 명령을 받은 사람이 번번이 실패를 한 연고로, 수많은 사람을 동원시켜서 연이어 나갈 수 있는 후보자를 세워 나오셨다는 사실을 여러분은 알아야 되겠습니다.

1. 하나님의 구원섭리역사

종의 역사, 양자의 역사, 자녀의 역사, 부모의 역사, 이러한 종적인 역사가 오늘날 횡적으로 세계에 연결되어 있기 때문에 이 땅 위에는 아직까지 종의 자리에서 신음하는 사람도 있는 것이요, 양자의 도리를 찾아 나오는 사람도 있는 것이요, 더 나아가서는 '아버지!' 하면 '내 아들딸아!' 할 수 있는 승리의 아들딸의 자리를 찾아 나오는 사람도 있다는 것을 우리는 알아야 되겠습니다.

중심 인물들을 통해 섭리하신 하나님의 심정

015 - P.331, 1965.12.07

노아는 40일 홍수심판 위에서 승리의 터전을 마련했지만, 그 후 함의 실수로 말미암아 노아가정을 중심한 하나님의 섭리는 깨져 나갔습니다.

온 세계를 심판해 버리고 남겨진 노아가정에서, 다시금 하나님의 뜻에 어긋나 뒤넘이쳤던 그 가정을 바라보시는 하나님의 심정에 분함과 원통함이 얼마나 사무치셨겠습니까? 그로 말미암아 다시 가야 할 복귀의 길을 더듬어 오신 하나님이 시었던 것을 지금까지 인간들은 몰랐습니다. 또 노아가정에서 섭리의 뜻이 저끄러짐으로 말미암아 노아 대신 아브라함을 세우기 위해 4백년이라는 기나긴 세월을 일구월심, 한마음으로 다시 복귀의 길을 더듬어 오신 하나님의 심정이 어떻다는 것을 오늘날 그 누구도 모르고 있다는 것입니다.

다시 아브라함을 세워서 뜻을 해결지으려고 했지만 그의 제물 실수로 말미암아 연장되어 아브라함의 하나님, 이삭의 하나님, 야곱의 하나님, 3대 하나님이라는 슬픈 명사가 생겨나게 된 것입니다. 아브라함을 세워 뜻을 이루시려던 하나님께서 또다시 벌어진 슬픈 그 사정을 바라볼 때 얼마나 비참했겠습니까? 당장에 아브라함 일족을 때려 부수고 싶은 마음이었지만, 소망의 천국을 이루어 나아가야 할 하나님의 애절한 심정이 남아 있는 연고로 또 참고 나왔던 것입니다. 이러한 하나님의 심정을 아브라함이 몰랐다는 것입니다.

 야곱이 에서와의 싸움에서 승리의 일로를 개척하고, 하란 땅 라반의 집에서 21년 동안 고역의 노정을 거쳐 나올 때, 이것을 바라보시는 하나님의 심정을 야곱이 몰랐습니다. 야곱은 자신이 억울하고 분한 사정에 몰리고 천대를 받고 밟힘을 당하고 원수의 시험을 받더라도 또 다시 가야 할 하나님의 복귀의 노정이 있었음을 몰랐다는 것입니다.

 그렇지만 결국 야곱은 하나님과의 약속이 축복이라는 것을 알았습니다. 그리하여 하나님이 약속한 그 뜻을 위해 하나의 믿음을 가지고 라반의 가정에서 전부를 복귀시켜 가지고 승리하여 가나안 땅으로 돌아오게 되었던 것입니다. 야곱이 여러 가지 승리의 터전을 마련하여 이스라엘이라는 이름을 받음으로 말미암아 비로소 하나님께서 이 땅 위에 발붙일 수 있는 승리의 조건이 생겨난 것입니다. '이스라엘'이란 승리했다는 뜻입니다.

 그래서 이스라엘 민족을 중심삼고 애급 4백년 고역기간을 거쳐 60만 대중을 이끌어 지상천국을 이루고자 하신 것이 하나님의 섭리였습니다. 그러나 이스라엘 민족이 광야에서 다 쓰러짐으로 말미암아 다시 제2세를 수습하여 가나안 7족과 대결해 가지고, 그 승리한 터 위에 천국이념을 세우려 하셨습니다. 이것이 지지부진하여 가나안 땅을 거치고, 역대의 처량

1. 하나님의 구원섭리역사

하고 비참한 역사노정을 거쳐서 예수님 시대로 넘어왔던 것입니다.

하나님은 복귀섭리노정에서 언제나 개인·가정·종족·민족 시대를 한꺼번에 복귀시키기를 원하셨지만 그것을 한꺼번에 책임질 수 있는 사람이 없었습니다. 그렇기 때문에 개인적인 복귀의 책임과 가정적인 복귀의 책임은 야곱이 졌고, 민족적인 복귀의 책임은 모세가 졌고, 국가적인 복귀의 책임과 세계적인 복귀의 책임은 예수님이 지게 되었던 것입니다.

예수님을 보내서 전체적인 책임을 맡기려고 했던 것이 하나님께서 원하셨던 뜻이었습니다. 그러므로 점쟁이인 동방박사들이 별을 보고 찾아와서 예물을 줄 때, 온 예루살렘의 성민들이 소동을 벌여야 했습니다. 그런데 이스라엘 민족은 오시는 메시아가 사람으로 태어날 줄 몰랐습니다. 교법사나 서기관, 어느 누가 버선 한 켤레라도 마련해 주었습니까? 예수님이 태어났다고 해서 옷가지 하나 마련해서 찾아간 사람이 있었습니까? 불쌍한 자리에 오시면 안 되겠다고 초막 대신 거룩한 장소를 예비하고, 예물을 준비해서 예수님의 탄생을 맞이한 사람이 있었느냐 말입니다. 하늘의 때는 지나가지만 인간은 그 사실을 알지 못합니다.

어찌하여 4천년 동안의 긴 역사를 통해서 준비해 온 이스라엘 민족이 선민의 한을 풀기 위해서 하나님이 보내주신 메시아를 알지 못했던고? 하나님께서 4천년 약속의 주인공으로 보내신 메시아를 어찌하여 이스라엘 민족은 한 사람도 몰랐느냐 하는 것입니다. 억울하고 분한 사실입니다. 어찌하여 그렇게 한 사람도 몰랐느냐는 말입니다.

하나님이 복귀섭리를 하시는 방법

029 - P.301, 1970.03.12

지금까지 복귀섭리는 개인적인 환경도 그런 환경, 가정적인 환경도 그런 환경, 종족도 그런 환경, 민족도 그런 환경, 국가도 그런 환경을 거쳐 왔습니다. 그런데 만일 그런 내용을 갖추어 가지고 세웠음에도 불구하고 세운 그 가정이 사라져 갔고, 종족이 사라져 갔고, 국가가 사라져 갔다면 어떻게 될 것이냐? 뜻을 이루지 못하는 것이냐? 아닙니다.

그것들이 사라져 갔을 때는 재차 택해 세워서 지금까지 그 국가가 치른 탕감을 일시에 치르게 하는 것입니다. 탕감하는 이유를 깨달은 민족이나 국가가 있을 때는 그 민족이나 국가를 세워서 복귀섭리를 담당할 수 있는 입장에 있다는 것을 느끼게 됩니다.

하나님의 복귀섭리를 두고 볼 때, 하나님께서 시대 시대마다 최후의 비장한 한때를 맞이하셨다는 것을 우리는 알아야 되겠습니다. 그러기에 우리가 아벨이란 이름을 부를 때마다 하나님의 슬픈 숨소리를 듣지 않으면 안 되겠고, 하나님의 맥박을 느끼지 않으면 안 되겠습니다.

노아 할아버지면 노아 할아버지에 대한 역사가 지나간 역사가 아니라 현실에 현현된 역사라는 것을 알아야 되겠습니다. 왜? 영계는 시간성을 초월하기 때문에 몇 천 년 전도 오늘과 같은 것입니다. 오랜 역사과정을 거친 것 같지만 그것이 바로 오늘이라는 것입니다. 아브라함을 중심삼은 내용이라든가, 모세를 중심삼은 내용, 예수님을 중심삼은 내용 등이 시대적으로 볼 때는 역사적인 거리가 있지만, 그것을 환경적으로 다른 입장에서 느껴선 안 되는 것입니다. 그것이 역사의 한계권

1. 하나님의 구원섭리역사

내에 있는 우리에게는 몇 천년 전이지만 하늘에서는 하루와 마찬가지로 느끼는 것입니다.

아담 해와가 타락한 한 순간이 우리에게는 용서할 수 없는 원한의 순간인 것입니다. 그것은 틀림없는 사실입니다. 그들이 타락함으로 말미암아 복귀라는 한 맺힌 명사를 필요로 하게 된 것입니다. 복귀라는 원한의 명사가 필요한 과정에서 하나님께서 찾아오신 것이 제1차적 복귀입니다. 그 과정에 있어서는 가인이 하나님께 한의 못 자국을 남겼는데, 함도 그랬고, 제물 실수한 아브라함도 그랬고, 반석을 2타한 모세도 그랬습니다. 또한 동방박사와 요셉가정이 그랬고, 세례 요한과 유대 나라의 제사장들이 그랬고, 이스라엘 민족과 유대교가 그랬던 것입니다.

이런 사실을 두고 볼 때, 하나님께서는 어느 나라를 바라보시고 소망을 가지시겠습니까? 어떤 종교를 바라보시고 소망을 가지시겠습니까? 어떠한 가정, 어떠한 개인을 바라보시며 소망을 가지시겠습니까? 아무리 힘을 내고 아무리 소망을 다짐한다 하더라도, 하나님께서는 무엇 하나 믿으려야 믿을 수 없는 입장에 계실 수밖에 없는 것입니다. 그렇지만 하나님께서는 그 모든 불신을 해소해 버리고 스스로 해결하고 넘어서야 하기 때문에 조건을 세워 나가지 않으면 안 되었습니다.

하나님께서는 높은 단계에 희망의 조건을 세워 놓은 것이 아니라 낮은 단계로부터 희망의 조건을 세워 복귀섭리를 추진해 나가시는 것입니다. 이런 것을 생각해 볼 때에 끝날이 되면 뜻을 대하는 특별한 사명을 짊어진 사람이 나온다 할진대, 하나님께서 그를 믿기까지에는 지금까지 6천년 동안 맺힌 사연, 즉 6천년 동안 불신한 환경의 내용을 전부 다 복귀하지 않으면 안 된다는 것을 여러분이 알아야 되겠습니다.

신과 인간이 합하여 역사를 엮어 나온다

073 - P.078, 1974.08.04

　일반 사람들은 역사라고 하면 '사람들이 생활한 것을 기록한 것이다'라고 합니다. '생활' 하면 개인의 생활도 있겠고, 국가의 생활도 있을 것입니다. 더 나아가서는 국가를 지도하는 주권자의 생활이 있을 것입니다. 대개 한 나라의 역사라 하게 되면 그 역사는 주권자와 그 나라를 중심삼은 사건들을 기록한 것입니다. 그 나라 주권자의 통치권 내에 있어서 개인이 움직이는 것이 국가적 사건과 동반하게 될 때에 그는 그 나라의 역사로 남아지는 것이라고 일반 사람은 보는 것입니다.

　그러나 신이 계시다면 신이 보는 역사는 어떨 것이냐? 물론 인간들이 보는 그 역사관 위에 신의 섭리사가 들어갑니다. 신의 섭리사라 하게 되면, 그것은 종교 배경을 중심삼은 역사관이 될 것입니다. 종교는 시대적 양상에 따라서 역사적 시대를 거쳐 나오는 데, 개인·가정·종족·민족·국가시대로 발전해서 하나의 세계를 지향해 나갑니다.

　이렇게 볼 때에, 동서남북을 중심삼고 보면 동서남북에 위치한 문화권의 배경을 중심삼은 종교권이 있는데, 반느시 종교라는 배후를 중심삼고 인류를 수습해서 하나의 세계로 가야 되는 것입니다. 이러한 하나의 세계를 성사시킬 수 있는 일을 해야 하는 것이 우리 인간들의 책임이요, 신이 있다면

1. 하나님의 구원섭리역사

신의 책임입니다. 신과 인간이 합해 가지고 역사를 엮어 나오는 것을 보게 될 때, 일반 사람이 보는 역사관보다도 역시 종교를 배경으로 한 신의 섭리관이 개재되어 들어가는 것을 알 수 있습니다.

일반 사람들, 주권자라 할지라도 신의 섭리관을 알지 못합니다. 또한 종교권 내에 있는 사람들도 신의 섭리관을 확실히 모릅니다. 왜? 근본을 밝히지 못했기 때문입니다. 인간이 왜 태어났고 이와 같은 역사시대를 거치면서 어디로 갈 것이냐 하는 것을 모른다는 것입니다. 어떠한 원칙을 통해서 방향이 설정돼 있지 않기 때문에, 그 방향이 확실하게 설정되지 않은 입장에서 역사를 따라가는 인간들은 그 결정적 목적을 지향할 수 없다고 보는 것입니다.

인간들은 그런 입장에 있지만 절대적인 하나님이 계시다면 그 하나님은 역사관을 갖고 있어야 됩니다. 그 역사관은 섭리를 통해서 나타나는 것입니다. 인간 가운데는 섭리의 뜻을 따르는 사람과 따르지 않는 사람이 있습니다. 다시 말하면 신앙생활을 하는 사람과 하지 않는 사람, 이 두 종류가 있습니다.

동서남북의 문화권을 수습해 가지고 하나의 세계로 지향하는 절대적인 신의 이상, 곧 신의 뜻은 절대적으로 하나입니다. 신의 뜻, 신이 지향하는 그 목적은 인류를 파탄의 와중에 몰아넣기 위한 것이 아니라 인류를 해방과 평화의 경지로 인도하기 위한 것입니다. 그렇기 때문에 인류의 역사는 평화의 종착점을 향해서, 통일된 세계를 향해서 움직여 나가지 않으면 안 됩니다.

타락한 인류의 역사는 선신과 악신의 전쟁역사

161 - P.012, 1987.01.01

　지상천국에서 하나님의 가족으로 살던 사람들이 가는 곳이 영계의 천상천국(天上天國)입니다. 천상이 우리의 본향 땅이라는 것입니다. 그런데 인간이 타락한 이후에 지금까지 그런 지상천국이 생겨나지 않았습니다. 지상에 우리의 조국이 생겨나지 않음으로 말미암아 천상천국이 아직까지 비어 있다는 것입니다. 천상천국에 들어간 사람이 없다는 것입니다.

　그러면 그런 결과로 어떻게 되었느냐? 사람 개인에게 있어서는 몸과 마음이 하나되지 않고 갈라졌고, 부부끼리 싸움이 벌어졌고, 부모와 자식간에도 싸움이 벌어졌습니다. 전부가 싸우는 것입니다. 사탄이 분열공작을 해 가지고 역사를 이끌어 나오는 타락의 세계가 되어 버렸다는 것입니다. 하나가 되어야만 천국에 갈 수 있고 하나님과 인연을 맺을 수 있는데, 하나 안 되고 분열되었기 때문에 인류는 전연 반대의 입장에서 사탄에게 끌려가기 마련인 것입니다.

　타락하여 지구성으로 퍼져 가지고 확산된 모든 인류는 기후의 차로 말미암은 한대지방, 온대지방, 열대지방을 중심삼고 백인종, 황인종, 흑인종으로 분열되었습니다. 그래서 이 인종의 차이를 중심삼고 분열의 세계가 되어 버렸습니다. 북쪽은 백인, 중간인 아시아 지역은 황인, 남쪽은 흑인, 이렇게 오색인종으로 분열된 것입니다. 분열된 이 세계는 자기의 이익을 추구하는 입장에서 개인이면 개인끼리 투쟁하고, 가정이면 가정끼리 투쟁하고, 종족이면 종족, 민족이면 민족, 국가면 국가끼리 투쟁하는 투쟁의 역사를 계승하여 점점점 발달해 나오면서 하나의 세계로 나왔다는 거예요.

1. 하나님의 구원섭리역사

079 - P.182, 1975.07.27

신을 중심한 헤브라이즘이 역사를 지배해 나와

역사는 헬레니즘(Hellenism)하고 헤브라이즘(Hebraism)이 교차하면서 투쟁해 나왔습니다. 인본주의사상(人本主義思想)하고 신본주의사상(神本主義思想)이…. 그러면 어떻게 헤브라이즘이 등장하게 되었느냐, 또 역사적으로 어떤 문제가 되었느냐 하는 것이 문제 된다구요. 종교 가운데는 하나님을 중심한, 유일신(唯一神)을 중심삼은 종교가 가장 오래된 역사를 갖고 있습니다.

가장 오랜 역사를 가진 이것을 이어받은 기독교가 통일교회의 시대까지 역사시대를 거쳐오면서 역사를 개혁해 나오고, 하나의 세계를 수습해 나오는 주류적인 역사를 가졌기 때문에 기독교가 문제되는 거라구요.

그러면 헬레니즘은 무엇이냐? 인본주의 사고방식을 중심삼은 역사적 기원은 희랍의 인본주의 사상과 연결되어 있습니다. 이것이 가장 오래된 것입니다. 역사는 오랜 역사를 중심삼고 인본주의 사조와 신본주의 사조의 대결입니다. 이것이 지금까지의 문제로 연결되어 있습니다.

헬레니즘이 시대 시대의 환경에 따라 변천해 나온 반면에 헤브라이즘의 특징은 전통을 중심삼고 일관된 역사성을 갖고 있는 것입니다. 유대교가 대표적으로 지금까지도 그 전통을 지니고 있습니다. 가톨릭의 영화를 보면 전통이란 말이 나오잖아요? 전통, 그것은 변하지 않는 것입니다. 기독교의 사상이 예수님을 중심삼은 것인데 그것이 변할 수 있어요? 변하지 않는다는 것입니다. 변할 수 없는 것입니다. 인류의 주류적인 역사를 통해서 기독교가 고대로부터 중세를 거쳐서 현대에까지 와 가지고 세계에 영향을 미칠 수 있는 하나의 종교가 되었다는 사실 하나로도 하나님이 같이하는 종교라는 것을 알 수 있다는 것입니다. 그래서 기독교가 세계를 지배하는 것입니다.

역사를 지배하고 역사 위에 있는 종교가 참된 종교

079 - P.179, 1975.07.27

그러면 종교인의 소원이 뭐냐? 선한 사람이 되는 것입니다. 스스로 완전히 선한 사람이 될 수 없으니, 선한 사람을 만나야 됩니다. 그 선한 사람 중의 제일 좋은 사람은 어떤 사람이냐? 하나님이 아니면 하나님이 보낸 사람입니다. 하나님을 만나고 싶어요, 하나님이 보낸 사람을 만나고 싶어요? 하나님을 만나고 싶을 것입니다. 하나님하고 같이 살고 싶고 같이 일하고 싶을 것입니다.

하나의 나라를 보면, 그 나라에서 대통령도 일하고 장관들도 일하고 도지사들도 다 일합니다. 또 군수도 일하고 이장도 일하는 거예요. 일은 다 하지만 그 나라의 대통령을 가장 만나고 싶어하는 것은 왜 그렇느냐? 전부 다 일했다는 이상의 자리에 서기 때문에 대통령을 만나고 싶어하는 것입니다. 마찬가지로 종교세계에서도 하나님을 직접 만나는 길이 제일입니다. 하나님을 못 만나면 전체를 못 만나는 것입니다. 하나님 장관 같고, 하나님 도지사 같고 하나님 군수 같은 사람 이상의 일을 다 했다는 자리에 섰기 때문에 하나님을 만나고 싶다 이거예요.

종교 가운데는 도지사 종교도 있고, 장관 종교도 있고, 군수

1. 하나님의 구원섭리역사

종교도 있고, 이장 종교도 있고, 백정 종교도 있다 그 말입니다. 그러면 이것을 어떻게 아느냐? 하는 일을 보면 알 수 있습니다. 이장이 하는 일이나 군수가 하는 일이나 도지사가 하는 일이나 장관이 하는 일이나 대통령이 하는 일이나 다 비슷비슷하다구요. '요게 대통령이 하는 일이다' 하고 알 수 있어요? '요게 바로 대통령의 일이다' 하면서 한꺼번에 찾을 수 있어요? 발견할 수 있느냐 이거예요.

그와 마찬가지로 '요게 하나님을 만날 수 있는 길이다'고 할 수 있어요? 그것이 문제입니다. 종교 가운데는 하나님을 중심삼은 종교가 있지만, 하나님의 심부름꾼을 중심삼은 종교도 있습니다. 하나님의 심부름꾼 종교에도 장관급, 도지사급, 군수급, 이장급의 종교가 있습니다. 그렇다고 해서 내가 종교에 대해서 연구해 가지고 이야기하려면 일생 동안에 해도 다 못 합니다. 어떻게 그 종교를 찾느냐 하는 것이 문제인 것입니다. 참된 종교를 어떻게 찾느냐 하는 문제는 여러분이 해결해야 할 당면 과제입니다.

심부름꾼은 왔다 가는 것입니다. 그러나 주인은 영원히 있는 것입니다. 그렇기 때문에 종교 중의 참된 종교는 그것이 오랜 역사적 종교여야 된다는 결론이 나오는 것입니다. 오래된 종교일수록 하나님이 간섭할 수 있는 종교입니다. 그래서 종교는 태초에서부터 역사과정에 끊어지지 않고 지금까지 쭉 계속해 나와야 됩니다. 종교는 역사를 지배하고 역사보다 긴 미래를 갖고 역사보다도 큰일을 가져야 된다는 것입니다. 또 역사의 시작보다 위에 있고, 역사의 끝보다도 더 미래에 있어야 된다는 것입니다.

예수님을 중심한 복귀섭리와 그 결과

092 - P.200, 1977.04.10

이스라엘에 예수님이 오신 것은 종의 시대에서 양자의 고개와 아들의 고개를 한꺼번에 만들기 위한 것입니다. 그때 예수님과 세례 요한이 하나되었으면 아들과 양자가 지상에 서결정되는 것입니다. 그래 이스라엘 민족은 종권이요, 세례 요한은 양자권이요, 예수님은 아들권이기 때문에, 천사장편을 양자에 굴복시키고 양자를 아들에게 굴복시킬 수 있는, 이 타락한 사탄의 침범권을 세계적으로 전체를 대표해서 막을 수 있는 조건이 생긴다는 것입니다.

이렇게 되었으면 몇 단계를 넘어가느냐? 종의 자리에서 양자의 단계로 점핑하고, 양자의 단계에서 아들의 단계로 점핑하는 것입니다. 4천년 역사를 점핑할 수 있다는 것입니다. 두 단계를 넘는 거예요, 종의 자리에서부터 아들의 자리까지. 그런데 이것이 하나 못 됐기 때문에 전부 다 갈라진 것입니다.

예수님하고 이스라엘 민족이 하나되었으면, 이스라엘 민족의 나라를 중심삼고 예수님의 나라가 생기는 것입니다. 예수님을 믿는 기독교 나라가 생기는 것입니다. 로마제국을 대해 싸우더라도 이 나라에 대한 축복을 하늘이 해주기 때문에 로마제국을 이길 수 있는 것입니다. 이기고 나갈 수 있다구요. 그런데 나라가 없었어요. 나라 없는 민족은 누구든지 다 침범할 수 있습니다. 나라가 없으면 형편없다구요.

그래서 예수님을 믿어야 할 기독교를 믿는 사람들이 이스라엘 나라 기반 위에서 세계로 발전해야 되는데, 그 나라의 기반을 잃어버렸으니 다시 나라를 갖기 위해서는 사탄세계에 들어가 가지고 싸워야 됩니다. 찾는 데도 나라가 없기 때문

1. 하나님의 구원섭리역사

에, 주인이 없는 이유로 많은 핍박을 당하는 거예요. 나라를 잃어버린 죄수가 된 이스라엘 민족은 세계를 유리고객 해 가지고 이 기독교를 복귀해 나라를 찾아올 때까지는 수난길을 면할 수 없다는 결론이 나오는 거예요. 기독교가 역사 이래에 비참한 피를 흘린 것은 나라가 없기 때문이었습니다.

그러면 이스라엘 민족은 애급 고난에 있어서나 이방의 침범을 받을 때에 언제든지 하나님이 세워 가지고 그 이방을 쳐 승리할 수 있게 했는데, 기독교는 왜 하늘이 도와줄 수 없었느냐? 그것을 알아야 됩니다. 유대교는 영과 육을 중심삼고 민족이라든가 국가가 바라는 소망이 있었지만, 기독교는 영적만입니다. 유대교만도 못하다는 것입니다. 사탄이 예수님의 몸을 침범했기 때문에 기독교를 믿는 모든 사람들의 몸뚱이는 전부 다 사탄이 침범하게 된 것입니다.

그래서 예수님, 기독교의 이상은 십자가가 아닙니다. 십자가는 다 망한 것입니다. 부활에서부터 영적 출발은 시작된 것입니다. 그것은 부활의 도리이지 십자가의 도리가 아니에요. 부활도 40일간의 기반, 영적인 기반에서 40수를 중심삼고 탕감조건을 세우고 나서야 부활권이 벌어지는 것입니다. 영적 세계로의 출발이 벌어지는 것입니다.

2. 하나님의 섭리를 중심한 문명의 흐름

신은 인류 문화의 뿌리

039 - P.320, 1971.01.16

만일 신이 있다면, 신은 앞으로 선한 사람을 책임자로 세워 가지고 악한 사람을 들이치게 할 것입니다. 이것이 종교에서 말하는 끝날의 심판의식이라는 것입니다. 그렇기 때문에 신을 숭상하지 않는 것보다 신을 숭상하는 것이 낫다는 것입니다.

인류 역사를 한번 쭉 훑어보세요. 오늘날 인류 문화 발생의 기원을 찾아보면 신을 숭상하지 않은 권에서는 문화가 발생했습니까? 신을 숭상하지 않는 권에서는 문화가 발생하지 않았다는 것입니다. 지금까지의 문명과 문화는 전부 신을 중심 삼고, 신을 높이고, 신을 위하고, 신을 사랑하는 표시와 정열의 결실체로 나타난 것들입니다. 이것은 역사가 증명하는 것입니다. 오늘날의 세계는 민주세계를 중심한 기독교문화권과 유교를 중심한 극동문화권, 불교와 힌두교를 중심한 인도문화권과 중동의 회교를 중심한 회교문화권으로 되어 있습니다. 세계 문명의 발원지를 탐구해 보면 인간만을 중심으로 하

2. 하나님의 섭리를 중심한 문명의 흐름

여 그 기원이 된 것이 없다는 것을 알 수 있습니다. 태양신을 섬긴다든가 다른 무슨 신을 섬기는 종교심(宗教心)이 그 배후에 내재되어 문명이 발생되었다는 것입니다. 이것은 역사가 증명하는 사실입니다.

미개한 사람들도 사람을 위주로 한 생활보다는 신을 숭상하는 생활을 했던 것입니다. 그러한 생활은 우리 인류 역사에 공헌한 흔적이 아직 남아 있고, 또 인류 문명 발생의 터전이 된 것을 생각할 때 신을 숭상하는 것이 신을 숭상하지 않는 것보다 낫다는 것입니다.

그러면 교회의 문에라도 들어온 사람과 한 번도 들어오지 않는 사람 중에 누가 더 낫겠어요? 교회에 한 번도 오지 않은 학자들과 교회의 문 앞에라도 들어온 유치원생을 비교해 보면 누가 나을까요? 학자가 학식을 가진 것과 유치원생이 하나님을 가진 것과는 어느 편이 낫겠습니까? 이거 비교할 거리도 안 된다는 것입니다. 가치로 보면 하나 가진 사람과 둘 가진 사람입니다. 둘 중에 어떤 사람이 나을까요? 둘을 가진 사람이 낫다는 것입니다. 그러니까 어느 편이 낫다는 말이에요? 하나님을 가진 유치원생이 낫다는 것입니다.

인간이 살아가는 데는 자기 주장대로 가는 것보다 절대적인 표준이 될 수 있고 참의 기준이 될 수 있는 절대자를 모시고 가는 것이 가당하고 지혜로운 방법입니다.

인간이 제아무리 잘났다고 해도 죽으면 그만입니다. 학자건 누구건 죽으면 그만입니다. 그들이 죽는 것은 무슨 법에 의해 죽느냐? 인간법에 의해 죽어가요? 천법에 의해 죽어가요? 인간이 인륜법에 의해 죽어가요, 천륜법에 의해 죽어가요? 천륜법에 의해 죽어가는 것입니다. 간단한 거예요. 그러니 인간들은 큰소리치지 말라는 것입니다. 인륜법을 중심삼고 아무리 큰소리쳐도 천륜법을 지배하지 못하는 것입니다. 인간은 천륜법의 지배를 받는 것입니다.

우리 인간을 물에 비유한다면 물의 발원지가 아니에요. 샘터가 아니라는 것입니다. 흘러가는 물밖에 못 되는 것입니다. 샘터는 인간 자신을 중심삼은 것이 아닙니다. 인간의 마음보다 높은 차원, 고귀한 자리에 있는 것입니다.

인류 문명의 흐름과 그 방향

007 - P.167, 1959.08.30

타락이 안 된 본래의 문명이라는 것은 무엇입니까? 서양문명은 외적인 문명입니다. 오늘날 통일교회 교인들은 미국 같은 데에 가라면 안 가겠다는 생각을 갖고 있습니다. 모든 것은 깨져 나갑니다. 옛날의 역사를 더듬어 보면 정적인 기반으로 모계 중심시대가 있었고, 부계 중심시대가 있었습니다. 지금까지는 부계 중심한 사회가 유지되어 나왔지만 이제 그것까지 깨져요. 그래 가지고 부부 중심시대로 들어갑니다.

그래서 오늘날 미국 같은 나라에서는 자기 상대밖에 모릅니다. 그러나 이것도 깨집니다. 그 다음에는 어떻게 되느냐? 형제계적이요, 민족계적이요, 세계계적이요, 하늘계적인 정적인 세계로 전개되는 것입니다.

또 주권적으로 보면 제국주의 사상이 깨집니다. 왜? 악한 것을 그냥 두어선 안 되겠기에 깨져 버립니다. 깨져 버려요. 그래서 군주주의시대, 제국주의시대가 깨집니다. 인간의 타락으로 말미암아 하늘의 제국주의 이념이 깨졌습니다. 그러

2. 하나님의 섭리를 중심한 문명의 흐름

므로 천사장이 군주예요, 군주. 그래서 천사장 주권시대로 움직여 나온 것입니다.

오늘날 이 세계 사조를 보면 제국주의적인 것은 모두 깨져 나갑니다. 군주주의적인 형은 깨져 나가고 민주주의적인 평민주의시대로 들어갑니다. 이래 가지고 무엇을 할 것이냐? 여기에서 하나님이 우리의 왕이요, 하늘의 뜻과 선을 품고 사는 사람들이 우리의 식구요, 하나님의 선을 위해 싸우고 있는 사람들이 우리의 백성이라 할 수 있는 세계를 향하여 규합해 들어가는 것입니다.

그렇기 때문에 세계의 사조를 가만히 보면 요즈음은 요망스러운 것이 많이 나오지요. 앞으로 조금만 있으면 남의 이름을 빌려 왕 노릇하는 행위도 있을 것입니다. 여왕이니 뭣이니 하여 야단스럽게 따르지요. 그런 때가 지나고 조금만 더 있어 보십시오. 미남자를 세워 가지고 이 도시의 왕자다 하고 모실 때가 오나 안 오나 보세요. 지금 사조는 거꿀잡이로 돌아가는 시대입니다. 나이 많은 여자들이 젊은 청년들과 살고, 젊은 여자들이 나이 많은 남자들과 삽니다. 이상 야릇해집니다. 왜 그렇게 되는지 구체적인 내용을 그들은 모르고 있습니다.

그래서 민주주의가 나왔습니다. 민주주의는 평등주의입니다. 왜 이런 것이 나왔느냐? 기독교는 제국주의에게 핍박받고 멸시받았습니다. 로마제국으로부터 학살당하고 죽임을 당했지만 그 명맥을 이어 나왔습니다. 기독교인들은 역경 속에서도 자기들의 후계자를 세워 나왔다는 것입니다. 그리하여 기독일념에 사무친 사람들이 평민사상을 중심삼고 오늘날 민주주의 세계에 참여할 수 있는 권한을 만들어 나왔습니다. 즉 하늘편적인 사람들이 모든 주권을 움직이는 세계로 바꾸려는 것입니다. 이 평민주의시대를 하늘주권시대로 다시 그 방향을 바꾸는 세계운동, 천주운동이 벌어져야 된다는 것입니다. 그런데 오늘에 와 가지고 그 민주주의 행로는 막혀 버렸습니다. 차후의 방향은 어떨 것이냐? 이에 대해 답변을 못하고 있습니다.

금후의 세계는 외적인 문화의 발전을 이룩한 서양문명인 내적인 극동을 찾아 들어옵니다. 지금 한국 여자들이 노랑머리를 하기 위해 물을 들이고, 꼬부랑 머리를 하고, 얼굴에 뭘 바르고 하지만 순박한 한국인의 모습, 동양인의 기품 있는 모습을 그리워할 때가 올 것입니다. 그런 때가 오나 안 오나 두고 보세요.

그들의 철학과 사상의 뿌리는 다 파헤쳐져 끝이 났습니다. 동양철학은 우리 생활관과 인생관에 결부되어 가지고 4, 5천 년의 역사를 면면히 뻗어 나왔는데, 이것이 오늘날 크게 대두하고 있는 것입니다. 문화는 종합적인 이념권 내로 융합되어 나오는 것이 역사적인 실정인데, 이 시대에는 일방적인 기독교 이념만 가지고는 안 됩니다. 앞으로 종교를 어떻게 요리할 것이냐가 문제입니다.

철학의 길과 종교의 길

138 - P.142, 1986.01.21

철학이라는 것은 뭘 하는 것이냐? 이것은 사고방식을 통해서, 생각을 통해 가지고 하나님이 있느냐 없느냐 하는 것을 찾아 나가는 것입니다. 철학의 최후의 종착점은 신을 발견하기 위한 것입니다. 그 신은 어떠한 신이냐? 절대적인 신, 불

2. 하나님의 섭리를 중심한 문명의 흐름

변의 신, 유일의 신입니다. 신을 발견하는 데 있어서 그 신은 우리 인간에게 필요한 인격적 신이어야 됩니다. 우리 인간과 관계를 맺기 위해서는, 우리 인간이 생각하는 모든 안팎을 갖추고, 뜻을 갖추고, 이상을 갖춘 인격적 신이어야만 되겠다는 것입니다.

모든 면에서 통할 수 있는, 정서적인 면이나 뜻적인 면이나 혹은 지식적인 면에서 우리 인간과 통할 수 있는, 완전히 관계를 맺을 수 있는 신이 아니고는 아무리 신이 있다 하더라도 우리와는 완전히 상관을 지을 수 없다는 것입니다. 이렇게 볼 때 인격적 신이 되어야 한다는 표제 밑에서 철학은 신을 숭상 안 해왔다는 것입니다. 철학이 추구하는, 바라는 신을 발견하지 못했다는 것입니다.

중세 기독교 사상을 중심삼고 로마 교황을 중심삼고 세계를 통치하던 그때를 막연한 입장에서 신본주의 사회였다고 말하지만, 그때도 신을 완전히 아는 입장에 선 것이 아닙니다. 신을 완전히 몰랐기 때문에 기독교의 몰락이 벌어진 것입니다. 그래서 이러한 역사적인 부조리를 남긴 채 인본주의 사상, 휴머니즘이라는 것이 시작되어 가지고 떨어져 내려온 거예요.

신을 발견하지 못했기 때문에 '인간이 제일이다' 하고 인간 만능을 주장하게 된 것입니다. 힘을 주장하는 사람도 있었고, 이성을 주장하는 사람도 있었고, 별의별 것을 다 주장하는 사람이 있었습니다. 인간이 신을 대신할 수 있는 자리에 서야 된다는 것입니다. 그렇지만 인간 제일주의로, 인간이 신을 대신할 수 있는 불변의 이상세계를 실현한다는 것은 꿈에 지나지 않습니다. 그렇기 때문에 인본주의의 몰락에서부터 물질만능주의, 지금에 와선 물본주의라 할까요? 물질만능을 주장하는 것입니다. 미국의 실용주의자들, 공산세계의 유물론자들로 떨어져 내려와 가지고 '신은 죽었다, 신은 없다'고 결정지어지는 현시대에 머물렀다는 것입니다.

그러면 종교라는 것이 뭐냐? 종교는 이미 신을 발견해 가지고 신과 더불어 살아가는 길을 모색해 가는 것입니다. 따라서 종교세계에서 신이 있느냐 없느냐 하는 것은 말도 안 되는 거예요. 이미 신을 만나 가지고 신으로부터 살기 위한 길을 개척해 나가는 것입니다. 사는 데 있어서 신을 중심삼은 개인적 삶의 길, 가정·사회·국가·세계적 삶의 길, 이상적 삶의 길을 추구해 가는 것이 종교입니다. 철학과 종교는 이게 다른 것입니다. 철학은 신을 발견해 가지고 그 다음에 살 수 있는 길을 찾아가려고 하지만 종교는 철학 위에 서 가지고, 철학의 한계를 넘어서 신을 모시고 사는 길을 취해 나가는 길이라는 것입니다.

세계적 종교 지도자들의 역사적 배경을 보면 훌륭한 사람이 없다구요. 훌륭한 사람이 없었다는 거예요. 석가 같은 양반은 물론 왕자로 태어났지만 그가 그 시대에 학술에 능통해 가지고 학자의 입장에 있었던 것도 아니었습니다. 자기가 가진 것을 다 버리고, 다 부정하고 입산수도해 가지고 '인간이 무엇이냐?' 하는 무의 경지를 찾아들어가는 전통으로부터 시작했다는 것입니다. 또 기독교를 보더라도 예수님 자신을 보면 초등학교도 못 나왔다구요. 그 다음에 마호메트도 상인의 경력은 가졌지만 공부했다는 역사가 없습니다. 유교를 봐도 마찬가지예요. 물론 유교는 여러 사람들이 사상을 편성해 가지고 나타났지만 그 배후에, 그 시대의 모든 지식인들이 환영할 수 있는 자리에서부터 시작하지 않습니다. 이걸 볼 때 그 시대의

2. 하나님의 섭리를 중심한 문명의 흐름

모든 지식인들이 환영하는 환경으로부터 세계적 종주(宗主)들이 시작하지 않았다는 거예요. 당시에는 부정을 당했다는 것입니다. 전부 다 그랬다는 것입니다. 그 시대에서는 환영을 못 받았어요.

그러면 무엇을 중심삼고 이들이 출발했느냐? 신을 만났다는 것입니다. 그게 다른 거예요. 예수님이 말하기를 '나는 하나님의 아들이다' 했습니다. 모든 사람들은 하나님의 아들인지 뭔지 모르는 가운데 신과 직접적인 상관을 맺고 보니 하나님의 아들인 것을 자각했다는 거예요. 그러니까 보통 사람들과 얼마나 차원이 다른 자리에 있었느냐는 것입니다. 그 세계는 신비스러운 경지, 일반 상식자로서는 미칠 수 없는 그런 경지에서부터 시작됐다는 것입니다.

종교는 신을 만나 가지고 신과 더불어 살아가는 길입니다. 살아가는 길 가운데서도 여러 가지 길이 있지만 이상의 길, 유토피아적인 길이라는 것입니다. 최고의 신의 이상임과 동시에 신의 이상과 내가 동반할 수 있는 이상의 길을 찾아가자 하는 것이 종교의 길인 것입니다.

문화 발전의 목적은 신과 인간의 이상적 만남에 있어

189 - P.079, 1989.03.19

하나님이라는 절대적 신을 중심삼고 볼 때 절대적 신이 요구하는 그런 종교 배경, 절대적 이상을 중심삼고 이 우주를 포괄하고 우주를 지배할 수 있는 주체가 하나님인데 그 주체가 지배할 수 있는 우주권 내를 포괄할 수 있는 내용을 지닌 종교가 아니고는 끝까지 갈 수 없다고 보는 것이 이론적인 결론입니다.

　종교의 기원은 철학과 다릅니다. 철학은 하나님을 찾아 나가는 길이지만 종교는 하나님을 만나 가지고 생활하기 시작하는 길입니다. 그게 다릅니다. 그러나 철학도 하나의 세계를 추구해 가지고 절대적인 하나의 신을 발견해 나가는 것이기 때문에 나중에 발견했다 할 때는 종교와 연결되는 것입니다.

　그렇기 때문에 세계 4대 성인으로 일컫는 사람들은 모두 세계적 종교, 불교라든가 유교라든가 이슬람교라든가 기독교라든가 하는 종교의 교주들입니다. 이러한 교주들이 가르쳐 준 것은 자기 주장이 아닙니다. 하나님의 주장을 가르쳐 줬습니다.

　그러면 4대 종교가 동서남북과 같이 있어 가지고 신을 모시는데, 신을 어디에 모시느냐? 가운데 모십니다. 이것은 신의 뜻이 땅에 내려온다 하면 중앙을 중심삼고 동서남북이 통일된 하나의 세계가 이뤄져야 된다는 결론이 됩니다. 그러면 기독교는 뭣이냐? 어느 쪽이냐? 그게 동쪽이라면 서쪽 남쪽 북쪽의 종교 형태가 갖춰져야 합니다.

　고대문화를 보면, 희랍문명이라든가 애급문명, 지금에 와서 말하는 페르시아문명, 곧 티그리스 유프라테스 강, 지금의 이라크를 중심삼은 문명권이라든가, 또 동양에 있어서는 중국의 유교문명권과 인도문명권이 있는데, 그때가 모두 이스라엘 나라를 중심삼고 동서남북 4대 문화권이 연결된 시대였습니다.

　그러한 종교 배경을 중심삼고 새로운 세계적인 종교가 나왔다는 것은 우연한 일이 아닙니다. 이 중심, 이스라엘이라는 나라가 역사의 흐름에 있어서 주동적 역할을 할 수 있는 나라

2. 하나님의 섭리를 중심한 문명의 흐름

라로 하나님이 택했다면 이스라엘이 그러한 길을 가야 되는 것입니다.

이렇게 볼 때, 하나님을 중심삼고 이스라엘을 보면 이렇게 동쪽에서 서쪽을 향하게 된다면 오른쪽에는 중국문화가 있고, 왼쪽은 인도문화가 있고, 그 다음 전방에는 완전히 사탄 문화인 로마, 이스라엘을 지배한 로마문화가 있고, 그 다음에 그 주변에는 중간과 같은 희랍문명이라든가 애급문명이 중간에 끼게 되었다 이겁니다.

이러한 역사적 배경인 문화 발전의 목적은 어디에 있느냐? 하나님과 인간이 이상적인 만남을 이루는 데 있습니다. 이상적인 통일권을 이루어서 이상적인 만남을 성사하는 데 있는 것입니다. 그와 같은 문화 형태가 세계적으로 벌어져 나왔는데 그것이 4대 종교문화권을 중심삼아 가지고 지금 남아졌다는 것입니다. 기독교를 중심삼아 가지고 보게 되면 좌우가 있습니다. 기독교는 뭐냐 하면 두익사상입니다.

지금까지 수많은 종교가 나와 가지고 좌우를 만들어 놓았습니다. 그래 가지고 지금 좌우가 세상을 요동시키고 있는데 이때의 종교 형태라는 것은 점점점 사그라져 나가는 것 같습니다. 그러면 4대 종교권이 열매 맺을 수 있는 이 시대에 와 가지고 하나되어야 할 텐데 왜 이렇게 좌우로 갈라졌느냐? 로마를 중심한 사탄편을 볼 때도 역시 좌우가 있습니다. 이것이 뭐냐 하면 희랍문명과 애급문명입니다.

로마도 세계를 정복하려고 했습니다. 하늘편도 마찬가지입니다. 이와 같은 현상, 좌우가 부딪치는 이런 관계가 예수님 당시의 이스라엘에 있었던 거와 마찬가지로 종말시대에 4대 종교문화권을 중심삼고 이와 같이 서로 대치해 있는 것입니다. 좌우를 중심삼고 이렇게 종교 배후권이 벌어져 있다는 겁니다.

　이렇게 보게 되면 기독교는 어느 쪽이냐? 동쪽에 있습니다. 기독교를 중심삼고 좌우가 기독교 문화권에 부딪치고 있는 것입니다. 그런 관점에서 공산주의라는 것을 볼 때, 이게 사탄편이라면 이 공산주의에도 좌우가 있습니다.

　그래 가지고 이것이 지금 어디까지 왔느냐? 기독교문화권을 중심삼고 아시아를 향하는데 여기에 중국의 유교와 인도의 불교가 있는가 하면 공산세계를 중심삼고는 이것이 좌우와 마찬가지로 이슬람교를 중심삼고 기독교와 싸움이 붙는 것입니다. 이슬람교와 인본주의라는 걸 중심삼아 가지고 기독교문화권에 대치하는 세계적 현상이 벌어져 나옵니다.

열대권 문명에서 양(凉)대권 문명으로 옮겨 가는 인류 문명

109 - P.312, 1980.11.02

　오늘날 인류문화사를 우리가 간추려 본다면 고대문화의 중심은 열대문명권입니다. 물론 인도문명이라든가 희랍문명, 그리고 양자강을 중심삼은 연안문명, 유프라테스강을 중심삼은 메소포타미아문명이 있지만 그의 반은 열대권이에요. 열대권문명이라는 것입니다.

　그 문명이 이동해 갑니다. 어디로 이동해 가느냐? 양대권 문명을 서지는 것입니다. 지금 20세기 문명은 양대권 문명이에요. 양대권 문명에 처해 있는 것입니다.

　왜 열대권 문명으로부터 시작해 가지고 양대권 문명으로 가느냐? 아침 문명에서부터 시작해 가지고 대낮의 문명을 거치

2. 하나님의 섭리를 중심한 문명의 흐름

고 저녁 문명을 거쳐 밤 문명을 거치는 순회를 해야 할 텐데, 왜 열대권 문명으로 시작해 가지고 양대권 문명으로 가느냐? 역사는 인간시조가 타락했기 때문에 무엇인지 모르게 곡절을 일으켰습니다.

그렇기 때문에 문명도 본래는 춘하추동 가운데서 봄절기 문명부터 시작해 가지고 여름절기 문명을 거치고 가을절기 문명을 거치고 겨울절기 문명으로 순회하는 과정을 거쳐야 할 텐데, 이것이 여름에 해당하는 열대권 문명에서부터 양대권 문명으로 옮겨지는 겁니다. 그런데 그 양대 문명권이 봄철이 아닌 가을절기라는 것입니다. 가을절기를 향해서 왔다는 것입니다. 그러면 양대권 문명의 종말이 오게 될 때는 어떻게 되느냐? 한대권 문명에 부딪치게 되는 것입니다.

현재 우리가 살고 있는 20세기 문명은 시베리아 북풍이 몰아치는 공산주의 바람에 의해 전부 다 낙엽이 되어 떨어지고 있습니다. 문제가 거기에 있습니다. 여기에 하나의 열매가 맺혀 가지고 인류문화를 창건할 수 있는 이상적 본체가 되었다면 문제가 다르지만, 열매 없는 문화권으로 종국을 맞을 때가 왔다, 이렇게 보는 거예요.

아무리 추운 겨울이 온다 하더라도 그 겨울 가운데에서도 살아남을 수 있는 생명의 씨앗, 생명의 씨를 지녔다면 그것은 남아질 것입니다. 딱딱한 껍데기 속에서 봄날을 맞이하여 새싹을 내 가지고 새로운 발전을 할 수 있는 것이 자연현상인데도 불구하고, 오늘날 한대권 문명에 부딪친 이 자유세계의 문명은 씨알맹이도 없이 낙엽과 더불어 최후의 종말을 예고하는 때에 왔다고 보는 것입니다.

031 - P.211, 1970.05.31   역사상에 봄절기의 문화시기가 있어야 했는데 인간의 타락으로 말미암아 사탄세계의 봄절기 문화부터 시작된 것입니다. 사탄세계의 봄절기 문화시대에서 여름절기의 문화시대인 열대권 문화가 되었고, 그 다음에 가을절기의 문화시대인 온대권 문화가 되었다가 지금은 겨울절기의 문화시대가 되었습니다. 공산주의가 지배하는 한대권 문화가 세계를 통제할 때에 들어왔다는 것입니다.

역사는 사탄세계의 봄절기 문화시대에서부터 남아진 것입니다. 그래서 고대의 문명이 열대권에 해당하는 것입니다. 20세기의 가을절기의 문명도 지나가고 있습니다.

109 - P.312, 1980.11.02   그러면 이제 인류가 추구하는 새로운 봄 문명은 어디서 찾을 것이냐? 인류의 본래의 씨를 심어 가지고 하나님이 지으신 창조이상의 자연 동산 가운데서 모든 요소를 흡수하고 태양으로부터 생명력을 받아 가지고, 그것이 활발히 살아 가지고 스스로 꽃을 피우고 열매를 맺어 가지고, 그 열매 가운데 새로운 문명을 계승할 수 있는 이런 기원을 어디서 찾을 것이냐 하는 과제가 남는다는 거예요.

지금 20세기의 종말에 세계는 공산주의로 말미암아 침체되어 있고, 종국을 고할 수 있는 그런 입장에 처해 있습니다. 수많은 종교도 마찬가지입니다. 기독교는 물론이요, 불교라든가 혹은 회교라든가 그 어떤 종교를 막론하고 이제 공산주의를 어떻게 소화하느냐, 공산주의의 잔바람을 어떻게 극복하느냐 하는 문제 앞에 부딪쳐 있습니다. 이 문제는 전세계 종교인들이 공히 염려해야 할 중차대한 문제로 남아 있는 것입니다.

2. 하나님의 섭리를 중심한 문명의 흐름

그러면 여기서 천지운세를 바라보게 될 때, 이 추운 겨울 가운데 생명의 씨를 가지고 새싹으로 발아할 수 있는 새로운 문명이 형성되지 않는다면 하나님이 없다는 결론이 나오는 것입니다. 하나님이 있다면 반드시 그런 운동이 벌어져야 된다는 것입니다. 전세계의 부패상을 거름으로 삼아 가지고 공산주의의 극악한 한대문명권을 기반으로 하여 이걸 능가할 수 있는 생명력을 지닌 그러한 문명의 씨앗이 어디 있느냐?

뜻으로 본 문명의 흐름

123 - P.033, 1982.12.01

로마문명은 인본주의 문명입니다. 그래 가지고 이 로마가 중세시대에 기독교를 중심삼고 전세계를 지배한 적이 있습니다. 로마가 본래는 기독교를 반대한 나라인데 이것이 서구로 갔다가 한 바퀴 돌아서 동양으로 가 버립니다. 결국은 오늘날 서구문명은 아시아문명과 연결되는 것입니다. 그러니 아시아문명을 찾아가야 된다는 것입니다. 그러면 아시아에서도 기독교를 반대하는 반도가 나와야 됩니다. 이것이 끝날에 기독교 중심 국가가 될 것입니다. 그래 가지고 반대로 기독교를 환영할 수 있는 나라가 되어야 됩니다.

동양과 서양이 지금 어때요? 동양에서 서양을 보면 서양에서 희생한 것을 하나님이 어디에 가서 거두느냐? 만약 서양에서 거두지 않고 동양에서 거둔다 하게 될 때 이와 같은 끝날에 있어 여러분이 쉬지 않고 기반을 닦으면 이것을 환영할 수 있는 터전이 나오는 것입니다. 반도에서 그러한 터전이 나와야 된다는 논리가, 탕감복귀원칙이 성립되는 것입니다.

그것이 왜 그러냐? 동양문명과 서양문명에 있어 이 동양은 정신문명이고 서양은 물질문명입니다. 그렇기 때문에 모든 종교는 동양에서 나왔습니다. 그래 가지고 쭈욱 순회해 가지고 들어오는 거예요. 그러면 이 반도가 왜 중심이 되느냐? 육지가 몸뚱이면 반도는 생식기와 마찬가지입니다. 섬나라는 반도와 연결되는 것을 환영해야 되는 것입니다.

그러면 아시아에서 반도와 연결될 수 있는 섬나라, 그럴 수 있는 지역이 어디냐? 이것은 한국과 일본밖에는 없습니다. 일본은 반도를 대하는 제일 가까운 섬이에요. 그래서 여기가 남자와 여자가 만날 수 있는 문명의 결점이라는 것입니다.

시대변천과 몰아내는 섭리가 있게 되는 이유

004 - P.138, 1958.03.30

하나님은 어찌하여 이러한 섭리를 해 나오시는가? 여러분의 믿음이 영원성을 대신하여 하늘 앞에 설 수 없고, 여러분이 믿고 나가는 도리가 영원성을 대신하여 하늘 앞에 설 수 없고, 여러분이 믿고 나가는 인류도 역시 믿을 수 없기 때문입니다. 그래서 이것을 크게 혁명하여야 할 과정을 거쳐야 한다는 것입니다.

옛날 애급문명을 중심삼고 볼 때도 애급문명의 사명이 다 끝난 후에는 그것을 때리는 역사가 있었다는 것입니다. 반대파가 나와 가지고 때리는 역사가 있었다는 거예요. 그리하여 이것이 그리스 문명을 거쳐서 어떤 새로운 문명의 형태를 갖추게 될 때도 새로운 것이 나와 가지고 그 문명을 때리게 되었다는 것입니다.

2. 하나님의 섭리를 중심한 문명의 흐름

그래서 이것이 로마를 거치게 되는데 로마에 들어온 기독교를 때리는 역사로 말미암아 기독교가 이것을 인수해 나오게 되었습니다. 그래 가지고 기독교 봉건사회를 건설한 것입니다. 그런데 후에 기독교 봉건사회도 스스로 영원한 생명력을 유지하지 못했기 때문에 때렸다는 것입니다.

그래서 이것을 혁명하는 과정을 거치게 되고 인문주의 사상을 통한 과학 문명이 대두하게 됩니다. 그리고 영국에서 새로운 신앙혁명의 봉화를 들었던 무리들은 지금의 남북미 대륙으로 쫓겨 갔습니다. 그러나 쫓아낸 사람들이 잘 되는 줄 알았지만 쫓김 받는 그들이 쫓아낸 사람들의 모든 복을 인계해 갔다는 것을 오늘날 인간들은 모르고 있습니다.

마찬가지로 이제 책임을 못 하면 하나님께서 미국이나 민주주의권 내에 있는 국가들을 다시 한 번 때릴 때가 온다는 것입니다. 그들이 가진 바의 사명, 세계적인 사명을 대신할 수 없는 시기가 올 때는 결코 그것만으로는 안 됩니다. 그래서 다시 한 번 하늘이 채찍을 가하여 몰아내게 될 때는 새로운 무엇이 나와야 된다는 것입니다.

그런데 자체에서 새로운 무엇이 나오지 않는다면 외부로부터 그 뜻을 나타내게 하기 위한 형태가 나타나는데, 바로 그러한 사명을 갖고 나온 것이 오늘날 공산주의입니다. 공산주의 자체도 마찬가지입니다.

그의 사명을 다하면 반드시 둘 아니면 셋으로 갈라지는 것입니다. 거기에서 하나의 우주통일의 이념이 이루어질 때까지 하늘은 그것을 끊임없이 몰아내고 있습니다. 그런데 이런 몰림받는 역사과정을 거쳐온 인간들은 그 결과만을 보고 알 따름입니다. 그래서 이것이 탄식의 덩어리였다는 것을 알아야 되겠습니다.

두 패로 갈라진 현실

039 - P.345, 1971.01.16

이 세상에는 참다운 부모가 없습니다. 타락했기 때문에 참다운 부모가 없다는 것입니다. 참다운 부모가 없고 참다운 형제가 없습니다. 참다운 부모가 없는데 참다운 형제가 나올 수 있겠어요? 참다운 형제가 없으니 참다운 가정, 참다운 씨족이 안 나옵니다. 참다운 씨족이 안 나오니 참다운 민족이 없습니다. 참다운 민족이 없으니 참다운 나라가 없습니다. 참다운 나라가 없으니 참다운 세계가 없는 것입니다. 그래서 인간들은 거짓된 세계에서 신음하고 있습니다. 이러한 거짓된 세상을 박차고 참다운 세계로 돌아가자 하는 것이 종교운동인 것입니다. 이런 내용을 주장하신 분이 예수님이었습니다.

예수님이 가정을 이루려다가 뜻을 이루지 못하고 십자가에 돌아가셨습니다. 그렇기 때문에 신랑 신부의 이름을 남겨 놓고 가셨던 것입니다. 그래서 예수님이 다시 와서 어린양 잔치를 한다고 했습니다. 이것은 무엇이냐 하면, 하나님이 안정하실 수 있는 이상적인 가정을 출현시키는 것입니다. 그럼으로 말미암아 예수님은 참부모의 자리에 가게 되는 것입니다. 참부모의 자리에서 참자녀를 낳아 가지고 참형제를 이루고, 이런 참가성을 중심삼고 참씨족과 참민족을 이루어 새로운 민족과 새로운 국가를 형성하셔야 되는 것입니다. 이것을 하기 위해 예수님은 다시 와야 한다는 결론이 딱 나오는 것입니다.

그러면 여기에 문제되는 것이 무엇이냐? 오늘날 우리는 악

2. 하나님의 섭리를 중심한 문명의 흐름

한 세상에서 살고 있습니다. 이 세상이 왜 악하냐? 사람들은 이 세상이 악한지 선한지 잘 모르고 있습니다. 이 세상이 악하다는 것을 확실히 알게 되면 틀림없이 여기에서 벗어나려고 갖은 노력을 다 할 것입니다.

절대적인 하나님께서 생각하여 창조한 물건이 두 가지의 결과로 나타나면 되겠어요? 두 가지의 상반된 목적을 가진 존재를 만들었겠어요? 절대적인 하나님이 계획하셔서 만드신 물건은 절대적인 물건이 되어야 하는 동시에 목적도 하나로 귀결되어야 합니다. 만일 목적이 두 가지로 귀결된다면 하나님의 정신이 둘이라는 말이 됩니다. 그렇다면 믿을 수 없습니다. 중심을 못 잡고 왔다갔다해야 된다는 것입니다. 그러니까 절대적인 하나님에 의해서 지어진 물건은 절대적으로 하나되어야 합니다.

그러면 하나님께서 인간을 지극히 사랑하시고 싶으신데 인간이 두 목적을 가지게 된다면 사랑하겠어요, 안 하겠어요? 사랑하실 수 없는 것입니다. 그런데 우리 인간을 가만히 분석해 보면 마음의 사람과 몸의 사람이 있습니다. 그 마음의 사람과 몸의 사람이 서로 사이가 좋아요, 아니면 사이가 나빠서 분쟁을 해요? 끊임없이 싸우고 있습니다. 안 싸우면 좋겠는데 싸우고 있으니 사고입니다.

과거에도 싸웠고 지금도 싸우고 있고 앞으로 우리의 아들딸도 그렇게 싸울 것입니다. 지금도 인간은 그 싸움을 계속하고 있고 역사과정에서도 계속적으로 그렇게 싸우며 살아온 인간들을 바라보니까 절대적인 신이 인간을 만들었다면 이렇게 두 패로 만들어 놓을 수 없기 때문에 신이 없다' 하는 결론을 내리게 되었던 것입니다. 인간이 이렇게 왔다갔다하니까 이것을 기원으로 해서 공산주의 변증법이라는 것을 생각했던 것입니다.

두 사람이 있지요? 두 사람의 씨로써 심어진 인간이기 때문에 개인도 두 패요, 가정도 두 패요, 민족도 두 패요, 나라도 두 패요, 세계도 두 패가 된 것입니다. 전부 다 두 패로 갈라지게 되었다는 것입니다.

여기에서 하나는 내적이요, 하나는 외적입니다. 가정에도 어머니 패와 아버지 패 두 패가 있습니다. 그렇지 않으면 어머니 아버지의 패와 아들딸의 패로 갈라집니다. 이렇게 전부다 두 패로 갈라져 있습니다. 애초에 그렇게 되었던 것입니다.

회사에 사장 패와 전무 패로 갈라져 있다면 그 회사는 망할 회사입니다. 심을 때 그런 씨를 심어 놓았기 때문에 그런 현상이 벌어지는 것입니다. 처음부터 완전히 하나된 씨를 심어 놓았다면 그렇게 안 벌어집니다. 가정도 그렇고 씨족도 그렇고 민족도 그렇고 나라도 마찬가지입니다.

정신적인 동양, 물질적인 서양

044 - P.192, 1971.05.07

동양과 서양을 보면 동양은 사상적인 중심지대입니다. 동양은 종교 사상을 위주해 가지고 출발했습니다. 그렇지만 서양은 물질 사상을 중심삼고 출발했습니다. 물질 사상은 시식을 동해서, 시식이 가해시면 물질은 얻을 수 있다고 보는 것입니다. 금(金)이 귀하다는 것을 알기 때문에 벌써 보면 다 갖고 싶어합니다. 그렇기 때문에 물질은 가질 수 있지만 반대로 도(道)의 세계는 정신적인 지식이 가해지면 가해

2. 하나님의 섭리를 중심한 문명의 흐름

질수록 물질을 갖는 것이 아니라 물질세계를 잃어버리는 것입니다.

그렇기 때문에 이 세계에 보이지 않는 것과 같은 입장에서 나라를 이루고, 제일 못 사는 나라로서 도의 사상으로 민족성이 엮어진 그 민족에게는 앞으로 한 때가 온다는 것입니다.

도의 길을 깊이 가면 갈수록 외적인 것을 점점 잃어버리는 것입니다. 외적인 것은 잃어버려야 됩니다. 100이상의 가치를 알았기에 100을 잃어버린다는 것입니다. 그렇기 때문에 거기에 비례되는 내적인 것을 소유할 수 있는 것입니다.

동양의 나라들이 왜 못사느냐? 도의 길을 숭상하다 보니 그렇게 되었습니다. 도의 길을 숭상하려면 외적인 것은 다 집어 던져 버려야 하는데, 집어 던지는 데에 영원히 집어 던져서는 안 되겠으니 서양 사람에게 보관하라고 준 것입니다. 이것을 주워 모아 놓은 것이 서양 문명입니다. 이 보따리가 두둑해져서 도의 양과 비슷하게 될 때는 자리를 잡고 재차 출발한다는 것입니다.

그래서 물질세계에도 끝이 오고, 많은 가짜 종교에도 끝이 오는 것입니다. 사상에 있어서도 가짜 사상의 끝이 오면 참된 사상이 오는 것이요, 종교 사상에 있어서도 가짜 사상의 끝이 오면 참된 사상이 오는 것입니다. 또한 물질세계의 끝이 오면 정신세계, 본연의 세계가 오는 것입니다.

그러면 동양에서 못 사는 것이 잘된 일이에요, 서양에서 잘 사는 것이 잘된 일이에요? 동양에서 못 사는 것이 잘 된 것입니다. 그래서 서양 사람들이 갖다 준 종교는 하나님을 잃어버리게 만든 종교라는 것입니다. 동양 사람들이 수천년 동안 숭상해 온 종교는 하나님을 잃어버리게 만들지는 않았습니다.

그래서 좀 낫다는 것입니다. 그러므로 나타나는 곳, 보이는 곳에 참된 인연이 있는 것이 아니고, 나타나지 않는 곳에 참된 인연이 많다는 것입니다.

이제 삼천리 반도로 가는 데 있어서 찾아 나서야 할 것은 뭐냐? 보이지 않고 나타나지 않는 것을 찾아야 합니다. 하나님과 우리 인간의 관계를 찾아가야 합니다. 참된 부모의 인연이 나타나지 않았고, 참된 형제의 인연이 나타나지 않았고, 참된 부부의 인연이 나타나지 않았고, 참된 종족과 참된 민족의 인연이 나타나지 않았으며, 참된 국가와 참된 세계의 인연이 나타나지 않았으며, 참된 천국의 인연이 나타나지 않았습니다. 전부가 나타나지 않은 것입니다.

반대로 불의의 인연의 부모가 나타났고, 불의의 인연의 부부, 불의의 인연의 자녀, 불의의 인연의 가정·종족·민족·국가·세계가 다 나타났습니다. 즉 불의의 인연의 지옥이 나타났다는 것입니다.

지옥은 질서가 없습니다. 그래서 문명 제국이 되고 문화의 세계가 놀랍다고 하지만, 지금 이 세계에서는 질서를 찾으려야 찾을 수 없게끔 되어 있습니다. 한 곳에서 융기하면 다른 한 곳에서 무너지는 것이 더 크니만큼 눈앞의 세계정세가 비틀어져 나가는 것을 우리가 볼 때, 이때가 바로 마지막 때라는 것을 알아야 되겠습니다.

이상향을 그리워하는 인간의 마음과 문명권 발전사

005 - P.043, 1958.12.14

통일 이념, 이것은 새로운 시대에 있어서는 반드시 나와야

2. 하나님의 섭리를 중심한 문명의 흐름

될 역사적인 기준이요, 우주적인 기준이요, 천주적인 기준입니다. 그런 기준 위에서 종교의 통일이 벌어진다는 것을 오늘날 생각해야 되겠습니다. 이런 의미에서 '통일교회'라는 이름이 일리가 있는 것입니다.

아직까지 통일이념을 중심삼고 계속 발전하면서 그 이념을 주장하고, 이런 세계의 움직임 앞에 선두에 서서 싸워 나가면서 몰림받는 무리가 나오지 않았다는 것입니다.

이제 사상의 시대, 주의의 시대에 우리가 찾아 세워야 할 것이 무엇이냐? 인간들은 마음으로 본향을 그리워해 왔고, 하나님의 심정을 중심하여 즐길 수 있는 사랑의 동산을 꿈꾸어 갈망해 왔습니다.

우리가 역사발전 과정을 살펴 보면, 인류 최초의 문명인 이집트문명은 나일강을 중심한 하천문명입니다. 즉 이집트문명은 나일강을 모태로 해서 발상된 문명이라는 것입니다. 그 이집트문명은 또 어떻게 해서 발전되었느냐? 그들은 '강 저편에는 무엇이 있을 것인가?' 하고 궁금해 했습니다. 항상 강 건너 저편에 가보기를 소망했는데 이런 것들이 이집트문명을 발전시키는 정신적인 배경이 되었던 것입니다.

이러한 하천문명시대가 지나간 이후에 지중해문명이 건설되었습니다. 피안을 바라보는 간절한 마음, 소망의 심정이 동기가 되어 인류사회가 발전돼 나온 것입니다. 그리고 피안을 향한 간절한 심정이 문명의 혁명을 일으켰다는 것입니다. 그리스 로마시대에는 지중해를 중심삼은 문명권이 형성되었습니다. 지중해를 바라보며 지중해 너머, 즉 피안에 대한 관심을 가진 민족이 지중해를 지배하였던 것입니다.

16세기에 들어와서는 지중해문명이 쇠퇴하고 대서양문명

권이 형성되었습니다. 그 후 대서양을 건너가 보기를 바라는 사람들의 의지와 노력에 의해 대서양을 횡단하여 미국을 도달하였고, 이제는 미국과 아시아를 잇는 새로운 태평양문명권을 형성하고 있습니다. 그러한 때가 거의 다 되었다는 것입니다.

이제는 인간들이 이 땅에서 자유롭게 살아갈 수 있게 되었고, 바라던 소망도 이루었기 때문에 우주로 진출하려 하고 있습니다. 즉 새로운 피안을 찾아 나서고 있다는 것입니다. 그래서 앞으로는 우주시대가 열릴 것입니다. 그리고 달나라에 가겠다는 소망대로 실제로 인간들이 달에 도착할 것입니다.

그러면 역사발전 노정에서 새로운 이상향을 소망하고 실체적으로 개척하게 했던 인간의 심적인 동향과 이상향을 그리는 인간의 이러한 마음의 움직임이 우주를 정복한 후에는 끝날 것이냐? 끝나지 않을 것입니다. 우주를 넘어서 마음의 동산, 세계 만민의 마음을 주관할 수 있는 동산, 마음의 세계를 찾고, 그 다음 마음세계를 넘어서 신이 실존한다면 그 신의 이념세계에서 완전히 신과 일체를 이루고, 신의 이념에 취하여 다른 아무것도 요구되지 않게 돼야 이상향을 그리는 마음의 움직임이 끝날 것입니다.

우리 인류가 과학문명을 노래하기 시작한 것은 16세기 후반기부터였습니다. 과학문명의 역사는 겨우 4백년 밖에 안 됩니다. 그렇지만 우리가 6천년의 인류역사를 생각해 볼 때, 인류는 6천년 내내 마음으로 이상향, 즉 천국을 지향해 나왔고 하나님을 찾아 나왔다는 것입니다. 그리고 하나님을 찾아 천륜에 의해서 하나님과 인연 맺기를 바라고 나왔다는 역사적인 사실을 여러분은 부정하지 못할 것입니다.

2. 하나님의 섭리를 중심한 문명의 흐름

인간의 마음이나 양심을 부정하는 책자는 보지 못했을 것입니다. 이 땅에 마음을 부정하는 세계, 마음을 부정하는 주의는 없습니다. 인간이 영원한 이념의 세계, 인간의 감정과 통할 수 있는 체휼의 세계를 흠모하고 지향하고 있다는 것을 부정하는 주의는 없는 것입니다.

수많은 교회와 수많은 종교가 이 마음의 세계를 이념으로 하여 가르쳐 왔는데, 헛것을 가르쳐 온 것이냐? 천만의 말씀입니다. 수천 수만권의 책자를 보아도 그 이념을 부정하는 책자는 없습니다. 그러면 이와 같은 종교의 이념이 옳은 데도 그 이념이 이루어지지 않는 원인은 무엇이냐? 이것은 인간이 타락된 연고입니다.

이제 인간들은 마음의 세계, 영원한 영적인 세계를 돌파하여 행군해야 할 것입니다. 이것이 오늘날 끝날에 처한 인간들이 해결해야 할 중요한 문제라는 것을 여러분은 확실히 알아야 하겠습니다. 하나님은 종교와 도를 통해 가지고 주의 주장의 세계를 넘어서 한 때를 바라보고 나오십니다.

종교와 정치 두 방향으로 거쳐온 인류역사

224 - P.304, 1991.12.22

역사적 인물들이 무엇을 가지고 그런 방향을 제시해 왔느냐? 사상과 신념, 종교적 신념을 가지고 그러한 노정을 개척해 왔다는 것입니다. 인간적 견지에서 그런 관을 갖느냐, 하늘의 섭리적 관점에서 그런 방향을 갖느냐에 따라서 이 두 갈래의 방향으로 틀려져 나온 것입니다.

하늘 편 섭리적 관을 대표한 하늘은 종교를 내세우고 지상에서는 인간들을 중심하고 섭리에 일치되지 않은 방향을 따라온 정치를 내세워서 국가를 통해 지금까지 움직여 나온 것입니다. 정치를 통해서 이 세계를 보면 중세 기독교문화권을 중심삼은 하나의 통일적 세계가 무너짐으로 말미암아 인본주의 사상을 중심삼고 불란서 혁명을 통해 계몽주의 사조를 거쳐 가지고 소련에까지 이어지는 것입니다. 인본주의에서 유물론, 물본주의까지 가게 되었다는 것입니다.

중세시대에 로마 교황청을 중심삼고 하나됐다면 신본주의를 중심삼고 하나의 세계로 갔을 텐데, 하나되지 못함으로 말미암아 떨어져 내려오는 것입니다. 구교와 신교의 투쟁이 벌어져 가지고 이것이 영국의 헨리 8세를 중심삼고 새로운 개혁시대를 맞이하게 됩니다. 그것이 청교도를 중심삼고 미국까지 와 가지고 지금은 신교가 세계적인 종교가 된 것입니다. 이것이 이제 아시아로 가야 할 입장에 있다는 것입니다.

신교 독립국가인 미국에게 세계 2차대전 후 세계적 모든 승리권의 판도, 섭리적 통일권을 맡겼던 것입니다. 로마 교황청에서 실패한 모든 것을 새로운 통일적 이념을 제시해 가지고 세계를 지도하기 위해서 만반의 안팎의 준비를 갖춘 나라가 미국이었다는 것입니다. 그것이 2차대전 직후의 미국의 환경이었습니다. 그래, 이 미국이 기독교문화권을 대표했으니 만큼 모든 종교권을 대표한 아시아를 흡수해야 된다는 것입니다.

역사발전의 필연적인 흐름

005 - P.041, 1958.12.14

인간 하나를 놓고 보면 인간은 아직 몸을 복귀하지 못하고

2. 하나님의 섭리를 중심한 문명의 흐름

있습니다. 이 몸을 복귀하기 위한 투쟁의 역사가 2차대전 이전까지의 투쟁 역사입니다. 2차대전 이전은 물질을 중심삼은, 즉 경제를 중심한 투쟁의 역사였습니다. 2차대전 이전까지는 물질, 경제가 나라의 주권과 세계 전체를 좌우하던 시대였습니다. 이러한 물질을 중심한 시대가 지나간 후, 2차대전 이후에는 사상의 시대가 왔습니다. 이것이 역사발전의 필연적인 흐름이었습니다. 그리고 이제 정신을 중심한 주의와 사상의 시대가 왔습니다.

그러면 여기에서 끝날에는 어떠한 사상이 승리할 것이냐? 그 사상은 물질을 지배할 수 있는 사상이어야 합니다. 마음이 몸을 주관해야 하듯이 사상과 주의가 물질을 지배해야 된다는 것입니다.

세계의 모든 주권국가는 경제의 기반 위에 성립되어 있습니다. 그런데 그 국가의 이념이 세계적으로 확산되려면 그 이념은 물질을 초월한 이념이어야 한다는 것입니다. 전세계에 주의 사상을 전파하려면 그 사상이나 주의는 물질을 지배할 수 있어야 합니다. 또한 그것을 전세계에 전파하기 위해서는 모든 것을 희생할 수 있어야 합니다. 이 길 외에는 다른 길이 없습니다.

그러면 인간이 찾아 나가야 할 최후의 길이 무엇이냐? 인간은 양심주의 세계를 지향해 나가야 된다는 것입니다. 그렇기 때문에 인간들로 하여금 주의와 사상의 시대를 지나서 양심을 시대를 지향해 나가게 하고, 영원한 생명의 세계를 지향해 나가게 하고, 하나님의 정적인 이념의 세계를 지향해 나가게 할 수 있는 무엇이 나와야 됩니다. 이것이 무엇인지 오늘날 인간들은 모르고 있습니다.

그러면 하나님이 계신다 할진대는 하나님은 어느 때를 바라보고 계획을 세우시고 준비해 나오셨느냐? 하나님은 사상의 시대를 지나 양심의 시대를 바라보고 나오셨습니다. 그때가 바로 하나님의 작전과 계획이 실천단계로 들어가는 때라는 것을 알아야 되겠습니다.

오늘날 이 땅에 하나의 목적, 하나의 이념을 중심한 통합세계가 건설되어야 할진대, 이 시대에 민주진영에서는 무슨 일이 있어야 할 것이냐? 하나님의 심정을 중심한 이념을 갖춘 종교, 하나님의 실체인 인간을 사랑하는 종교, 모든 주의 주장을 대신할 수 있는 종교가 필연적으로 나와야 합니다. 그런 종교가 나오는 끝날이 다가온다는 사실을 오늘날 인간들은 모르고 있습니다.

심어진 대로 결실되는 현시대

082 - P.011, 1975.12.30

우리가 타락으로 말미암아 어떻게 되었느냐? 전부 다 갈라졌습니다. 하늘과 땅이 갈라졌고, 동서가 갈라졌고 남북이 갈라졌습니다. 사람의 마음도 갈라졌고 전부 다 갈라졌습니다. 가정도 갈라져 두 패가 되었다는 것입니다. 또 동네도 누구 패 누구의 패 해 가지고 전부 다 패당이 되었습니다. 그래 가지고 그것이 가만히 있으면 좋겠는데, 자기가 주도권을 잡기 위해서 부딪치고 싸우고 이렇게 나오기를 타락 이후 지금까지 했다구요. 뿌려지기를 그와 같은 씨가 뿌려졌던 것입니다.

서로 서로가 분열되어 주체와 대상이 갈라지고, 좌우가 갈

2. 하나님의 섭리를 중심한 문명의 흐름

라지고, 상하가 갈라지게끔 역사적인 기원이 그렇게 심어졌다는 것입니다. 이제는 그것을 거둘 때가 왔습니다. 추수 때가 왔다는 것입니다. 가인 아벨을 중심삼고 인류의 싸움이 시작되었습니다. 형이 동생을 죽이는 놀음으로 싸움이 시작된 것입니다. 이로 말미암아 부모가 자식을 칠 수 있는 모순적인 상충의 기원이 심어졌던 것입니다. 그것이 심어진 대로 자라고, 심어진 대로 커 가지고 결실을 할 때가 왔습니다.

그것은 개인적으로 심어졌지만 그 개인적으로 심어진 것이 개인에서 끝나지 않습니다. 그것이 가정으로부터 종족·민족·국가로 연결되어 가지고 세계가 두 갈래로 열매 맺어 나가는 것입니다. 그리하여 그 열매가 끝날에 나타난 것인 가인적인 세계를 대표한 공산세계요, 아벨적인 세계를 대표한 민주세계입니다.

역사를 살펴보면 악이 먼저 선을 치고 출발했습니다. 그렇기 때문에 거두어질 때에도 반드시 악한 편이 먼저 나와서 세계적으로 선한 편을 칠 것인데 그때가 끝날이라는 것을 예상할 수 있습니다.

지금까지 모든 문명의 세계가 자기 나름의 길을 걸어온 것이 아니라 인류역사의 심어진 기원을 따라 나온 것입니다. 그 과정에는 잘못된, 모순된 역사의 배경을 지녀 왔습니다. 그리하여 이 모순된 역사적 결과를 결실할 때가 왔다는 것입니다.

문명의 역조현상

184 - P.274, 1989.01.01

그것이 서양 동양이 문제가 아닙니다. 세계적 조수가 되어 가지고 이와 같은 국가적 환경을 넘어갈 때는 세계문화권, 서구문명이 아시아문명권에 화합될 수 있고, 서구문명이 아시아를 통해서 흘러 들어오던 것을 반대로 밀어내는 놀음이 벌어지는 것입니다. 조수가 달라지는 것입니다.

그래서 문 총재가 미국에 가서 한 일이 뭐냐 하면, 세계적 서구문명의 조류를 아시아적 조류로 전부 다 끌어들이는 것입니다. 지금까지는 아시아에서 도둑질해 갔지만, 이제는 끌어들이는 것입니다. 끌어들이는 데 첫 번째가 어디냐? 일본입니다. 일본은 해와국가로 축복을 받았으니 아담국가를 찾아와야 됩니다. 해와가 타락함으로 말미암아 모든 만물과 모든 권위를 전부 다 사탄세계가 빼앗아 갔으니 회복시대에는 이 세계 조류의 역조(逆潮)시대에 들어오는 것입니다. 영국이 해가 지지 않는 나라라고 했던 거와 마찬가지로 오늘날 일본을 중심삼고 경제권과 모든 권한이 아시아에 집중되는 것입니다. 그래 가지고 일본을 따라 한국을 거쳐서 대륙으로 가 가지고 자리잡는 것입니다.

왜 그러냐? 예수님이 십자가에 안 돌아갔으면 어땠을 것 같아요? 예수님이 태어나기 전에, 애급문명권이라든가 바빌론문명권이라든가 중국문명권이라든가 인도문명권이 있었습니다. 벌써 5, 6백년 전에 예수님이 천하통일할 수 있는 종교적 환경을 다 만들어 놓은 것입니다. 그때 이스라엘 나라와 유대교가 예수님을 믿고 하나되었더라면, 로마제국 앞에 중동지역은 정치적 피폐상이 벌어져 약화돼 있었기 때문에 예수님이 봉화를 들었더라면 완전히 하나되는 것입니다. 지금의 아랍권은 이스라엘 열두 지파로 분열된 민족으로 되어 있지만 그때 이미 완전히 하나되는 것입니다.

2. 하나님의 섭리를 중심한 문명의 흐름

그렇게 되었으면 어떻게 되었느냐? 인도와 중국에 대해서는 로마가 강국이었습니다. 로마에 대항해서 중동을 지원하게 돼 있었던 것입니다. 자연히 예수님을 중심삼아 가지고 중동 아랍권이 통일됨과 동시에 인도문화권과 중국문화권 대륙이 가인 아벨 정복권을 중심삼고 통일왕국권으로 넘어가는 것입니다.

믿지 못함으로 말미암아 아시아권을 전부 다 잃어버렸습니다. 외적인 것을, 예수님의 몸뚱이를 잃어버림으로 말미암아 반대로 사탄 앞에, 로마에 끌려가는 것입니다. 인도와 중국의 보호를 받고, 애급과 바빌론 문명권과 모든 종교권의 지지를 받고 옹호를 받아야 할 것인데도 불구하고 로마에, 자연신을 중심삼은 로마에 전부 다 팔려간 게 아니에요?

거기서 싸워 가지고 더욱 어디로 돌아가야 되느냐? 로마의 서쪽으로 해서 아시아로 돌아가야 돼요. 그래서 포르투갈을 중심삼고, 영국을 중심삼고, 미국을 중심삼고 한바퀴 돌아 가지고 아시아로 돌아오는 것입니다. 영국과 대(對)되는 게 일본이고, 반도인 이태리와 대 되는 반도문명국이 한국입니다. 그래서 한국이 앞으로 세계정세에 문제 되는 때에 왔다구요. 한국이 망하면 세계가 망하고 한국이 잘 되면 세계가 잘 될 수 있는 모든 것이 올림픽대회로 말미암아 안팎으로 다 들어맞았다는 것입니다.

그래 가지고 역조현상, 서구문명의 권위가 아시아의 권위에 흡수돼 가지고 이제는 미국이 따라오고, 모든 서구 사람들이 따라오고, 일본 사람까지도 '가고파, 가고파' 한다구요. 무엇을 중심삼고? 사랑을 중심삼고.

통일교회는 봄의 문명을 맞이할 수 있는 문명의 씨

095 - P.033, 1977.09.11

남쪽에 있는 강들이 전부 다 남쪽 바다에 다 들어가고 그러지만, 이제는 어떠냐? 대양의 흐름이 남쪽 바다의 물은 저 북해 한류지대를 향해서 전진하는 거예요. 그것이 우주의 원칙이라는 거예요. 또 북쪽 한류지대의 물은 남쪽 난류지대를 향해서 움직이는 것이 우주의 원칙입니다.

지금까지의 고대문명은 열대문명이었다는 것입니다. 인도가 그렇고, 애굽이 그렇고, 희랍이 그렇고, 다 열대권에 속했다는 거예요. 그러나 지금 현대문명은 온대문명입니다. 온대문명이라는 것을 알아야 됩니다. 서구문명은 온대문명입니다. 영국으로부터 불란서, 독일, 이태리, 아시아 지역, 미국은 전부 다 온대문명권에 속한다는 것입니다.

그러니까 순서적으로 볼 때, 한대문명권이라는 것이 반드시 있다는 거예요. 그렇기 때문에 이것이 소비에트를 중심삼고 전세계를 전부 다 한바퀴 돈다는 것입니다. 그래서 한대문명의 바람이 지금 세계에 불어 댄다는 거예요. 이렇게 볼 때, 역사를 가만히 보면 타락을 했기 때문에 열대문명, 여름에서부터 시작한 것입니다. 온대문명은 가을문명에 해당하고 그것이 겨울문명으로 이렇게 간다는 것입니다.

그렇기 때문에 공산주의의 가을바람이 불어오는 것입니다. 그리고 겨울바람이 불어오면 여기는 앙상하게 남아지는 것입니다. 뼈다귀만 남는 것입니다. 다 떨어지고 다 파괴되는 거라구요.

그런데 문제는 뭐냐 하면 씨가 있어야 된다는 것입니다. 봄절기와 같은 기준을 중심삼고 여름도 거치고 가을도 거치고

2. 하나님의 섭리를 중심한 문명의 흐름

겨울도 거쳐 가지고, 춘하추동을 거쳐 가지고 다시 날 수 있는 씨가 있어야 된다는 겁니다. 그래서 인류 문화의 씨가 되자는 것입니다. 인류 문화의 씨가 뭐예요? 씨가 어디 있느냐? 문명의 씨가 무엇이냐? 이것이 복귀원리의 '복귀'라는 말에 일치된다는 것을 여기에서 알 수 있습니다. 그러면 복귀할 수 있는 그것, 그 레일이 뭐예요? 그런 전부를 흡수한 생명력을 지닌 하나의 씨와 같은 문명권이, 문화의 운동이 반드시 거기에서 벌어져야 합니다. 그것은 어떠한 추위도 가을에 어떠한 무엇도 깨칠 수 없는 생명력을 지닌 씨와 같은 그런 문명의 핵심이 된다 하는 결론이 나오는 것입니다.

그것은 아무것도 아닌 것 같지만 그 안에 생명을 지니고 있는 거예요. 역사적인 생명을 지니고 있는 씨만이 살아남는 것입니다. 추운 겨울이 도리어 단단한 씨의 껍풀을 깨 가지고, 봄이 되면 그것이 싹이 나는 것을 돕는 일이 되는 것입니다. 그런 생명력을 지닌 씨, 역사적인 씨만이 봄의 문명을 맞이할 수 있는 주인이 되는 것입니다. 역사가 그렇게 발전해 온 것입니다.

이것은 역사적인 사실이라구요. 레버런 문이 적당히 갖다 붙인 것이 아니라 역사는 이렇게 흘러오는 것입니다. 그러면 그러한 단체가 어느 단체냐? 공산주의에도 물 안 들고, 민주주의에도 물 안 들고, 무슨 주의에도 물들지 않는 절대적 주의, 춘하추동 전부를 흡수할 수 있는 능력을 가진 그런 사상과 주의가 어디에 있느냐?

3. 종교를 중심한 섭리와 문명의 자각

섭리와 종교

036 - P.167, 1970.11.29

하나님께서는 역사를 거쳐 나오면서 지금까지 참다운 개인과 참다운 가정과 참다운 나라와 참다운 세계를 찾아오셨다는 것을 우리는 알고 있습니다. 이 악한 권내에 살고 있는 개인을 통하고, 민족을 통하고, 나라를 통하여, 혹은 세계를 움직여 가지고 새로운 개인으로부터 새로운 세계를 형성하기 위해서는 새로운 방향을 모색하지 않으면 안 되는 것입니다.

하나님은 지금까지 하나님에게 배반되는 역사노정을 엮어 나온 인류의 배후에서 선한 개인을 수습하고 선한 가정과 선한 나라를 세우시어 그 나라를 이끌어 나가시지 않으면 안 되었습니다. 그렇기 때문에 역사과정에서 선을 중심삼은 개척운동이 벌어지는 것입니다. 이것은 두말할 바 없는 사실입니다.

그러면 그러한 선을 중심삼은 개척의 사명을 짊어질 수 있는 터전이 오늘날까지 역사과정을 움직여 나온 한 국가의 주권이겠습니까, 아니면 그 주권의 치리를 받고 있는 한 개인이

3. 종교를 중심한 섭리와 문명의 자각

나 어떠한 단체이겠습니까? 그 터전은 이 역사시대에 남아져 온 한 나라의 주권도 아니요, 어떠한 단체도 아니요, 어떠한 개인도 아닙니다.

이렇게 생각해 볼 때 새로운 개인과 새로운 단체와 새로운 국가의 형성을 주장하는 운동이 이미 벌어졌어야 되는 것입니다. 역사와 시대를 거쳐 나오면서 하나님이 찾고자 하는 세계를 이루기 위한 운동이 있어야 한다는 것입니다. 이러한 뜻을 가진 개인과 가정이 뜻을 밝혀 나오면서 하나의 종족과 민족을 편성하는 운동을 벌여 나왔어야 하는 것입니다.

이런 점에서 볼 때 기독교에는 선민사상이 있습니다. 그러나 새롭게 선별된 민족, 새롭게 가른, 구별된 민족이 있기 전에 먼저 구별된 개인이 있어야 됩니다. 그래야 구별된 가정이 있게 되는 것이고, 그 가정을 통하여 종족, 그 종족을 통하여 민족, 그 민족을 통하여 하나의 국가가 형성되는 것입니다. 그런 운동이 일어나야 되는 것입니다.

그 운동은 세계 역사과정에 휩쓸려 나가는 것이 아니라 타락한 세계를 지도해 나가고 새로운 방향을 모색해 나가는 주동적인 역할을 해 나가야 되는 것입니다. 섭리적으로 볼 때도 사상적인 면에서 주도적인 기반을 닦을 수 있는 운동이 있어야 합니다. 이런 것을 생각해 볼 때, 종교가 이런 역사적 운동의 터전으로서 그 사명을 해 나오고 있었다는 것을 역사를 통하여 엿볼 수 있습니다.

새로운 문화라든가 혹은 문명이 형성되는 데는 반드시 정신적인 결합이 있어야 합니다. 이러한 정신적인 결합을 통해서 개인이 규합되고, 가정이 규합되고, 씨족·종족·민족이 규합되어 가지고 하나의 환경을 형성하면서 새로운 문화를 창조해 나오는 것입니다. 그런 배후에는 반드시 그 시대의 사람들이 좋아하지 않는 종교, 그 사회의 사람들이 환영하지 않는 종교가 밑받침이 되어 있었습니다.

  그 종교는 그 나라의 역사와 그 민족이 요구해서 심어진 것도 아니요, 역사과정을 거쳐온 수많은 사람들이 원해 생긴 것도 아닙니다. 또한 종교가 역사과정을 거쳐 오는 동안 그 나라의 주권자를 비롯한 모든 사람들이 원치 않는 역사의 환경을 뚫고 나왔으며, 흘러가는 역사를 가로막고 그 역사과정에 문제를 제시하게 된 것은 결코 그 민족이 원해서 된 것이 아닙니다. 어떠한 큰 힘이 역사와 더불어 뒤넘이치면서 역사의 방향을 새롭게 이끌어 나왔기에 어떠한 세력도 여기에 도전할 수 없었던 것입니다.

  이렇게 역사에는 반드시 선을 위주로 새로운 세계를 형성하기 위한 어떠한 힘이 역사를 넘어서서 규칙적으로 움직여 나온다는 것을 알 수 있는 것입니다. 그런 큰 힘의 주체를 우리는 하나님이라고 보는 것입니다.

  역사과정을 통해서 볼 때 종교는 다 핍박을 받았습니다. 그렇지만 참된 종교는 핍박받는 가운데에서도 점점 발전해 나왔던 것입니다. 종교가 핍박을 받는 것은 어떠한 개인에게 진정으로 지지받을 수 있는 것이 아니요, 어떠한 민족에게도 전적으로 지지받을 수 있는 것이 아니요, 혹은 어떤 국가나 세계에서도 전적으로 지지받을 수 있는 것이 아니었기 때문입니다. 그러나 종교는 반대 받는 입장에서도 역사과정을 거쳐 오면서 멸망하여 후퇴한 것이 아니라 오히려 투쟁하며, 환경을 극복하며 발전해 나온 것입니다.

  오늘날 종교인들은 자기들 스스로의 힘으로 말미암아 종교

3. 종교를 중심한 섭리와 문명의 자각

의 판도가 세계적으로 넓어진 것이라고 생각해서는 안 됩니다. 그 배후에는 세계의 운세와 보조를 맞춰서 밀어 주시는 하나님이 계셔서 세계적인 문명권을 형성하는 정신적인 바탕이 되어 주셨다는 사실을 알아야 하는 것입니다.

환경을 넘고 지역을 넘어 동서고금에 사상을 연결시킬 수 있는 교량 역할은 어떠한 정치권력을 중심한 국가를 통해서 할 수 있는 것이 아닙니다. 이것은 반드시 하나의 통일된 사상과 선한 나라를 추구하는 이념을 통해서만 할 수 있는 것입니다.

종교를 중심한 역사 발전과정에 담겨진 교훈

005 - P.022, 1958.11.09

국가는 멸망하였지만 그들의 문명은 역사를 따라 발전해 왔습니다. 오리엔트 지방에서는 아시리아 문명과 바벨론 문명이 일어났는데, 팔레스타인 지방에서는 유대교를 중심삼고 헤브라이즘이 형성되어 신을 중심한 문명이 발전해 나왔습니다.

그리스 지방에서는 외적인 신의 이념을 중심한 희랍문명이 발전해 나오다가 예술의 숭배하는 여러 가지 사조와 내적으로 조화를 이룹니다. 이것이 지식의 왕국 희랍을 거쳐 희랍인들이 창설한 독특한 종교적 이념이 되었습니다.

그리하여 세계적인 문명권을 형성하였는데 혼란된 사상권의 시기를 지나는 과정에서 기독교 사상과 융합되었고, 그 후 로마로 건너가 기독교 문명을 창설하였던 것입니다. 중세 시대에 기독교는 이 종교의 이념을 중심삼고 그 이념 아래 있는 사람들은 상하를 막론하고 흡수하여 융합시켜야 했습니다. 그런데 이 목적을 달성하지 못하고 세속적으로 타락함으로 말미암아 하나님께서도 치시게 되었습니다.

만일 로마 교황청이 부패하지 않고 자기들이 있음은 세계를 위함이요, 자기들이 있음은 인류를 위해 있다는 사명감을 가지고, 자기들이 좋으면 자기들이 좋기 전에 남이 좋을 수 있게, 즉 나보다는 남을 위해 사는 사상을 제창하였다면 교황청은 붕괴하지 않았을 것입니다.

그런데 로마 교황청이 그렇게 하지 못했기 때문에 이것을 그냥 두면 안 되겠기에 하나님께서는 외적으로는 문예부흥을 일으켜 치셨고, 내적으로는 종교개혁을 일으켜 구교를 치셨습니다. 그리하여 그 후 퓨리턴을 중심삼고 미 대륙으로 건너가 거기에서 기독교 이념을 중심한 국가를 건설하게 된 것입니다. 즉 로마의 정치이념, 기독교의 종교이념, 희랍의 지성주의가 융합되어 오늘날 전 민주주의를 지배하는 범미주의(汎美主義)가 이루어진 것입니다.

이제 미국은 오늘의 민주주의를 통합하여 천륜과 연할 수 있는 그때까지, 국가적인 사명을 대신하고 소유적인 권한을 대행할 수 있는 책임을 감당하려면 어떠한 사상을 가져야 할 것인가? 먼저 자기 제일주의 사상을 버려야 됩니다. 이것이 미국 국민에게 있어서 그 무엇보다 긴요한 것입니다.

미국이 가지고 있는 경제, 문화, 과학, 종교, 정치체제 이런 모든 것이 자기 국민만을 위하여 있다고 주장하게 되면 이는 맞게 됩니다. 이제 사상적으로나 종교적으로 들이치는 움직임이 나타날 것입니다. 이러한 때에 우리들은 선각자의 마음을 가지고 천적인 움직임을 알아내야 하겠습니다.

3. 종교를 중심한 섭리와 문명의 자각

문예부흥운동은 무엇인가? 그것은 헬레니즘의 복고운동, 즉 그리스 정신에 입각하여 인간 본성을 회복하고 자아의식을 강조하는 운동입니다. 마찬가지로 오늘날 미국을 위주로 민주주의 권내에 있는 모든 기독교는 초대 기독교 정신으로 돌아가야 합니다. 드러난 말씀만 믿을 것이 아니라 말씀 속에 내포되어 있는 사상을 찾아 그것을 중심삼고 재무장하는 운동이 일어나야 하겠습니다. 만일 그렇게 하지 못한다면 현 기독교는 중세의 구교와 마찬가지의 입장에 서고 말 것입니다.

왜 그런가? 그것은 하나님의 말씀이 요구되는 것이 아니라 하나님의 사람이 요구되고, 하나님의 민족, 하나님의 나라가 요구되기 때문입니다. 말씀은 그것을 위하여 나온 것입니다.

현실을 극복하고 초월해 가야 할 종교의 길

064 - P.107, 1972.10.29

우리가 오늘보다 내일이 더 좋을 수 있는 자리에서 희망을 가질 수 있으면 얼마나 좋겠느냐? 그럴 수 있는 길이 있다면 너나할 것 없이 모두가 무난히 그 길로 일시에 갈 수 있습니다. 그러나 만일 그렇지 않고 반대로 돌아서서 살기 위해서 나갈 때 앞날의 모든 여건이 자기를 환영해 주면 내일의 생을 더욱 기쁜 가운데 보낼 수 있을 텐데 그렇지 않습니다. 그것을 타개하기 위해서는 죽음을 각오하고 새로이 방안을 모색, 강구하든가 지금까지 걸어나오던 역사적인 모든 것을 청산짓고 역사적 시대로 돌아가 설 수 있는 내가 되겠다고 생각하는 길밖에 없다는 것을 우리는 알아야 됩니다.

이것을 극복하고 초월하는 길은 이 환경을 뛰어넘는 길인데 이렇게 뛰어넘든가, 그렇지 않으면 출발하기 전에 뛰어넘든가 두 길밖에 없는 것입니다. 해결 방법은 그것밖에 없습니다. 이 안에서 아무리 신음했댔자 시궁창에 빠진 사람은 허우적거리면 거릴수록 점점 빠져 들어가기 마련입니다. 그렇기 때문에 여기에는 도약이 필요합니다. 이것을 극복하자 해가 지고 환경을 뛰어넘어 내일의 승리의 터전을 확고하게 했다 하는 그런 신념을 갖든가, 그렇지 않으면 지금까지 온 것이 틀렸기 때문에 출발 전 그 시점으로 어떻게 돌아가느냐 하는 문제, 그 길을 모색하는 것 외에는 해결방안이 없다는 것을 추측하게 되는 것입니다.

왜? 수많은 생애를 통해, 수많은 지성인들이 수많은 노력을 통하여 짜낸 결과가 이것으로서 정지하지 않을 수 없는 상황이 되었기 때문입니다. 이런 것을 바라볼 때, 이것을 비약하기 위해서는 현재를 다 타개해 버리든가, 누구든지 네 마음대로 찾아가라 할 수 있게라도 되든가, 그것도 안 되면 죽어가면서 떨거지는 떨거지로 남겨 놓고 끌고 들어가는 입장에 있기 때문에 이것을 초월하라고 가르쳐 주는 것입니다.

종교가 가는 길은 그것을 언제나 추구하는 길이었습니다. 종교는 언제나 그런 놀음을 해왔습니다. 세상 가운데서 안일한 생활을 하면서 하나님을 섬기며 가라고 가르쳐 주지 않았습니다. 언제나 극복하고 초월하라고 했습니다. 그렇기 때문에 불교 같은 종교는 세상을 선부 나 포기해 버리고 인간들이 가는 길과는 반대로 돌아섰습니다. 그런 놀음을 거듭해온 것을 우리는 알고 있습니다. 거기에 반해서 기독교는 현대문명의 첨단을 걸어 나오는 그 배후에 서 가지고 오늘날 문화의

3. 종교를 중심한 섭리와 문명의 자각

발전에 보조를 맞추어 역사시대에 공헌해 온 것을 알고 있습니다. 세상과 더불어 타협하고 세상과 더불어 침투해 나온 것을 알고 있습니다. 그러면서 그 가운데 서서 시정이 아니라, 부정적인 일념을 강요했습니다. 성경 가운데 '죽고자 하는 자는 살고 살고자 하는 자는 죽는다' 는 말은 전부 다 역리적인 말이고, 모순된 말이라는 겁니다. 그렇기 때문에 죽기 위한 결심을 하는 것보다도 살기 위해서 죽을 결심을 해나왔다구요. 거기에서만이 새로운 극복의 길을 발견할 수 있기 때문에 그것은 예수님도 사랑하는 제자들을 대하여 안 하려야 안 할 수 없는 최후의 심각한 말씀이 아니었느냐 하는 것을 우리는 알아야 되는 것입니다.

종교가 지향해야 할 참된 길

036 - P.176, 1970.11.29

종교가 가지고 있는 보화가 무엇이냐? 그것은 교리가 아닙니다. 어떠한 예식도 아닙니다. 그 교리와 예식을 따라 다듬어진 인격입니다. 그러면 그 인격이 그 종교를 대표해서 나타나게 될 때 세계인이 추앙할 수 있는 인격이 되느냐 하는 것이 문제입니다.

그러한 사람이 온다면 그 사람은 자기 개인에서 끝나는 것이 아니라 그 인격을 후대에 물려줄 수 있는 인연을 지어 놓고 가야 합니다. 그럴 수 있는 터전이 가정입니다. 개인보다도 더 원해야 할 것은 가정입니다. 그러므로 가정구원 완성의 표준이 될 수 있는 종교이념이 있어야 되는 것입니다.

오늘날까지의 모든 종교는 자기 개인구원을 위주로 하여 나왔습니다. 개인구원을 위해서는 나라도 부정하고 사회 환경까지도 부정해 나왔습니다. 기독교도 마찬가지였습니다. 그러나 새로운 종교는 이념을 세계화시키고 세계적인 조국을 바라보고 나가야 할 주체적인 입장에 서야 한다는 것을 생각할 때 개인구원만을 위주한 종교 관념에서 벗어나야 되겠습니다. 자기를 희생시켜서 가정을 구원하는 것이 바로 자기까지 구원할 수 있는 보람된 가치를 추구하는 것임을 알고 희생할 수 있는 종교인이 되어야 하겠습니다.

또한 가정을 위주한 것으로서 끝을 볼 것이 아니라, 가정을 희생시켜서 새로운 종족을 탄생시킬 수 있어야 되겠습니다. 그러한 운동을 유발시킬 수 있는 내용을 가진 종교가 있다면 그 종교는 발전할 것입니다. 그 다음에는 종족을 희생시켜 민족을 탄생시키고, 민족을 희생시켜서 국가를 탄생시키고, 국가를 희생시켜 가지고 세계를 탄생시킬 수 있는 새로운 환경을 갖추어야 하는 것입니다. 그러한 환경을 이 땅에 연결할 수 있는 사상적 밑받침을 가진 종교가 앞으로 세계를 주도할 수 있는 종교인 것입니다.

이것이 한꺼번에 이루어질 수 없다면, 개인구원을 목적하는 종교보다는 가정구원을 목적으로 하는 종교가 나와야 됩니다. 그 다음엔 자기 종족을 구원하고 민족을 구원하기 위한 종교가 나와야 되고, 또 국가를 대신하여 세계국가를 형성할 수 있는 종교가 나와야 되는 것입니다. 그리하여 한꺼번에 개인·가정·종족·민족·국가를 구원할 수 있는 사상 체계를 갖추어야 합니다. 그런 종교는 최고의 종교가 되는 것입니다. 그러나 하나하나 분립된 종교의 형태를 가지게 된다면 그 종교는 망하고 마는 것입니다.

3. 종교를 중심한 섭리와 문명의 자각

오늘날 이 시점에 있어서 개인구원을 해야 하는 사명도 필요하지만 그것을 벗어나서 가정을 구한다든가, 종족을 구한다든가, 민족을 구한다든가, 국가를 구하고 세계를 구한다고 하는 사명이 더욱 필요한 것입니다. 그런 사명을 하지 못하게 되면 금후의 종교의 갈 길은 막히고 마는 것입니다.

통일사상에서 제시하는 개인구원의 완성은 가정을 표방하지 않으면 안 되는 것이요, 가정구원 완성은 종족을 표방하지 않으면 안 되는 것이요, 또 종족구원 완성은 민족을 표방하지 않으면 안 되는 것이요, 민족구원 완성은 국가를 표방하지 않으면 안 되는 것이요, 국가구원 완성은 세계를 표방하지 않으면 안 되는 것입니다. 그러면 이렇듯 세계·국가·민족·종족·가정을 표방하는 사상은 새로운 사상입니다. 다시 말하면 새로운 세계관, 새로운 민족관, 새로운 종족관, 새로운 가정관, 새로운 개인관을 가진 사상이라는 것입니다.

지금까지 천사장의 책임을 해 온 종교

048 - P.094, 1971.09.05

예수님은 돌아가신 뒤에 지금까지 뭘 했느냐? 예수님은 낙원에 갔습니다. 천국에 못 갔습니다. 이걸 알아야 됩니다. 예수님은 어떤 책임을 했느냐? 이 땅 위에서 만민을 대하여 메시아의 책임을 했으되 그것은 양자적인 책임을 한 것입니다. 저 나라에 가서는 뭘 하느냐? 천사장을 대표하는 것입니다. 천사장을 대표하는 것입니다.

하나님 앞에 끝까지 충성할 수 있는 천사장의 대역을 하는 것입니다. 예수님은 이 땅 위에 다시 오시는 주님 앞에 생명을 바쳐 충성할 수 있는 대역자를 길러 낼 때까지 그 대역을 하는 것입니다. 그래서 기독교는 영적인 구원을 중심삼고 나가는 것입니다. 이스라엘 민족은 나라가 있었지만 기독교인은 나라가 없는 민족입니다. 천사장이 나라가 있어요?

지금까지 종교는 뭘 했느냐 하면 천사장권을 만들기 위해 나왔습니다. 세계적 대표자의 천사장권을 만들어 오시는 아들 앞에 절대 복종할 수 있도록 해 나온 것이 지금까지의 종교라는 것입니다. 여기에는 계급이 있습니다.

그렇기 때문에 종교를 믿는 사람은 상대가 되는 이성을 허락하지 않았습니다. 독신생활을 해야 했던 것입니다. 이것은 천사장권 복귀역사를 거쳐야 하기 때문입니다. 여러분은 이런 걸 잘 모를 것입니다. 종교에서 왜 독신생활을 하느냐? 종교에서는 왜 결혼생활을 허락할 수 없었느냐? 천사세계가 타락을 했기 때문입니다. 그러므로 천사세계를 복귀한 형을 완결지어야 아담의 세계가 나옵니다. 땅 위에서 그것을 결정지어야만 주님이 오시는 것입니다.

그러면 죽은 예수님의 몸뚱이는 누가 가져갔느냐? 사탄이 가져갔습니다. 부활하신 예수님은 지상 이스라엘권을 만든 것이 아니라 영적인 이스라엘권을 만든 것입니다. 이것이 기독교 문명권입니다. 이것은 영적인 것입니다. 그렇기 때문에 지금까지도 하나님이 기뻐하실 수 있는 나라가 이 땅 위에 없습니다. 기독교 문명을 가진 국가가 많지만 하나님이 기뻐하실 수 있는 국가는 아닙니다. 언제나 옮겨질 수 있는 입장입니다. 그러한 입장에서 이어 나온 것입니다.

3. 종교를 중심한 섭리와 문명의 자각

종교는 통일된 문화권 형성을 바라며 나가고 있다

161 - P.237, 1987.02.15

이 세계에서 하나님이 간섭할 수 있는 하나의 길을 모색해 낸 것이 종교입니다. 종교는 타락한 인간을 다시 만드는 재생 공장입니다. 이 세계에는 신을 믿는 사람이 있고 믿지 않는 사람이 있습니다. 그것이 종교를 벗어날 수 없게끔 종교를 중심삼고 세계가 수습되어 나오는 것입니다. 그렇기 때문에 종교가 배경이 돼 가지고 문화세계가 전부 연결되고 있다는 사실을 여러분이 알아야 되겠습니다.

종교의 내용은 사탄세계가 좋아하는 것이 아닙니다. 종교는 사탄세계가 싫어하는 내용을 가지고, 오늘날 역사적인 이런 기반으로 확장시키기까지 몇 천년의 오랜 역사를 갖고 있는 것입니다. 사탄세계는 개인을 중심삼든 가정을 중심삼든 이것이 싸움으로 연결되었기 때문에, 자기들끼리 싸우는 놀음을 해왔기 때문에 시대 시대마다 변하고 그에 따라 주권자가 달라짐으로써 무너져 나가고 문화의 배경이 변경되어 나왔지만, 종교세계는 변하지 않고 쭉 발전해서 세계적 무대까지 확장시켜 나왔다는 것입니다.

그래서 구라파를 중심삼은 기독교문화권, 인도의 힌두교문화권, 그 다음 극동을 중심으로 유불선문화권, 이슬람문화권 등 4대문화권이 지금 세계를 포용하고 있습니다. 종교는 모두 문화배경이 다르고 역사적인 배경이 다르고 습관이 다르지만, 하나님의 뜻은 그런 환경을 수습해 가지고 끝날이 되면 하나의 세계를 만드는 것입니다. 하나의 통일된 종교 문화권 형성을 바라고 나가고 있는 것입니다. 통일된 문화권을 중심삼고 세계 어디를 가든지, 개인이나 가정이나 종족이나 어디든 자유롭게 통할 수 있고, 국경이 없는 환경에서 인류가 사는 그곳을 향하여 역사는 발전해 나가고 있는 것입니다.

사탄세계, 이 세상의 역사를 보면, 역사시대에 있어서 사탄 편에 섰던 모든 주권자들은 종교인을 학살하고 핍박했습니다. 주권자 대 개인의 핍박역사를 거쳐 왔습니다. 그러면서 사탄세계의 주권을 계승하는 그런 문화권 배경 속에서 미국을 중심삼은 기독교문화권, 이슬람을 중심한 이슬람문화권, 힌두교면 힌두교, 불교면 불교, 그런 종교사상을 중심삼고 주권교체 형태 세계까지 나오게 되었다는 것입니다.

하나님은 세계를 전부 수습해서 통합하는 운동을 해 나오고 있습니다. 사탄에게 있어서 제일 문제는 하나의 세계가 되는 것입니다. 하나의 세계로 돌아가게 되면 인류를 전부 다 빼앗겨 버리기 때문에 사탄은 여기에 대해 무신론, 신이 없다는 부정적 사상을 주장하고 그 다음에 종교를 없애려는, 붕괴시키려는 종교전쟁을 계획하고 있는 것입니다. 현재는 공산주의라는 사상체계를 중심삼고 세계를 풍비(風飛)하고 있습니다. 공산주의가 배후에서 조종해 가지고 종교를 분립시키고 종교전쟁을 컨트롤하고 있다는 것입니다. 기독교 문화권이 주류 문화권인데 그 주류 문화권의 핵심인 백인이 세계를 지배하고 있기 때문에 흑인문제, 인종차별문제, 종교전쟁을 유도해 나올 것입니다. 이것이 금후의 세계에 가장 큰 위험이 될 것입니다.

그러한 시대적 환경으로 몰아가는 역사시대를 아시는 하나님이기 때문에 하나님은 반드시 종교를 통일할 수 있는 운동을 하십니다. 모든 인종을 규합하고, 사상적으로 공산주의를 방어하고, 종교 전쟁을 막기 위해 기독교를 비롯한 모든 종교

3. 종교를 중심한 섭리와 문명의 자각

를 연합하고, 인종전쟁을 일으키려는 것을 방어할 수 있는 준비를 하지 않을 수 없다는 것입니다.

공산주의가 나와 공산주의 이념으로 무장해 가지고, 그 다음에 기독교사상까지도 무장시키고, 또 백인을 무장시켜서 흑인세계에 투입하고, 흑인을 무장시켜서 백인세계와 싸울 수 있는 침투공작을 일으키고 있는 것입니다. 지금 세계는 하나님 편보다도 사탄편에 기울어지고 있다는 것입니다. 그러한 세계에서 오늘날 이 세계를 하나로 만드는 통일운동을 하나님이 안 할 수 없습니다. 어떻게 해서든지 통일운동을 해야 되겠다는 것입니다. 그래서 그러한 운동을 출발해야 되겠기에 오늘날 세계적으로 공산주의 방어와 기독교의 모든 종파를 초월한 초교파운동과 종교를 초월한 초종교운동이 끝날에 나오지 않고는, 하늘편이 수습할 수 있는 길이 있을 수 없다는 것입니다.

분열된 세계를 통합하기 위해 나온 통일교회

129 - P.252, 1983.11.13

지금 세계에서는 기독교를 중심삼은 연합운동이 일어나고 있습니다. WCC(World Council of Churches;세계교회협의회)가 나와 가지고 '전부 다 하나되자! 구교와 신교가 하나되자!' 이런 운동을 하고 있습니다. 구교와 신교, 각 교파를 하나로 통합해 보자는 것입니다. 그러나 거기에서 제일 문제 되는 것이 뭐냐? 천주교는 천주교를 중심삼고 하나되자고 하고 신교는 신교, 각 교파가 자기 교파를 중심삼고 하나되자고 하는 것입니다. 자기 교파라는 것이 언제나 문제입니다. 그것이 지금에 와서는 기독교뿐만이 아니고 수많은 종교에서 그런 현상이 벌어진다구요. 이 사탄세계가 전부 다 그런다는 것입니다.

하나님은 뭐냐 세계주의요, 연합주의요, 통일주의입니다. 기독교를 중심삼고 그러한 문화 발전의 목적을 향해 나왔는데도 불구하고 기독교의 중심 국가라는 미국이 개인주의화했다는 사실은 어처구니가 없는, 상상할 수 없는 놀음인 것입니다. 그러니까 이걸 볼 때 하나님이 원하는 곳에 서 있느냐, 사탄이 원하는 곳에 서 있느냐? 사탄이 원하는 발판으로 완전히 화해 버렸다는 것입니다. 사탄이 분열하게 되면 개인으로 분열하고, 가정으로 분열하고, 국가적으로 분열하고…. 모든 것이 분열되는 것입니다. 미국이 그 대표가 되었다는 것입니다. 그렇기 때문에 '미국이 하나님편이냐, 사탄편이냐?' 할 때, 말할 것도 없이 사탄편이라는 것입니다.

이렇게 볼 때 사탄이 하나님을 만나면 참소하는 것입니다. '하나님, 당신이 하나의 세계를 만들고 전세계 민족을 구원하고, 전체를 전부 다 하나 만들기 위해서 당신의 수많은 성인들을 통해 종교를 위해서 나온 길이 어찌 이렇게 됐습니까? 그것이 종교를 세워 가지고 나온 목적인데 오늘날 미국이라는 기독교 대표국이 개인주의가 되어 버렸고, 부모님이고 뭐이고 전통이고 뭣이고 완전히 파탄시켜 버리는데 이러한 미국의 실상을 볼 때에 당신의 뜻은 어디서 이룰 수 있소?' 하고 참소한다는 것입니다. 그러면서 하나님이 없다고 하는 것입니다. 하나님이 죽었다고 할 수 있는 단계에 왔다는 것입니다

그렇기 때문에 하나님이 계신다면 이와 같은 세상을 완전히

3. 종교를 중심한 섭리와 문명의 자각

다시 묶어 가지고 기독교로부터 모든 종교와 모든 국가를 넘어 이 인종문제를 중심삼고 통합운동을 하지 않으면 안 될 그런 시대에 들어왔다는 것입니다. 다시 하지 않으면 안 된다는 것입니다. 국가를 넘어서 인종문제까지 전부 다 해결해야 됩니다. 하나님이 있다면 그런 운동을 해야 할 때라는 것입니다.

사탄은 자기 세계에 끌고 가면 다 분열시켜 놓습니다. 종교계를 다 분열시키면 어떻게 돼요? 거기서 사탄은 세계를 하나 만들기 위한 운동을 새로이 출발하고 있다는 걸 알아야 된다구요.

통일교회는 이와 같이 분열된 사람들을 규합해 가지고 전체주의인 공산주의까지도 완전히 소화시킬 수 있습니다. 하나님의 뜻까지 소화한다는 것입니다. 사탄세계의 분열된 모든 것을 통일교회가 합할 수 있느냐? 그러지 않고는 끝날에 마지막 종교의 입장에서 하나님 앞에 소원 성사할 수 있는 사명을 감당할 수 없다고 보는 것입니다.

자, 사탄과 하나님이 싸운다면 이와 같은 결론은 이론적으로 틀림없는 말입니다. 왜 이런 말을 하느냐? 통일교회 교인들이 자기가 어떤 책임을 할 것인지 그걸 모르고 있기 때문입니다. 자기가 어떠한 책임을 해야 되는지 모르는 것입니다. 지금까지 사탄세계도 사탄의 사랑을 중심삼고 분립되었던 나라를 묶어 나왔습니다. 나라를 사랑한다는 내용을 가지고 나왔다는 것입니다.

4. 통일된 세계와 문명을 찾아 나온 하나님의 섭리

통일적 이상세계를 건설하기 위해 동서양문명을 발전시켜 나온 섭리

080 - P.253, 1975.10.24

본래는 기독교 문명이 서구 문명으로 될 게 아니었어요. 하나님의 뜻 가운데서 이스라엘이 책임 못 함으로 말미암아 예수님이 죽었기 때문에 기독교 문명이 서구 사람에게로 넘어간 거예요.

만일에 유대인들이 예수님을 받들었으면 기독교가 로마로 갔겠어요? 어떻게 됐겠나를 생각해 보자구요. 만일 그때에 유대인들이 예수님와 하나되었으면 예수님을 중심삼은 하나의 왕국이 벌어졌다는 거예요. 그랬으면 로마제국이 가만두었겠어요? 반대했을 거라구요. 그때, 예수님이 날 당시에는 로마제국의 정치체제가 마비 상태에 들어간 거라구요. 그렇기 때문에 그때에 예수님을 중심삼고 이스라엘 민족이 단결해 가지고 힌 나라민 되면, 만약에 로마가 이걸 반대하게 될 때는 그 로마의 지배 하에 있는 아랍권 국가가 완전히 이스라엘과 하나된다는 거예요. 아랍권은 전부 다 아브라함의 후손들이에요. 전부 다 야곱의 열두 지파라구요. 그때 메시아를 중심삼고

4. 통일된 세계와 문명을 찾아 나온 하나님의 섭리

완전히 하나되어 가지고, 메시아가 그런 나라만 갖고 나왔다면 마호메트의 회회교가 안 생겨난다구요. 그랬겠지요?

그랬으면 아랍권은 하나되고, 예수님을 중심삼은 아랍권은 아시아 제국과 손을 잡는다 이거예요. 인도라든가, 고대문명국가 중국이라든가, 세계에 이름을 떨치던 이들도 로마에 대해서 대항권을 갖고 있기 때문에 완전히 하나되는 거예요. 기독교 문명권을 중심삼고 아랍문명권과 아시아 문명권이 완전히 하나된다 이거예요.

이러한 준비를 역사적으로 해야 되었기 때문에, 하나님은 벌써 4, 5백년 전에 인도에는 석가모니를 보내고, 중국에는 공자를 보내고, 희랍에는 소크라테스를 보내 가지고 사상적 기반을 공고히 했던 사실을 알아야 된다구요.

그렇기 때문에 아시아와 중동이 하나되는 것입니다. 그리고 전세계는 아시아와 중동을 중심삼고 하나되는 것입니다. 그래서 주인의 입장에서 명령해 가지고 로마를 흡수하는 거라구요. 그랬으면 하나의 세계가 되었을 것입니다. 하나의 종교가 되고 하나의 세계가 되었을 것입니다. 그렇게 되었더라면 아시아의 문명, 아시아를 중심삼아 가지고 세계가 움직인다 하는 결론이 나오는 것입니다.

그런데 예수님이 죽음으로 말미암아 몸뚱이하고 마음하고 갈라진 거와 마찬가지가 됐다는 것입니다. 영과 육이 갈라졌다는 것입니다. 아랍권은 내적이기 때문에 마음과 같고, 아시아권은 외적이기 때문에 몸과 같은 입장이 됐습니다. 마음은 아벨의 입장이고 몸은 가인의 입장인데 이 둘이 하나되는 데서 하나님의 뜻이 이뤄지는 것입니다. 이게 원리입니다.

본래는 아시아를 중심삼고 이룰 뜻이 예수님이 죽음으로 말

▲ 서울 WCSF 1999 비공식 모임에서 종교지도자들과 대담하는 문선명 선생.

미암아 영적인 기반을 닦아야 되겠으니 할 수 없이 원수의 세계로 들어가서 일주(一週)해 가지고 영적 기반을 닦은 후에 육적 기반이 되는 아시아를 다시 찾아온다는 것입니다. 로마는 안 됩니다. 끝날이 되면 서구문명은 반드시 아시아를 찾아오지 않을 수 없는 역사적인 원인이 여기에 있는 것입니다. 서구문명은 영적인 세계를 대표하는 것입니다. 그건 영적만입니다. 영적인 것만 가지고는 안 됩니다.

복귀라구요. 예수님 때에 아랍과 아시아가 하나되었으면 몸과 마음이, 영과 육이 하나되었을 것인데 그렇지 못했기 때문에 이 영적 문화권을 이어받아 가지고 육적 문화권인 아시아를 찾아 들어오는 역사를 하지 않을 수 없는 것입니다. 그렇기 때문에 끝날이 되면 서구문명의 몰락과 더불어 아시아에 기대를 갖게 된다는 것입니다. 그렇기 때문에 서구는 아시아에 관심을 갖고 아시아 사람들은 서구의 현재 물질 문명에 관심을 갖는 것입니다.

4. 통일된 세계와 문명을 찾아 나온 하나님의 섭리

아이러니컬하게도 아시아문명은 몸적인데도 불구하고 정신을 위주했고, 서구문명은 영적인데도 불구하고 물질문명을 이어받았습니다. 이래서 둘이 합하게 되면 쌍둥이가 되는 것입니다.

그러면 창조할 때에 영을 먼저 지었느냐, 육을 먼저 지었느냐? 아시아는 하나님이 계실 수 있는 몸뚱이를 만드는 그 놀음을 했습니다. 즉 사람 찾는 놀음을 했다구요. 그러면서 이것은 전체를 위하는 사고방식이었고, 기독교 사상을 이어받은 서구문명은 전체가 아니라 전부 다 개인적으로 떨어져 가지고 자기를 생각하는 입장이 돼 버렸습니다. 반대가 된 것입니다.

요게 갈라져 나뉘어져 있습니다. 하나는 이쪽에 있고 하나는 반대쪽에 있는데, 둘이 합치하는 운동을 하는 겁니다. 여기서는 정신을 위하기 전에 물질을 중심삼고 개인주의화했고, 여기서는 내적인 입장에 서 가지고 물질적인 면에서는 다 잃어버린 것입니다. 물질을 중심삼고 여기서는 전부 다 찾는 놀음을 하고, 여기서는 잃어버린 것입니다. 그러니까 서로가 필요로 하는 것입니다.

그건 갈라놓은 예수님의 몸을 찾는 운동과 마찬가지입니다. 그렇기 때문에 서구문명은 반드시 아랍권을 중심삼고, 아시아문명을 가인적인 입장에 세워서 이루지 못한 것을 다시 찾아야 합니다. 그래 가지고 가인적 문화권을 연결시켜서 비로소 하나의 완성한 사람과 같은 문화권을 만들어 보자 하는 것이 하나님의 섭리라는 거라구요. 여기에서 하나님의 섭리관을 중심삼은 역사가 풀려 나가는 것입니다.

그러면 이 서구문명은 어디로 가야 되느냐? 아시아를 찾아가야 됩니다. 그래서 예수님의 영적 문명권을 이어받은 이 기독교문명은 예수님의 몸적 문명권을 이어받을 수 있는 아시아 제국과 하나되어 가지고 예수님이 죽지 않고 이뤄야 했던 하나의 통일적 이상세계를 건설해야 되는 것입니다. 이것이 바로 하나님이 문명을 발전시킨 목적이라는 것입니다.

세계적인 시대의 도래와 그 시대에 필요한 사상

160 - P.343, 1969.06.15

어떠한 것이 선이냐? 내 자체가 기쁠 수 있는 것이 선이냐? 그런 선은 그 자체에만 해당할 수 있는 선입니다. 선할 수 있는 이 기준을 중심삼고 볼 때 나뿐만 아니라 나라의 백성, 그 나라 전체가 기뻐해야 된다는 것입니다. 그러면 국가적인 선의 자리에서 남아질 수 있다는 것입니다. 그렇지만 그 선도 세계적인 선의 자리와는 멀다는 것입니다. 세계적 선의 자리와는 거리가 멀다는 것입니다. 그러면 여기에 국가를 중심삼고 볼 때, 그 중심점과 국가를 보게 되면 세계로 가는 데 있어서는 멀다는 것입니다. 거리가 있다는 것입니다. 세계적 선에 도달하려면 거리에 비례되는 역사적인 투쟁이 남아 있다는 것입니다.

이런 관점에서 오늘날 역사를 두고 보면 지금은 어디에 와 있느냐? 세계주의적 시대에 왔다는 것입니다. 세계적인 시대에 왔기 때문에 세계적인 선을 추구할 수 있는 때가 온다는 것입니다. 이런 관점에서 지금까지 문제된 것이 사상입니다. '사상' 하게 되면 그것은 생각을 말하는 것입니다. 이 생각은 나도 그러한 생각을 해서 생각이 일치됨과 동시에 우리 집안 전체도 일치되는 것입니다.

양심이 바라는 기준이란 세계 공통입니다. 갑이란 사람은

4. 통일된 세계와 문명을 찾아 나온 하나님의 섭리

이렇게 양심이 작용하고 을이란 사람은 이렇게 작용하는 것이 아닙니다. 선을 목표로 해 가지고 작용하는 양심은 그 방향이라든가 그 목적 결과에 있어서는 마찬가지입니다. 그런 사람들이 살고 있는 세계에 있어서 이 사상(思想)이란 것이 문제입니다. 그러면 그 사상이 무엇이냐? 양심을 가진 사람은 누구나 전부 다 좋아할 수 있는 생각, 누구나 정당화시킬 수 있는 생각, 그것이 생활과정에 있어서도 그렇고, 자기가 생활하는 과정에서도 그렇고, 어떠한 면을 두고 보더라도 전부 다 정상화시킬 수 있는 체계적인 생각을 말하는 것입니다. 거기에는 개인이 들어가고 가정이 들어가고 사회가 들어가고 국가가 들어가고 세계가 다 들어가는 것입니다. 세계관이 다 들어가 있는 것입니다.

그 관(觀)이란 것은 이런 생각하는 것이 전부 다 하나의 형태로서 보편화될 수 있는 내용을 지닌 것입니다. 그러지 않고는 관이 형성 안 됩니다. 그러면 전세계적인 선이라면 어떻게 돼야 되느냐? '세계적 선이 이렇다' 이렇게 돼야 됩니다. 세계는 이래야 된다고 주장해야 되는 것입니다. 오늘날 공산당식으로 말하면 공산당은 이래야 된다고 해야 되는 것입니다.

그러면 오늘날 타락한 인간으로서 이런 관을 가져올 수 있겠느냐? 없다는 것입니다. 제아무리 머리를 싸매고 노력했댔자 인간 자체로 이런 관을 성사시킬 수 없는 권내에 떨어진 인간이기 때문에 여기에 필수 요건이 무엇이냐 하면 하늘이라는 것입니다. 하늘. 그래서 이런 입장에서 생각해 볼 때에 타락으로 인하여 악의 기원을 가져온 인간은 무원리권 내로 떨어진 것입니다. 그 무원리권 내에 있던 인간이 올라가기 위해서는 어느 누가 밀어 주든가 끌어 줄 수 있는 이런 내용의 인연이 없어 가지고는 역사시대에 인류가 남아질 수 없다는 것입니다. 오늘날 인류가 남아졌다는 것은 배후에서 밀어 주거나 끌어 줄 수 있는, 시대적인 역사와 더불어 그 배후에 있어서 활동하고 노력한 하늘이 있었기 때문이라는 것을 망각해서는 안 됩니다.

신본주의와 인본주의와 물본주의를 소화해야 이상이 실현돼

103 - P.226, 1979.03.01

세계를 보면 지금까지의 인류역사가 뭐냐 하면, 이상을 찾아가는 것입니다. 진리 세계를 찾아가는 거예요. 무슨 주의니 하는 것이 그거라구요. 공산주의니 민주주의니 하는 것은 말씀을 이상 가운데 세워 놓고 실체세계를 전부 다 이루어 가지고 그 실체세계 그것만 이루어 왔다는 거예요. 사랑의 세계도 마찬가지 과정을 거쳐 왔습니다. 그걸 보면 역사도 그러한 길을 더듬어 오는 것입니다.

이게 맨 처음에는 신본주의입니다. 신본주의가 떨어져 나온 거예요. 그 다음에는 인본주의가 떨어져 나온 것입니다. 그 다음에는 물본주의가 떨어져 나오는 것입니다. 전부 다 갈라 놓은 것입니다. 전부 다 갈라 놔 가지고 죽여 버렸다구요.

사람은 어떻게 되어 있느냐? 사람에게는 물질이 있고, 마음이 있고, 영(靈)이 있습니다. 사람에게는 물질이 있고, 인격이 있습니다. 그래서 사람과 신이 같이 하나됐어야 할 텐데, 하나 못 된 것입니다. 이것만 하려니 사람에게 안 맞는다는 거예요. 우리는 하나님도 필요하고, 인본주의도 필요하고, 물본주의도 필요합니다. 그렇기 때문에 이게 갈라져서는 안 됩

4. 통일된 세계와 문명을 찾아 나온 하나님의 섭리

니다. 전부 다 필요하다는 거예요.

이렇게 볼 때 앞으로 종교는 이런 것을 포괄한 하나의 자리에서 이러한 모든 것을 갖추어 가지고 전체를 이루어야 됩니다. 그럴 수 있는 내용이 연결돼야 됩니다. 그렇기 때문에 이것이 문화의 수준, 정도가 높으니, 물질보다 인간이 높고 인간보다 하나님이 높으니 전부 다 하나님께 지배받아야 된다는 것입니다. 지배받는 것이 원칙이라는 것입니다.

과거에는 신본주의를 중심삼고 인간을 무시했습니다. 무시하니까 휴머니즘이 나온 것입니다. 또 지금은 휴머니즘을 중심삼고 신본주의를 무시하고 있습니다. 이러면서 이 휴머니즘도 물질을 중심삼아 가지고 전부 다 떨어져 내려가고 있다는 것입니다. 인본주의자들은 돈이면 다라는 거예요. 물질이 제일이다, 이렇게 보는 것입니다.

그래 가지고 물질주의 세계에서 살아보고 '물질이 만능이 아니라 사람이 필요하다. 인간 본성을 찾아야 되겠다' 지금 그러고 있다구요. 부딪치게 되니 지금은 다시 인간을 찾아야 되겠다는 것입니다. 물질을 중요시하고 돈벌다 보니, 공산주의가 좋다고 해서 전부 다 해줘 보니, 아무것도 아니고 일하나마나 마찬가지라는 것입니다. 이런 입장이기 때문에 도리어 모든 것이 파탄이 벌어진다는 것입니다. 물질도 정부가 세금으로 빼앗아 가고 다 나라가 관리하는 것입니다. 그러니까 자연히 '인간이 뭐냐? 인간을 찾아보자' 하는 것입니다. 그러러니 '신이 다시 필요하다' 이럴 때가 온다는 것입니다.

지금 때가 그럴 수 있는 경계선에 들어왔다는 것입니다. 미국의 청년들이 히피, 이피, 별의별 놀음을 다 해보고 종교를 찾아 들어오는 것입니다. '아이구 사람이 무엇이냐? 인간의 가치가 뭐냐?' 이래 가지고 종교를 다시 찾아 들어온다는 것입니다. 그런 과도기에 있습니다.

이 세 가지, 하나님과 인간과 물질이 하나의 체제가 되어 있는 한, 인간이 아무리 가려야 갈 수 없습니다. 이걸 전부 다 품고 소화시킬 수 있어야 이상이 실현된다는 것을 이런 현실적인 관점에서 추측할 수 있는 것입니다.

정신문명과 물질문명이 화합해야

서양문명이 동양을 지배하고 있습니다. 이게 출발이 어디냐? 동양이 먼저냐, 서양이 먼저냐? 동쪽은 주는 것입니다. 동양은 주는 곳입니다. 그렇기 때문에 정신문명은 동양에서 서양으로 가는 것입니다. 모든 문화의 출발은 동양에서부터입니다. 그러나 지금 세계를 지도하는 것은 정신문명이 아니라 물질문명입니다. 물질문명은 과학문명입니다 이것이 서양에서 시작한 물질문명은 귀납적 문명입니다. 물질문명은 전부 다 분석해 가지고 찾아들어갑니다. 이에 반해 동양의 정신문명은 연역적 문명입니다. 하나의 원인을 중심삼고 입력해 가지고 거기서 분석해 나오는 것입니다

그러면 이게 언제 하나되느냐? 이 물질문명은 발전해 오면서 하나님을 부정해 나왔습니다. 그러니까 남자밖에 안 보이고 여자밖에 안 보여요. 세포만 보게 되어 있다구요. 그 이상이 없다 이거예요. 남자 여자의 이상이 없어요. 그렇기 때문에 이상적 인격이 없다는 것입니다. 분석적 인격관은 있지만 종합적인, 전체적인 이상적인 인격관은 형성할 수 없습니다.

4. 통일된 세계와 문명을 찾아 나온 하나님의 섭리

그러나 연역적인 것은 절대 신이라는 것을 부정할 수 없습니다. 원칙이 있어 가지고 원칙을 바라보기 때문에 언제나 신을 옹호하는 것입니다. 그렇기 때문에 한쪽은 유물론으로 가는 거고 다른 한쪽은 유심론으로 가는 것입니다. 그래 가지고 투쟁이 벌어지는 것입니다.

그러면 사람이 무엇을 좋아해야 되겠느냐? 물질을 좋아하는 사람을 좋아해야 되겠느냐, 정신을 좋아하는 사람을 좋아해야 되겠느냐? 마땅히 정신을 좋아하는 사람을 좋아해야 됩니다. 그러면 정신만 있어 가지고 되느냐? 정신은 중심입니다. 하나님이 여기에 이렇게 돼 있다면 뼈와 마찬가지예요. 정신은 뼈와 마찬가지입니다. 이 뼈에 따라서 살이 붙는 것입니다

사람도 이 뼈에 따라서 모양이 달라집니다. 손이 무엇 때문에 이렇게 되어 있나요? 뼈가 그렇게 되었기 때문입니다. 이게 왜 이렇게 금들이 생겼어요? 전부 다 뼈를 중심삼고 움직이는 것입니다. 살은 상하더라도 언제나 보급되지만 뼈는 그렇지 않습니다.

그렇지만 정신만 가지고는 안 돼요. 뼈가 있으면 반드시 살이 있어야 돼요. 그래서 하나님은 동서양을 딱 갈라 가지고 한쪽에서는 '뼈만 남아라, 하나는 쳐라' 하는 것입니다. 이걸 없애 버려라 하는 것입니다. 종교라는 것이 나와 가지고 정신문명, 신을 중심삼고 정신 중심삼고 물질을 버리라고 하는 것입니다. 왜 그러느냐? 여기에 사탄이 있기 때문입니다. 그러니 쳐 버리라는 것입니다. 그걸 전부 다 쳐 버리게 하면서 기독교, 종교문화권을 통해서 소화시켜 나오는 것입니다. 종교에서는 물질을 버리라고 합니다.

그렇기 때문에 하늘의 섭리를 보면 동양문명이 종교를 유지

해 나가려면 물질을 전부 다 던져 버려야 되는 것입니다. 던져 버리는 것을 사탄이 받아서는 안 되는 것입니다. 종교가 던져 버리게 하나님이 했으니 만큼 이 던져 버리는 물건들을 기독교문화가 전부 주워 가짐으로 말미암아 기독교문화권이 잘사는 것입니다.

　예수님이 죽음으로 해서 서양으로 갔기 때문에 기독교가 서양으로 가 가지고 몸뚱이를 재창조해 가지고 정신문명을 갖춰 나오는 데는 아시아 시대를 통해 갖춰야 되니 지중해시대로부터 대서양시대로, 다시 이 미국을 중심삼고 태평양시대로 돌아갑니다.

물질문명권과 정신문명권이 화합하려면

189 - P.137, 1989.04.01

　지금까지 종교는 물질을 버리라고 했습니다. 그런데 물질을 환영해 가지고, 물질과 더불어 합해 가지고 종교적 개념을 세워 나온 것은 통일교회가 역사 이래 처음입니다. 미국이 기독교문화 배경을 중심삼아 정신문명을 중심삼은 아시아 종교를 포괄해서 소화해야 할 텐데도 불구하고 그걸 못 했기 때문에 통일교회가 나와서 정신문명권인 아시아권을 통합하고 물질문명권인 서양권을 통합하려는 것입니다. 이러한 이념을 갖고 나온 것이 통일교회 이론입니다.

　종교 지도자가 사업을 하고 그러는 것 처음 봤시요? 물실에 있어서 세계적 첨단까지 올라오는 것입니다. 그래서 물질의 꼭대기에 올라오고 정신, 종교의 꼭대기에 올라오는 것입니다. 꼭대기에 올라올 때는 이게 다 하나되는 거지요? 그래서

4. 통일된 세계와 문명을 찾아 나온 하나님의 섭리

물질문명권인 서양문명권에 있는 남자 여자들은 정신문명을 완전히 환영해야 되고, 또 정신문명권은 물질문명권을 완전히 환영해야 됩니다. 완전 환영은 무엇을 중심삼고 해야 할 것이냐? 문화배경이 아니라 사랑을 중심삼고, 뼛골을 중심삼고 화합을 해야 돼요. 그래서 동서가 화합하는 결혼 운동이 벌어지는 것입니다.

결혼이란 건 뼈와 살을 하나로 합하는 것입니다. 그래서 통일교회에서는 서양 남자들이 아시아 여자, 아시아 여자들은 서양 남자를 얻는 현상이 벌어지는 것입니다. 무엇으로? 하나님을 중심삼고 하나님의 사랑으로 연결시켜야 될 텐데, 이런 놀음은 통일교회밖에 못 시키는 것입니다. 이럼으로 말미암아 동서 문화의 격차가 좁혀지는 것입니다.

서구 사람들은 물질을 중심삼았기 때문에 종교생활을 제일 모범적으로 해야 되고, 또 그 다음에는 뼈와 같은 것은 물질세계를 연결시켜야 되니 물질적으로 전부 다 잘살아야 된다 이겁니다. 여기서 만났으니 어떻게 해야 되겠어요? 서양은 동양을 위해 주어야 됩니다. 물질을 줘야 됩니다. 정신은 동양에서 서양에 줘야 되고.

그러려면 이제는 서양이 물질을 버려야 돼요. 그러려면 서양에서 물질을 부정시키는 종교운동이 벌어져야 되고, 또 아시아에서 물질을 긍정시키는 종교운동이 벌어져야 됩니다.

서구문명의 종착점

025 - P.152, 1969.10.03

동양과 서양을 두고 볼 때 어느 쪽이 정신적인 문화가 더 깊이 발전할 수 있느냐? 동양입니다. 무엇 때문에 그렇다고 할 수 있느냐? 동양이 서양보다 못 살기 때문입니다. 문화 창건은 어디가 먼저 했느냐? 동양이 먼저 했습니다. 문화의 창조가 동양에서 먼저 시작되었는데 왜 서양이 더 잘 사느냐? 동양의 사상은 물질세계에 접근한 것이 아니라 영적인 세계, 정신세계에 접근한 것입니다. 그러다 보니 물질은 다 정리해서 내버렸다는 것입니다. 그렇게 내버린 것을 누가 가져갔느냐? 도둑놈들이 다 가져갔습니다. 영국 같은 나라는 어떤 사람들이 모여서 이룬 나라입니까? 해적들이 모여서 이룬 나라입니다. 그렇지만 하나님의 섭리상 그렇게 해서라도 관리해야 될 필요성이 있기 때문에 그들에게 그 나라를 맡기시어 발전시켜 나오게 하신 것입니다.

　그러므로 이제 물질문명은 어디로 찾아가야 되느냐? 서구진영에서 시작했는데 다시 서구로 들어가면 세계는 망한다는 것입니다. 서구문명은 하나님이고 뭐고 없습니다. 그러면 서구문명의 최후의 종착점은 어디라야 되느냐? 물질은 정신 앞에 완전히 굴복해야 됩니다. 몸뚱이는 마음 앞에 완전히 굴복해야 되는 것입니다. 동서의 문화를 두고 볼 때도 정신문화권인 동양이 그 좌표를 중심삼고 정좌해서 자리잡는 날에는 서구문명은 거기에 완전히 굴복해야 됩니다.

　20세기의 후반기에서 21세기로 넘어가는 때에는 서구 사람들이 아시아의 정신문명을 몰라 가지고는 사람 취급 못 받을 때가 온다는 것입니다. 그래서 토인비 같은 사람은 서구문명의 말로를 설파했습니다. 나중에는 동양문화, 동양문명을 중심삼고 기독교를 통일할 수 있는 문화적 기원과 새로운 종교적인 기반이 나오지 않고는 세계를 수습할 수 없다고 했습

4. 통일된 세계와 문명을 찾아 나온 하나님의 섭리

니다. 사실이 그렇습니다.

세계 인류가 바라는 이상문명은 봄절기 문명

107 - P.298, 1980.06.08

세계적인 문화를 중심삼고 볼 때, 과거문화는 열대문화라는 것입니다. 인도문명이니 이집트문명이니 하는 것도 전부 다 그렇다구요. 그것은 종교가 있었기 때문에 그런 문화를 이룬 것입니다. 종교의 힘이 있었기 때문에 발전한 것입니다. 그런데 20세기 현대문명은 온대권 문명입니다. 열대권 문명은 여름문명이고, 그 다음에 온대권 문명은 가을문명으로 잡는다구요. 그러니 서구문명의 말단을 한대문명이 침식해 들어오는 것입니다. 그것이 소련을 중심한 공산주의입니다. '쉬익' 찬 바람이 불어오는 것입니다.

그래서 전부 다 앙상하게 가지가 남는 것입니다. 그러니 생명을 지닌 나무만이 살아남는다는 것입니다. 그건 뭐냐 하면 공산주의를 소화시키고 넘어가야 된다는 것입니다. 추운 겨울문명을 능가할 수 있는 생명력을 지닌 문명이 앞으로의 봄절기 문명을 맞이할 것입니다. 아무리 겨울이 강하다 하더라도 봄절기가 찾아오면 물러가는 것입니다.

왜 봄절기 문명이 인간의 이상문명을 상징하느냐? 봄절기에는 모든 것이 새 출발한다는 것입니다.

그러면 그러한 문명의 발전이, 그러한 역사적 과정이 지정학적인 견지에서 보더라도, 지리학적인 견지에서 보더라도 지금까지 그러한 발전 과정을 거쳐온 것을 볼 때, 앞으로는 봄절기 문명시대가 온다는 것입니다. 인류가 타락하지 않았으면 봄절기부터 시작했을 것인데 타락함으로 말미암아 여름절기부터 시작했다는 것입니다. 봄절기 문명은 영원히 갈 수 있는 것입니다. 여름절기 문명은 왜 영원히 못 가느냐? 열매 맺기 위한 모든 조화라는 것은 봄절기에 하게 돼 있지, 여름에 하게 안 돼 있다는 것입니다. 씨가 맺히는 것은 봄절기를 거쳐야 된다는 것입니다. 그러니까 지금까지 이 타락한 세계의 문명권은 씨 없는 문명으로 흘러갔기 때문에 이것은 생명과 접근할 수 없다는 것입니다. 그러므로 겨울절기의 문명을 맞이해 가지고 봄절기의 문명을 맞이할 수 없는 것입니다.

그래서 앞으로 세계 인류가 바라는 것은 봄절기 문명시대인데, 그 문명은 씨의 문명이요, 꽃이 피어 열매 맺힐 수 있는 문명입니다. 그러므로 이런 시대를 거친 문명은 영원히 갈 수 있는 문명이기 때문에 모든 인류는 사랑이 꽃필 수 있는 봄절기 동산을 향해서 돌아가자 하는 문명권의 방향을 취하고 있는 것이다, 이런 결론을 내려도 이것이 이상형에서 그릇되지 않는 것입니다.

그러면 봄절기 문명은 무엇의 상징이냐? 봄절기는 사랑을 중심삼고 모든 것이 최대로 약동할 수 있는 절기입니다. 그러면서 새로운 출발과 더불어 이상의 씨를 남기기 위한 준비의 절기라는 것입니다. 오늘날 이 통일교회는 과거의 여름문명, 가을문명, 그리고 이 겨울문명을 능가해 가지고 생명력을 지닌 봄문명을 맞이하기 위한 준비를 하자는 것입니다. 이것이 레버런 문이 주창하는 통일교회 문명입니다. 그것을 봄절기 문명이라고 할 수 있습니다. 그것은 흑인세계에도 꽃이 피어야 되고, 백인세계에도 꽃이 피어야 되고, 황인세계에도 꽃이 피어야 됩니다.

4. 통일된 세계와 문명을 찾아 나온 하나님의 섭리

036 - P.174, 1970.11.29

새 종교가 나와야 할 필요성

종교가 탕감하면서 찾아 나온 조국, 즉 각 종단을 중심삼은 그런 조국은 건설되어 있느냐? 그렇지 않습니다. 만약 건설되어 있다면 그 조국은 하나일 것입니다. 왜냐? 하나의 문화권을 형성하기 위한 목적을 추구해 나온다 할진대는 하나님이 피조세계를 창조하신 목적도 하나요, 사람 앞에 주어진 목적도 하나일 것이기 때문입니다. 민족이나 종족, 혹은 동서양을 막론하고 인간이라면 누구나 하나의 목적에 의해서 태어났고 하나의 목적을 중심삼고 인생길을 가야 할 존재라 할진대는, 종족을 넘고 민족을 넘고 오색인종을 초월하여 추구하는 하나의 목적에 귀일시킬 수 있는 사상이 없으면 안 되는 것입니다.

그러면 그 하나의 목적으로 귀일시킬 수 있는 사상은 무엇이냐? 그것은 자기를 위주로 한 세계관이 아닙니다. 그 사상은 세계를 위주로 하는 세계관이요, 만국을 위주로 하는 세계관입니다. 이것이 하나의 목적으로 귀결시킬 수 있는 사상입니다.

오늘날 자유주의도 세계를 위하는 것을 목표로 하는 자유주의 사상은 남아질 수 있으되 전체를 부정하고 자기 위치만을 지키려 하는 자유주의 이념은 망하고 마는 것입니다. 오늘날 미국이 주도하고 있는 민주주의 이념은 진정한 자유주의를 떠나고 있습니다. 그 자유주의는 세계를 일원화하는 자유주의가 아니라는 것입니다. 진정한 자유를 망각하는 개인 위주의 자유주의는 멸망하지 않을 수 없습니다. 자기 자체의 인격적 가치를 부정할 수 있는 자리까지 나가게 되면 자기가 처해 있는 기반을 상실하게 되기 때문에 자기 자신도 유야무야한 존재로 귀결될 수밖에 없는 것입니다. 오늘날 전세계적으로 일고 있는 청소년 문제가 이러한 입장에 있는 것입니다.

　지금까지 종교는 개인구원을 주장하고 나왔습니다. 세계를 구원하는 것을 목표로 해 나왔지만 그에 앞서 개인구원을 표방하며 나왔습니다. 역사가 발전해 나가는 목적은 세계 구원을 위해서인데 역사 가운데 세계를 지도해 나오고 있는 민주주의는 개인을 위주로 해 나가고 있습니다. 이것은 오늘날 종교가 취해 나온 입장과 일치되는 것입니다.

　오늘날 민주주의 세계의 표본이라 할 수 있는 미국 같은 나라가 개인주의 사상 속에서 방탕하고 있는 원인이 어디에 있느냐? 그것은 개인구원을 강조해 나온 기독교 사상의 영향이라고 볼 수밖에 없는 것입니다. 그러기에 개인주의적인 환경을 타파시키는 신앙관을 가져야 하겠습니다. 내가 구원받을 것이 아니라 가정을 구원해야 되겠고, 가정을 구원받게 하는 것보다는 민족을 구원받게 해야 되겠습니다. 또 민족을 구원받게 하는 것보다 민족을 희생시켜서라도 국가를 구원해야 되겠고, 국가를 희생시켜서라도 세계를 구원해야 되겠다는 신앙관을 가져야 한다는 것입니다.

　이런 새로운 방향을 제시해야 할 사조가 이 시대에 필히 나타나야 할 새로운 사조요, 만민이 받아들이지 않으면 안 될 새로운 사조인 것입니다.

　그러므로 우리들은 내 개인을 하나의 씨로 하여 가정을 결실되게 해야 되겠고, 또 그 가정을 씨로 하여 종족을 거두어야 되겠으며, 종족을 씨로 하여 민족을, 민족을 씨로 하여 국가를, 국가를 씨로 하여 세계를 구해야 되는 것입니다. 이러한 운동을 중심삼은 새로운 종교가 나와야 하는 것입니다.

5. 기독교의 세계적 확장과 근대세계의 발전

복귀섭리 역사의 전말

009 - P.054, 1960.04.10

하나님은 이 사탄세상을 깨치고 이루시고자 했던 본래대로의 세계를 세우시는 것이 목적입니다. 그래서 사탄세계를 수습해 나오신 것입니다. 씨족으로부터 부족, 부족으로부터 민족, 민족으로부터 국가의 형태를 거쳐 나오면서 거기에 주권자가 나옵니다. 그런데 그 주권자를 그냥 두어서는 안 되겠기에 깨뜨리는 것입니다. 하늘편 사람들을 세워 가지고 깨뜨려 나온 것입니다. 그래야 한 곳에서 수습할 수 있습니다. 하나님은 지금까지 그런 싸움을 해 나오신 것입니다.

그 주권자가 하늘의 반대편, 즉 땅 위의 영원한 집권자가 되면 천국을 찾아나가는데 방해자가 된다는 말입니다. 그래서 기독교는 어떠한 주권자 앞에 나타날 적마다 반대를 받지 않은 때가 없습니다. 원수입니다. 기독교를 세워 이것을 때려 부순다는 것입니다.

로마가 아무리 철옹성 같은 강국이었지만 기독교가 들어가서 그 로마를 무너뜨리고 말았습니다. 그리하여 군주사회를 거쳐 민주사회로 넘어갔습니다. 왜냐? 세계가 독재자의 손아귀에 들어가면 하늘이 복귀역사를 못하기 때문에 그래서 깨뜨려 나가는 것입니다. 깨뜨려 가지고 군주시대를 거쳐 민주시대로 넘어왔습니다. 상류계급부터 출세하여 중류계급이 출세했고, 이제는 노동자, 농민까지 출세할 수 있는 때에 왔습니다. 그래 가지고 이제는 형제의 인연, 부자의 인연, 부부의 인연까지 다 깨져 갑니다. 아버지가 자식을 때려죽이고, 자식이 부모를 때려죽이는 천지가 되는 때, 그때가 끝날인 줄 알라는 것입니다. 오늘날 민주세계는 각성해야 됩니다.

외적으로 깨뜨리는 천지운세에 따라 하나님의 일선과 사탄의 일선은 같다는 것입니다. 일의 내용도 일선은 같습니다. 그러니 지금 민주주의를 신봉하는 선진국가들은 각성해야 됩니다. 가던 걸음을 돌이켜야 됩니다. 돌이키는 데는 어떠한 지식을 중심삼고 돌이킬 것이 아니요, 어떠한 재물을 갖고 돌이킬 것이 아닙니다. 심정을 갖고 돌이켜야 됩니다. 그렇지 않으면 망합니다. 허덕이고 헤매다가는 나중에 큰 세계의 이념 앞에 자폭하고 만다는 것입니다. 세계를 자기 것으로 가진다 하더라도 그 외적인 환경이 내적인 심정을 점령해 들어오는 고독한 입장을 내적으로 수습하지 못한다면 파멸해 버리고 만다는 것입니다. 그래서 하늘은 내적으로 수습해 들어오는 섭리를 해 오고 계신 것입니다.

하늘은 이런 목표 밑에 일찍이 하늘이 사랑할 수 있는 개인, 아브라함을 택했고, 아브라함이 실수함으로 말미암아 야곱을 세웠습니다. 그를 중심삼고 가정을 복귀하여 승리했다는 조건을 세움으로써 주신 이름이 이스라엘이었던 것입니다. 그

5. 기독교의 세계적 확장과 근대세계의 발전

뒤 모세 때에 와서 이스라엘 60만 대중으로 하여금 가나안 복귀노정을 거치게 하시고 나중에는 예수님을 보내주셨습니다. 그 민족의 기반 위에 예수님을 세우심으로써 천적인 복귀섭리의 줄기는 오늘날까지 뻗쳐 나온 것입니다.

야곱은 가정의 대표자로 일대에서 가정복귀를 완성하였고, 모세는 민족의 대표자로서 애급에서 60만 대중을 구해내었습니다. 세계적인 애급으로부터 세계적인 가나안 땅으로 구해낼 메시아는 이 땅에 오셨습니다. 민족 복귀를 완성한 이스라엘의 기반 위에 승리적인 군왕으로 군림하여 세계를 정복하기 위해 오셨던 분이 예수님이었습니다. 예수님이 죽으러 온 것이 아니라는 것입니다.

하나님은 세우신 예수님이 뜻을 이루지 못하고 간 그날부터 만왕의 왕, 메시아의 재림을 약속하셨습니다. 그런 주인공이 오시는 데는 무엇을 갖고 오시느냐? 인간의 소망, 역사의 소망, 시대의 소망, 온 천주의 소망인 심정의 복지를 가지고 찾아오신다는 것입니다. 그러기에 하늘은 우리에게 권고하셨습니다. 어떠한 지식을 가지라고 권고하지 않았습니다. 어떠한 권세를 누리라고 권고하지 않았습니다. 죽든지 살든지 신부의 절개를 가지고 단장하라고 권고하셨습니다. 그건 왜 그러느냐? 세계의 인류가 최후의 종단선을 넘어서기 위해서는 심정적인 주인 앞에 심정적인 상대의 가치를 갖춘 신부가 되어야 하기 때문입니다. 그런 신부의 자격을 갖추기 전에는 그 선을 넘지 못하기 때문에 제일 좋은 선물로써 복된 약속을 해 놓으신 것입니다.

개방운동을 해오신 하나님의 섭리와 오늘의 양상

006 - P.305, 1959.06.14

풀고 풀어야 할 하나님의 뜻, 이런 하나님의 뜻이 역사를 개방시키는 일이라 할진대 역사적으로 관찰해 보면, 과거의 모든 주권형태는 개방운동을 통해 점점 무너져왔고 이 시대에 와서는 민주주의 형태까지 개방운동이 나타나고 있습니다. 다시 말해서 하늘은 중세시대에는 농노를 해방시키고, 그후 봉건사회를 개방시키고, 군주국가를 멸망시켜, 오늘의 민주주의 형태를 이루어 나옵니다.

그런 가운데 하늘은 전체가 국가를 대신하고, 전체가 세계를 대신하고, 전체가 이념을 대신하고, 개체가 전체를 대신할 수 있고, 전체가 개체를 대신할 수 있는, 전체가 개체를 무시할 수 없고 개체가 전체를 능히 대할 수 있는 그러한 기준을 향하여 개방운동을 해 나오고 계시는 것입니다.

그런데 그것이 역사적인 방향과 상응되는 방향이 아니라 상반되는 방향으로 흘러나오고 있습니다. 그렇기 때문에 역사적인 종말시대인 오늘날 2대 조류가 대치하고 있는데, 그 하나는 공산주의요 하나는 민주주의입니다. 공산주의와 민주주의가 대결하고 있다는 것입니다.

여기에서 역사적인 실증으로 보아 민주진영은 하나님의 섭리의 뜻을 옹호하는 기반 위에서 움직이는 진영입니다. 그러면 공산진영은 무엇이냐. 외적인 것, 즉 물리적인 기반 위에서 움직이는 진영이요, 심적인 기반을 갖고 있는 우리 인간세계에서 용납할 수 없는, 우리와는 반대적인 입장에 있는 진영인 것을 부정할 수 없습니다. 이러면서 쌍방이 세계적인 개방운동을 표방해 나오고 있습니다. 세계적인 표준에서 쌍방

5. 기독교의 세계적 확장과 근대세계의 발전

이 개방운동을 표방해 나오고 있다는 것입니다. 이제 이 두 진영이 부딪치게 될 텐데 그때에는 어떤 것이 옳은 것인가, 옳지 않은 것인가, 어떤 것이 정(正)인가, 부(否)인가 반(反)인가 하는 것이 판단될 것입니다.

우리가 사람의 가치를 논할 때 그 외적인 모양이 잘났다고 해서 그 사람을 훌륭한 사람이라고 평할 수 없습니다. 그 사람의 가치를 평하게 될 때는 그가 갖고 있는 사상과 양심이 기준이 되는 것입니다. 그리고 그 사상과 양심기준에 심정문제가 어느 정도까지 개재되어 있는 가에 따라서 그 사람의 인격을 논하는 것입니다.

개인의 인격도 그렇거니와 주의 사상도 그렇다는 것입니다. 어떠한 외적인 형태만으로 이념을 세운다 할진대 인간은 그것에 만족할 수 없습니다. 외적인 것에만 만족할 인간은 절대 아닌 것입니다. 우리가 행복을 느낄 때도 내적인 행복의 기준을 세워 놓고서야 외적으로 행복하다 할 수 있는 것입니다. 이것이 인간의 본질입니다.

그러므로 물질을 기반으로 하고 오늘의 현실사회를 토대로 한 주의와 사상은 최고의 선을 향하여 움직이는 인간을 대해 그들이 소개할 바, 그들이 연결지을 바를 다할 수 없는 것입니다.

그렇기 때문에 이제는 신을 인정하고 신의 움직임에 따라 양심을 움직이고 이 양심을 기반으로 주의와 사상을 제창해야 합니다. 평화와 행복, 사랑을 앞세워 무조건 봉사하고 무조건 희생하는 본질적인 요소를 지닌 이러한 주의와 사상을 갖지 않고는, 양심을 통해 선을 자동적으로 감촉하고 자동적으로 체휼하지 않고는 우리 인간 세계에서 행복의 조건을, 행복의 이념을, 행복의 주의를 세울 수 없다는 것을 우리들은 잘 아는 바입니다.

역사는 흘러 민족주의 사상은 지나갔고 지금의 때는 세계주의 사상이 전체를 대신하여 설 수 있는 시기입니다.

이 세계는 어떠한 기구나 어떠한 대표적인 인물이 지배하는 세계가 되어야 할 것이 아니고 민주주의 형태, 평등한 입장에서 만민이 이 세계는 내 것이야, 주권도 내 것이야, 이념도 내 것이야 할 수 있는 세계가 되어야 합니다. 하늘은 이런 경지까지 나아가도록 역사를 개방시켜 나오고 있습니다. 이렇게 섭리해 나오고 계십니다.

하나님의 섭리를 돌이켜 보면, 시대의 조류와 상반된 위치에서 내적인 면에서 섭리해 나오십니다. 각각 다른 민족이지만 전체가 움직일 수 있는 선의 방향을 세워 민족을 단결시켜 나오는 것입니다. 민족과 민족이 움직일 수 있는 중간적인 새로운 종교 형태를 갖추어서 민족과 민족을 규합시켜 나오고 있습니다.

오늘날 이 천적인 섭리의 뜻을 대표할 수 있는, 하늘의 섭리 앞에 나설 수 있는 어떠한 종교가 있다 할진대 이는 오랜 인류 역사의 전통적인 기준과 더불어 역사적인 모든 기준과 시대적인 환경과 더불어 앞으로의 소망적인 이념에 응하여 나갈 수 있는 내용을 갖지 않으면 안 됩니다.

그런 관점에서 각 종교를 살펴보면 어떠한 종교보다도 기독교가 더 지도적인 위치에 있는 종교입니다. 언연한 전통을 갖고 있는 동시에 섭리의 뜻을 대신한 이 기독교의 역사는 인류 역사의 움직임에 있어 변혁 혹은 혁명과정을 거치면서도 연면히 계속되어 오늘의 시대도 움직일 수 있고, 미래의 소망의

5. 기독교의 세계적 확장과 근대세계의 발전

기반도 될 수 있는 내용을 갖추어 나온 것입니다.

이것을 생각할 때 우리는 하나님의 사랑이 어떠한 것인가를 알 수 있습니다. 하나님께서 역사가 발전하고 진보함에 따라 인간이 고취하는 주의와 사상, 혹은 민족적인 모든 전통도 변혁해야 되겠기에 섭리의 뜻을 대하는 모든 종교인들에게는 세상과 인연 맺지 못하게 하였습니다. 이것을 시대적으로 보면, 외롭고 형편없이 불쌍한 자리에 그들이 처한 것 같지만 역사를 알고 변혁해 나오시는 하나님 편에서는 그렇게 막고 이끌어 나오는 것이 도리어 사랑인 것입니다.

과거 구약시대에는 법도를 통하여 하늘 앞에 나아가게 했고, 신약시대에는 인격을 표방하는 믿음을 통하여 하늘 앞에 나아가게 하는 섭리를 해 나오셨습니다. 예수님이 오심으로 말미암아 구약시대가 끝났듯이 앞으로 주님이 다시 오시면 신약시대도 끝이 납니다. 다시 말하면 종교도 최후에는 개방적인 역사관을 포섭할 수 있는 형태로 움직인다는 것입니다. 오늘날 세계적인 종교를 보면 기독교를 위시하여 불교, 유교, 회교가 있는데 이것을 어떻게 터뜨릴 것이냐 하는 것이 앞으로 하나님의 섭리 프로그램 가운데 가장 중대한 문제가 될 것입니다.

하나님의 사랑을 찾아 나온 인류역사

009 - P.163, 1960.05.08

수많은 사람들이 하늘을 찾아 나아가는 길에서 죽어갔습니다. 지금까지의 기독교 역사는 순교의 피로 물든 역사인 것을 우리는 알고 있습니다. 어떤 생명이라도 쓰러질 적마다 울부

짖으며 찾는 분은 온전한 사랑을 지닌 하나님뿐이었습니다.

　인간이 타락한 그날부터 슬픔의 역사는 시작되었습니다. 그러기에 그 역사를 거쳐가는 인간들은 슬픔과 싸우지 않으면 안 되었고, 고통과 싸우지 않으면 안 되었고, 있는 힘을 다해 싸워도 안 될 때는 자기의 피를 뿌리면서 싸워 나가지 않으면 안 되었습니다. 그러기에 지금까지 하나님의 아들딸들도 슬픔에 대해 항거했고 고통에 대해 항거했으나, 그것으로 끝나지 않으므로 나중에는 피를 뿌리고 생명을 바치면서까지 항거해 나온 것을 우리들은 잘 알고 있습니다.

　그러면 그렇게 한 목적은 어디 있느냐? 하나님의 사랑을 소유하는 데 있습니다. 쓰러진 그 터전 위에 하나님의 사랑의 꽃을 피우기 위하여 그들은 쓰러져 갔다는 것을 알아야 됩니다. 예수님이 골고다에서 피를 뿌리며 30여 년의 생애를 마친 것도 하나님의 사랑을 남기기 위함이었고, 또 피를 뿌린 것은 하나님의 사랑을 뿌리기 위함이었다는 것을 잊어서는 안 될 것입니다.

　이렇게 뿌려진 하나님의 사랑이 퍼지고 퍼져 세계가, 이 땅 전체가 사랑을 중심한 승리의 터전이 되어야 할 것이었는데, 그렇게 되지 못했으니 탄식할 일입니다. 그러한 땅이 되지 않는 한 또 다시 성자가 죽음을 당하고 성도들이 눈물을 흘리며 피를 뿌려야 한다는 것을 우리들은 알아둬야 되리라고 봅니다.

　본래 하나님이 천지 만물을 어떤 놀이거리로 지으신 것이 아닙니다. 어떤 취미로 지으신 것이 아닙니다. 어떤 목적도 방향도 없이, 어떤 이념적인 내용도 없이 그저 지으신 것이 아닙니다. 이것은 여러분이 상식적으로 생각해도 잘 알 수 있

5. 기독교의 세계적 확장과 근대세계의 발전

을 것입니다. 크나큰 목적과 대우주의 이념을 두고 지으셨습니다. 그래서 지극히 작은 미물(微物)에서부터 어마어마하게 큰 우주에 이르기까지 모든 존재물에는 하나님의 심정을 통한 이념이 깃들어 있는 것을 우리는 부인할 수 없습니다.

그러면 이러한 이념을 두고 지으신 목적은 무엇이냐? 하나님의 사랑을 중심삼은 이념의 세계, 즉 사랑과 더불어 통하고, 사랑과 더불어 즐기고, 사랑과 더불어 살고, 사랑과 더불어 죽는 세계를 목적하신 것이 틀림없을 것입니다.

기독교를 세운 하나님의 뜻

168 - P.299, 1987.10.01

하나님은 민족의 배후에 수많은 종교라는 것을 두어 가지고 타락세계에서 벗어나기 위한 운동을 하는 것입니다. 그렇기 때문에 동양에는 동양의 종교가 있고 서양에는 서양의 종교가 있어 여러 종교를 엮어 나오면서 세계로, 하나의 종교권으로 넘어가고, 또 역사시대의 사상도 하나의 통일된 사상권을 향해서 넘어가는 것입니다.

036 - P.169, 1970.11.29

이제까지의 역사과정을 두고 볼 때, 동양은 정신문명을 중심삼은 길을 찾아 나왔고, 서양은 물질문명을 중심삼은 길을 찾아 나왔습니다. 그러나 역사는 이렇게 상극된 양면의 방향으로 발전해 나가는 것만은 아닙니다. 하나님은 서구문명을 아시아의 동양문명에 접선하여 새로운 종교 이념에 연결될 수 있는 한때를 찾아 나오는 것입니다. 하나님이 있다면 틀림없이 그렇게 하실 것입니다.

그러면 아시아를 볼 때, 아시아에서 주도적인 책임을 해야 할 나라는 어떤 나라이겠습니까? 그 나라는 아시아에 있어서 정신문명을 중심삼고 아시아에 공헌한 나라가 되지 않으면 안 될 것입니다.

중국에서는 유교가 형성되었고, 인도를 중심삼고는 불교가 형성되었으며, 이스라엘을 중심삼고는 히브리 사상, 즉 기독교 사상이 형성되었습니다. 이렇게 아시아 지역에서 나온 종교들이 세계적인 종교가 되었다는 것입니다. 이러한 종교들은 아시아인들의 정신적인 지주가 되어 있습니다.

이 종교들은 아시아의 제약된 한 지역과 특정한 민족만을 위한 종교가 되어서는 안 됩니다. 아시아의 전체 민족을 규합하여 하나의 새로운 아시아를 창건할 수 있고, 새로운 세계의 표상을 제시할 수 있는 사상적인 밑받침을 가지는 종교의 형태를 갖추어야 하는 것입니다.

그러면 유교면 유교, 불교면 불교, 기독교면 기독교, 그리고 회교면 회교 같은 종교들 중 어떠한 종교가 초민족적이요, 초국가적인 입장에서 세계 만민을 중심삼고 하나의 형제의 인연을 주장하고 나왔느냐? 어떤 종교가 하나의 동기와 하나의 나라와 하나의 국민, 하나의 조국을 그리워하는 강한 이념을 가지고 나왔느냐 하는 문제를 생각해 볼 때, 여기에 가장 가까운 것이 기독교 사상이라고 볼 수 있는 것입니다.

기독교 사상은 만민을 중심삼고 자기들 스스로를 고취시키면서 지금까지 발선해 나온 것입니다. 지금까지 악한 사탄세계에서 기독교 역사가 엮어 나온 역사과정을 보게 될 때, 기독교는 선열들이 피뿌린 순교의 인연을 거치면서 터전을 다져 온 것입니다. 사회 앞에 비판을 받고 사회 앞에 지탄을 받

5. 기독교의 세계적 확장과 근대세계의 발전

으면서도 반항 없이 죽음의 대가를 치르면서 발전해 나온 것입니다. 물론 기독교 외에 다른 종교도 있겠지만 역사의 전체적인 흐름 가운데 그러한 종교는 기독교뿐이라는 사실을 우리는 알고 있습니다.

이렇게 몰리고 핍박받고 멸시받던 기독교가 오늘날에는 명실공히 세계적인 종교로서 민주세계를 움직이는 사상적인 뒷받침이 되었다는 사실을 생각해볼 때, 이것은 기독교 자체의 힘만으로는 되어진 것이 아닙니다. 죽음의 고개를 밟고 넘어갈 수 있었던 그 힘의 모체는 기독교 자체의 힘보다도 배후에 계시는 하나님의 힘인 것입니다. 그 하나님의 힘에 의해서 기독교가 세계적으로 발전해 나왔다는 것입니다. 그러면 그 기독교가 금후에는 어떻게 될 것이냐? 이것이 문제인 것입니다.

하나님께서 기독교를 세웠다면 그 목적은 새로운 나라를 찾기 위한 것이요, 새로운 세계를 형성하기 위함일 것입니다. 하나님께서는 지금까지 이 땅 위에 없었던 선을 대변할 수 있고, 선의 입장을 옹호할 수 있고, 선의 환경을 지켜 줄 수 있고, 선의 주권을 행사할 수 있는 선의 조국이 이루어지기를 원했으며 승리의 한때가 이루어지기를 원했다는 것입니다. 이러한 사실을 우리는 부정할 수 없습니다. 그렇기 때문에 기독교 사상은 반드시 종말시대가 온다는 것을 예고하고 있는 것입니다. 말세가 되면 기독교 전성시대가 되어 새로운 세계를 만든다고 말하고 있습니다. 그리고 그때는 악의 세력을 중심하고 기독교를 반대했던 나라는 망한다고 단적으로 결론짓고 있습니다.

하나님의 이상과 기독교

039 - P.343, 1971.01.16

하나님이 영생하시는 절대자라면 그분이 사랑할 수 있는 대상도 영생해야 합니다. 그래서 사람들은 자고로 영생하기를 바라는 것이요, 절대자인 하나님은 영생하는 가치를 지닌 사랑하는 아들딸을 찾지 않을 수 없다는 것입니다.

참된 인간은 하나님과 일체가 되어서 안팎의 사랑을 독차지함과 동시에 그런 생활을 일시적으로 끝내는 것이 아니라, 하나님과 영원히 복락을 누리면서 길이길이 살 수 있는 생활권 내에 들어가야 사는 것입니다. 이것이 인간이 바라는 소원이요, 인간이 찾아가야 할 길입니다. 면 여기에 한 가지 문제가 있습니다.

지금까지 역사과정을 살펴볼 때 성인 중의 성인은 예수님입니다. 예수님이 무엇을 말했느냐? 이것을 그냥 그대로 말했느냐 이겁니다. 예수님은 하나님을 아버지라고 했습니다. 참다운 인생은 하나님의 아들이 되는 것이라고 했습니다. 그러니 예수님은 하나님의 아들의 자리를 그리워했어요, 안 했어요? 뿐만 아니라 '나는 하나님의 독생자'라고 했습니다. 독생자이니까 하나님의 사랑을 몽땅 받습니다. 그러니 하나님의 사랑을 받을 수 있는 자리에 들어간 것입니다.

그 다음에는 '나와 하나님은 삼위일체다. 한 몸이다'라고 했습니다. 이런 것을 볼 때 예수님은 아들의 자리에도 섰지만 안팎의 자리까지 딱 갖추어 놓았다는 것입니다. 그 다음에는 또 '나는 신랑이요, 너희들은 신부다'라고 했습니다. 하나님과의 관계를 맺은 것뿐만 아니라, 사람과 사람과의 관계에 있어서도 이렇게 신랑과 신부의 관계를 맺은 것입니다. 그뿐만

5. 기독교의 세계적 확장과 근대세계의 발전

아니라 '너희들은 나의 형제가 된다'고 했습니다. 그렇지요?

이걸 볼 때 여러분은 예수님이 무엇을 바랐는지 알아야 됩니다. 여기에서 신과 인간이 합동으로 소원했던 것이 무엇이냐? 하나님을 중심삼고 영원히 길이길이 같이 살 수 있는 영원불멸의 사랑의 가정을 표준으로 하여 가르쳐 준 종교가 기독교입니다. 하나님이 인간을 만나려고 하는 것도 이것을 만들고자 하는 것이지요? 인간의 소원이 이것입니다. 이 이상의 소원은 없다는 것입니다.

그러므로 하나님이 계시다면 이와 같은 진리와 도리를 가르쳐 준 기독교가 이 세계를 지배할 때가 반드시 와야만 된다는 것입니다. 그렇기 때문에 오늘날 기독교가 명실공히 세계문화권을 형성해서 민주세계를 지도하는 사상적인 주도권을 쥐고 나온 것이 아니냐 하는 결론이 나오는 것입니다. 이것은 하나님이 계시다는 사실을 확실히 입증해 주는 것입니다. 알겠어요? 다른 종교는 이것을 가르쳐 주지 못했습니다.

기독교의 목적

018 - P.110, 1967.05.28

여러분이 하나님 아버지를 찾아나가는 과정에서는 신랑 신부의 입장입니다. 그렇기 때문에 기독교는 신부의 종교입니다. 다른 종교가 갖지 못한 사랑의 인연을, 아버지의 뼛속 깊이깊이 알뜰하게 담겨져 있는 사랑의 인연을 인간 세상에 소개해야 될 신랑 신부의 종교입니다. 많은 종교가 진리로서 자유 또는 관념적인 이상을 논했지만, 사랑이 직접적으로 생활무대에 엉클어져서 사랑으로 뒤넘이치는 싸움의 역사를 거쳐 나가는 종교는 기독교뿐인 것입니다.

예수님이 신부를 찾아 나가는 과정에서는 신랑이지만, 혼인 잔치가 끝나고 난 후에는 형제입니다. 남자에게는 형이 되고 여자에게는 오빠가 된다는 것입니다. '형님' '동생' 할 때는 벌써 주종관계가 성립되는 것입니다. 횡적인 입장으로 찾아와서 주종관계를 확립하는 것입니다.

입체적인 세계만 망상하는 종교는 이상적인 종교가 아닙니다. 입체적인 세계의 내용을 갖고 횡적, 평면적인 세계의 실상을 토대로 한 종교가 아니면 이상적인 종교가 못 되는 것입니다. 왜냐하면 사람은 마음과 몸으로 되어 있기 때문에 마음은 입체적인 세계와 관계를 갖고 몸은 평면적인 세계와 관계를 가져서 두 세계에 이상적인 터전을 갖추어야 하기 때문입니다. 그것이 사랑의 세계인 것입니다. 그래서 예수님을 만난 다음부터는 형제 관계로 서게 되는 것입니다.

예수님이 주님이면 좋겠습니까? 형님, 오빠면 좋겠습니까? 신랑 신부의 관계라는 것은 언제나 위험한 것입니다. 부부는 언제든 이혼이 성립될 가능성이 있습니다. 그렇지만 형제나 남매관계가 갈라질 수 있습니까? 아무리 끊으려고 해도 피가 같기 때문에 끊을 수 없는 관계입니다. 그렇기 때문에 형제나 남매 관계가 더 좋은 것입니다.

지금까지 기독교가 찾아 나온 것이 무엇이냐? 기독교가 그렇게 고대해 나오는 것이 무엇이냐? 그것은 하나님을 모시는 것이요, 하나님이 보내신 신랑을 모시는 것이요, 그 신랑을 맞이할 신부를 마련하는 것입니다. 또한 그 자녀들을 찾는 것이요, 그들과 같이 즐길 수 있는 종족을 마련하는 것이요, 그 종족과 더불어 세계를 복귀할 수 있는 민족을 편성해서 그들

5. 기독교의 세계적 확장과 근대세계의 발전

과 더불어 하나의 세계국가를 편성하는 것입니다.

수많은 종교들이 보다 더 많은 전도를 하려고 하는 목적도 거기에 있습니다. 도를 중심삼고 세계인을 규합하자는 것입니다. 그래서 세계의 모든 종교들은 전도를 통하여 선민을 만들고 그 다음에는 세계를 하나의 고향으로, 세계인을 친척으로 하나님의 백성으로 만들자는 것입니다. 거기에 우리 한국민족은 종손입니다. 종교를 믿는 후손들이라는 것입니다. 또 종자(宗子)들입니다. 그렇다고 해도 서양 사람들, 즉 백인들 흑인들과 하나되어야 합니다. 하나되는 데는 무엇으로 하나되느냐면 사랑으로 하나돼야 합니다. 그 사랑은 하나님의 피와 살이 같이 통하는 사랑이어야 합니다.

만민은 그 살아가는 환경이 다를 뿐이지 인간이라는 점에서는 백인이든 흑인이든 마찬가지입니다. 만일 어떤 사람이 흑인 여자와 결혼해서 살면서 흑인 아이를 낳고, 그러다가 다시 백인 여자와 결혼해서 백인 아이를 낳았다고 하면 그 사람은 백인의 아버지도 되고, 흑인의 아버지도 되는 것입니다. 즉 그들의 아버지는 한 아버지라는 것입니다. 어떻게 해서든지 세계 인류가 한 아버지에 의해 태어난 한 형제라는 심정이 우러나게 하지 않으면 세계인의 통일은 불가능하고, 만대의 규합은 불가능합니다.

예수님의 죽음으로 섭리를 이어받았으나 책임 못 한 로마

110 - P.040, 1980.11.08

이스라엘 민족을 중심삼고 로마를 결속시켰다면 예수님은 어떻게 됐을 것이냐? 로마에 갈 필요 없다는 것입니다. 인도

▲ 미국 시카고에서 열린 희망의 날 강연회에서 '기독교의 새로운 장래'라는 주제로 말씀하시는 문선명 선생(1974.11.12).

와 중국이 종교 국가요, 로마와 대치할 수 있는 아시아의 문명국이었다는 것입니다. 이 판도, 아시아 문화권을 중심삼고서 로마를 소화시키고 남을 수 있는 기반이 될 것이었다 이거예요. 역사를 그렇게 보는 것입니다.

그랬으면 예수님은 서구사회에 가지 않는 것입니다. 해돋는 나라, 동방에서부터 서구로 뻗어가야 할 것이 원칙이라구요. 천지창조의 빛은 동방으로부터다 이거예요. 그게 천지이치에 맞는 것입니다. 자연원칙에 통하는 이치라구요. 예수님이 죽고 나니 몸뚱이를 잃어버렸다 이거예요. 그래서 거꿀잡이로 해야 된다는 것입니다. 영적인 기준에서 돌아서 아시아로 돌아오는 것입니다. 지금 아시아로 돌아오는 것입니다.

5. 기독교의 세계적 확장과 근대세계의 발전

그래서 이태리를 거쳐 가지고, 반도 문명권을 거쳐 가지고, 그 다음엔 섬나라로 가는 것입니다. 떨어졌으니 할 수 있어요? 대륙에서 쫓겨났으니 그 다음엔 이태리에 가서 붙어 가지고 로마 교황청을 중심삼고 세계 판도를 닦았는데, 이태리 로마의 이 녀석들이 말이에요, 기독교는 세계를 구도하기 위한 책임이 있는데도 불구하고 로마 민족을 중심삼은 교황청이 돼 버렸다는 것입니다. 그러면 망한다 이거예요.

세계를 위한 구원섭리의 목적을 국가 섭리 기준 이하로 떨어뜨린 것입니다. 그때의 교구장들 혹은 교직자들이 구원의 주인으로 모시기 위한 것이 아니었다 이거예요. 예수님이 온 것은 세계를 구하기 위해서입니다. '하나님이 세상을 이처럼 사랑하사 독생자를 주셨으니 누구든지 저를 믿으면 멸망하지 않고 영생한다' 고 하셨어요. 어떤 교단의 교파나 국가가 아니라 세계라는 것입니다.

하나님의 축복이 로마 교황청에서 영국으로 옮겨진 이유

080 - P.292, 1975.11.02

영적 기독교를 중심삼고, 로마 교황청을 중심삼고 이태리 민족 앞에 세계를 맡겼습니다. 인계된 것입니다. 그러면 로마 교황청이 세계를 구해야 하는 책임을 했느냐, 못 했느냐? 로마 교황청은 기독교가 로마 교황청을 위하여 있는 줄 알았다는 것입니다. 로마 교황청을 넘어 세계를 위하여 있는 것을 몰랐다는 것입니다. 이것을 몰랐다는 것입니다. 이스라엘 민족과 마찬가지라는 것입니다

하나님이 로마 교황청을 위해서 있는 줄 알았다는 것입니

다. 하나님의 뜻은 로만 가톨리시즘(Roman Catholicism;천주교)을 희생시켜서라도 세계를 구하려는 것임을 몰랐다구요. 이 원칙을 로마 민족이 알고, 교황청이 알았더라면 세계를 하나 만들었을 것입니다.

　기독교 문화를 중심삼고 중세에 있어서 봉건시대라는 이름의 암흑세계를 기독교가 남겼다는 것은 하나님의 수치입니다. 그것은 기독교를 중심삼고 착취한 것입니다. 그러니 하나님이 거기에 계실 수 있어요? 없습니다. 그래서 사탄이 공격한 것입니다. 인본주의 사상이 공격을 한 것입니다. 신교를 일으켜 가지고 공격한 거라구요.

　그래서 어떻게 되었느냐? 구교는 신교인의 모가지를 잘라 죽였어요. 수십만, 50만 이상을 학살한 것입니다 그런데 하나님이 그 로만 가톨릭에 있겠어요? 반대하면 반대할수록 신교는 폭발적으로 일어난 것입니다. 그래서 하나님이 세계를 맡겼던 복이 어디로 옮겨지느냐? 반대 받는 신교와 반대 받는 나라로 옮겨진다는 결론이 나오는 것입니다.

　그 나라가 영국입니다. 왜 그러냐 이거예요. 헨리 8세(Henry Ⅷ)때, 앤 불린(Anne Boleyn) 사건을 중심삼아 가지고 정식으로 교회를 새로이 만들었습니다. 의회를 통해 가지고 로만 가톨릭을 전부 다 추방해 버리고 새로운 영국 교회를 만들어 놓은 것입니다. 그럼으로 말미암아 영국이란 나라가, 앵글로 색슨 민족이 하나님의 세계사적인 복을 받을 수 있는 하나의 계기를 찾게 된 것입니다.

　그때에 헨리 8세가 해야 될 것이, 구교를 전부 다 반대했지만, 이제 구라파 전체에 있는 신교를 전부 다 영국으로 끌어 들여야 된다는 것입니다. 그러나 그것을 몰랐다는 것입니다.

5. 기독교의 세계적 확장과 근대세계의 발전

그랬으면 영국으로 전부 다 집중하는 것입니다. 이래 가지고, 나라와 교회가 하나되어 가지고 새로운 교회 운동과 새로운 나라 제도를 모색했으면 얼마나 멋졌겠느냐?

헨리 8세가 회개하고 그러한 새로운 종교 운동을 모색했으면 구교를 반대하지만 전부 다 모이게 되는 거라구요. 그랬으면 로마에 대항하는 새로운 신교 국가가 당당하게 세계의 기반을 닦았을 것입니다. 헨리 8세가 그 사실을 몰랐다는 것입니다.

그렇지만 하나님의 뜻을 중심삼고 신앙생활을 하는 사람들은 왕권과 교회가 하나되어 가지고 부패하는 것을 보고 교회 자체가 부패하는 것을 막고 새로운 확청운동을 할 것과 새로운 의회를 만들어 가지고 하나님의 뜻에 맞는 그런 나라를 세울 것을 계획했던 것입니다. 이러한 무리가 청교도입니다. 그것을 후원하지 못하고 브레이크를 건 것입니다.

만일에 그것을 환영했으면 오늘날의 미국이 생겨나지 않았을 것입니다. 이 세계는 영국권 내에 다 흡수되었을 것입니다. 앵글로색슨 민족이 이태리를 대신해 가지고 하나님의 뜻을 이어 받을 수 있는 때에 왔다는 것입니다. 영국이 어찌하여 산업혁명의 발상지가 되고, 근대문명의 기원지가 되었느냐? 하나님이 영국에 세계 지도권을 맡겼기 때문에 그런 축복을 받았다는 것입니다. 그것을 영국 백성들은 몰랐다는 것입니다. 영국 백성들이 잘나서 그런 게 아닙니다.

영국은 해양국가로서, 도서국가로서 노르웨이나 스웨덴의 바이킹들에게 언제든지 공격을 받았기 때문에, 바다에 관심을 갖고 해양 방비를 위해 그저 훈련해 나왔다구요. 해양권을 잡지 않으면 영국은 존속할 수 없는 입장에 섰기 때문에 엘리자베스 여왕을 중심삼고 해양권 제패의 정책을 강화했던 것입니다. 그것은 하나님의 섭리에 다 일치됐던 것입니다.

　스페인 같은 나라가 남미를 지배하고, 북미를 영국이 지배하게 될 때, 스페인을 외적으로 좋아하면서 내적으로 전부 다 속이는 정책을 해 나왔다구요. 이건 역사를 통해서 다 아는 사실입니다. 스페인이 남미를 제패했거든요. 그래서 영국은 스페인이 북미까지 제패하려는 것을 막기 위해서 여러 가지 해양 정책을 강화했다는 것입니다.

　영국이 하나님 뜻 가운데서 축복을 받았기 때문에 세계 오대양 육대주를 중심삼고 해 지는 날이 없게 됐던 것입니다. 앵글로색슨 민족이 잘나서 그런 줄 알아요? 하나님이 하신 것입니다. 그래서 영국을 중심삼고 세계를 하나로 만들 수 있는 좋은 계기를 만들었습니다. 영국은 빨리 아시아까지 하나 만들어야 했습니다. 그런데 인도도 3백년 동안 지배하면서 전부 다 착취해 가기만 했습니다. 영국 놈들 한 것을 보면 전부 다 벌 받게 되어 있다구요.

　하나님이 그런 민족을 만들려고 한 것이 아닙니다. 아시아에 영국을 대표하고, 아시아를 지배할 수 있는 강력한 나라를 만들었어야 된다 이거예요 이래서 하나되고, 형제같이 하나되고 기독교는 아시아와 하나되어야 됩니다. 왜? 예수님의 뜻이 그렇기 때문에. 본래 몸과 같은 것이 아시아이니까 이것을 다 맡아 가지고 하나되고도 남게끔 만들었는데도 불구하고 영국은 이렇게 축복한 것이 세계를 위해서 축복한 것임을 생각지 않고 영국을 위해서 축복한 줄 알았다는 것입니다.

　하나님의 뜻을 이루는 데 영국 나라가 원수였다 이거예요. 영국이 만약에 형제지국가로서 세계 인류를 위해, 세계국가

5. 기독교의 세계적 확장과 근대세계의 발전

를 위해서 후원해 주고, 자기의 모든 것을 참사랑으로써 하나님의 사랑을 중심삼고 투입했더라면, 우리 원리를 중심삼고 볼 때 가인을 재창조하려면 자기의 모든 것을 투입해야 되는데 영국이 이러한 원리를 알았더라면, 오늘날 저러한 영국이 안 되었을 것입니다.

기독교가 착취 기관이라고 낙인 찍힌 것은 영국이 그렇게 했기 때문입니다. 그러니 영국한테 세계를 맡겼던 복을 옮기지 않을 수 없었다는 것입니다. 그래서 그들에게 반대 받는 사람들한테 복이 옮겨지는 것입니다. 퓨리턴들이 내적이나 외적으로, 기독교 혹은 의회의 확청운동을 한 것입니다. 그래서 전부 다 몰리다가 잡히면 죽겠으니 할 수 없이 도망가기 시작했는데, 그 땅이 미대륙이라는 것입니다. 구라파에서 신교에 대한 박해가 심하니까 신앙의 자유를 찾는 사람들은 전부 다 미대륙으로 간 것입니다. 미대륙 한 곳에 전부 다 몰아 넣은 것입니다. 그게 미국입니다.

하나님의 축복을 이어받은 영국이 해야 할 책임

080 - P.139, 1975.10.21

현대 20세기의 민주주의 제도는 전부 다 영국에서부터 시작한 것입니다. 산업혁명이니 하는 모든 것이 영국에서 시작되었습니다. 영국의 엘리자베스 1세가 해양 정책을 강화해 가지고 아시아는 물론이요, 아프리카를 비롯하여 전세계 곳곳을 점령한 것입니다. 그것은 하늘이 시킨 것입니다. 영국은 섬나라이기 때문에 바이킹(Viking)들의 침략으로 훈련을 많이 받았습니다. 언제나 공격을 받는 입장이었기 때문에 훈련을 많이 해 가지고 어떤 민족보다도 해양문화를 강화할 것을 생각했던 민족이라는 것입니다.

또한 스페인이라든가 포르투갈이 그때 해양권을 중심삼아 가지고 상당히 강한 입장에 있었는데, 그 이상의 표준을 중심삼고 강화운동을 해서 엘리자베스 1세가 1593년부터 1603년의 기간 동안에 해양력을 강화시켰던 것입니다.

그 영토가 오대양 육대주에 걸쳐서 해가 지지 않는, 세계를 지도하는 영국이 되었던 것은 하나님이 축복을 이태리로부터 영국에 옮겨 주었기 때문인 것을 알아야 합니다.

여러분, 헨리 8세 시대의 '앤' 사건을 잘 알지요? 연애문제 때문에, 결혼문제 때문에 구교의 규탄을 받으니까 의회를 새로 조직하고, 구교를 탈피해 가지고 새로운 앵글리칸 처치(Anglican Church;성공회)를 만들었는데, 그때서부터 새로운 방향으로 강화해 나가야 된다는 것입니다. 그래서 영국은 신교활동을 대대적으로 환영해서 구교를 일시에 변경시킴으로써 새로운 세계로 등장해 나가야 된다는 것입니다.

영국이 왕권을 중심삼아 가지고 교회를 지배하는 입장에 서게 되니 순수한 신앙운동을 주장하면서 하나님의 뜻에 의한 새로운 의회와 한 나라를 구상하는 무리들이 나왔습니다. 그들이 바로 청교도들입니다.

이때 만일 영국이 신교를 중심삼아 가지고 하나님의 뜻 앞에 축복받은 그 모든 영토를 하나님의 뜻을 중심삼고 지배하고, 세계 인류를 구해야 하는 책임이 앵글로색슨 민족, 영국에 있다는 생각을 가지고 세계 구도의 깃발을 들고 세계를 위해 나갔더라면 영국민족이 세계를 지배하였을 것입니다.

그러나 영국 국민은 축복받은 모든 것이 자기들 앵글로색슨

5. 기독교의 세계적 확장과 근대세계의 발전

민족을 위한 축복으로 알았다 이겁니다. 하늘은 앵글로색슨 민족 앞에 세계를 맡기셨습니다. 그래서 그들이 세계를 구해 주기를 바라셨습니다. 그러니 그들은 세계를 위한 민족으로 등장해야 할 것이었습니다. 그랬으면 세계를 그야말로 기독교 왕국으로 만들었을 것이며, 신교를 중심삼고 구교까지 흡수할 수 있는 주체국이 되었을 것이 아니냐는 것입니다.

그런데 하나님의 뜻의 방향을 몰랐다는 것입니다. 인도 같은 나라는 영국이 3백년 동안 지배했습니다. 인도는 하나님의 뜻 가운데 아시아에 있어서 하나의 중심국가요, 고대종교문화권을 가진 중심국가이기 때문에 영국이 하나님의 뜻 가운데서, 자신의 나라를 사랑하듯이 그 나라를 사랑하고, 그 국민을 자기 백성 이상 사랑하고 교육하고 개발시켰다면, 인도를 통해서 중국까지 흡수하고도 남았을 것입니다.

그러나 영국이 인도를 자기 민족의 착취장으로 이용해 먹고, 그 민족은 망하더라도 관계없다는 정책을 수행했던 것입니다. 그래서 인도는 반영(反英)사상을 가질 수밖에 없었던 것입니다. 인도에서부터 중국을 거쳐 가지고 아시아권 전체를 통일할 수 있었을 것인데, 그런 좋은 축복의 권을 잃어버렸다는 것입니다. 그랬더라면 아시아뿐만 아니라 통일의 세계를 형성했을 것입니다.

중심종교 국가의 사명이 유대교와 이스라엘에서 기독교와 미국으로

081 - P.159, 1975.12.18

2천년 전 메시아가 오셨을 때 어떻게 되었습니까? 유대교와 이스라엘 민족은 세계 만방이 자기들의 발밑에 제패되어 이스라엘 민족만이 영광의 자리에 설 것을 꿈꾸었던 것입니다. 그들은 세계 구원이라는 지상과제를 먼저 생각해야 할 터인데 자기 나라를 먼저 생각했습니다. 거기서부터 세계를 먼저 생각하고 섭리하시는 하나님과 메시아와 그들 사이에 큰 차이가 생기게 된 것입니다.

그런 가운데 메시아로 오신 예수님은 유대교와 이스라엘을 기반으로 세계를 구원하고자 교회와 민족에 대하여 세계로 향하는 혁신적인 태도를 취하다가, 현재의 입장을 고수하는 유대교와 이스라엘 국가의 반대에 몰려 마침내 십자가에 죽게 되었습니다. 그리하여 뜻을 실패시킨 유대민족은 비운의 길을 가게 되었고, 예수님을 중심한 기독교는 국가의 기반을 상실한 채 신도들은 핍박 속에 많은 순교를 치르면서 로마제국에 뜻을 펴기 시작하였습니다.

여기서 알아야 할 것은, 택함 받은 자가 그 사명을 다하지 못할 때는 보다 뜻을 이루기에 합당한 종교를 다시 찾아 세우고, 거기에 합당한 중심국가를 다시 세운다는 것입니다. 기독교가 그 중심종교로서 보다 높은 뜻을 위하는 입장에서 유대교를 이어받고, 당시 세계적인 국가였던 로마제국의 자리를 찾게 되었습니다.

그리하여 4천년간 준비한 유대교와 이스라엘 나라를 잃어버린 이스라엘 민족은, 유대교와 이스라엘 나라의 실수를 청산하기 위하여 4백년 동안의 고역 후에 기독교를 국교로 받아들이게끔 기반을 이루게 된 것입니다.

당시 교황청을 중심삼고 로마제국이 완전히 하나되어 전세계의 구원을 향하여 전진하여야 할 것이었습니다. 만일 로마

5. 기독교의 세계적 확장과 근대세계의 발전

교황청이 이런 뜻을 확실히 알고 국가와 합하여 어떤 희생의 십자가를 지게 되더라도 굴하지 않고 전진하였더라면, 세계를 구원하고도 남음이 있었을 것입니다. 그러나 교황청은 하나님의 뜻을 저버리고 자기들을 중심삼고 국가들을 움직여 그 밑에 예속시키는 기관으로 화하였습니다.

이렇게 하나님의 뜻과 반대의 길을 가니, 하나님께서는 교황청을 떠나게 되므로 중세 암흑시대를 초래하게 되었습니다. 그리하여 교황청의 위신은 인본주의 사조에 휩쓸려 땅에 떨어지고 말았습니다. 그런고로 하나님은 신교운동을 일으켜 세계구원의 길을 다시금 닦지 않을 수 없게 된 것입니다.

제1, 제2이스라엘이 망한 이유

202 - P.334, 1990.05.27

섭리적으로 볼 때 제1 이스라엘 민족이 왜 망했느냐? 세계를 구하려는 하나님의 뜻을 몰랐어요. 구라파에 가나 어디 가나 이스라엘 민족을 중심삼고 세계를 구하고 만민을 구하려고 했는데, 자기를 사랑했어요. 세계를 사랑 안 하고 나를 사랑했어요. 하나님 앞에 역적이 되어 친 것입니다. 하나님은 이스라엘을 제물삼아 가지고 만민 해방을 원했다는 것을 알아야 됩니다. 그러니까 친 것입니다.

그 다음에 제2 이스라엘로 기독교 문화권 세계를 택했습니다. 그것을 주도하는 나라가 미국입니다. 주도국이면서 아벨 국가입니다. 그러니까 구교하고 싸우고 있는 것입니다. 남미로 이민 온 사람들이 구교를 믿는 사람들입니다. 그들은 자신들의 교단을 중심삼고 구교만을 위해 왔다구요. 청교도는 뭐냐? 구교를 넘어서 세계를 위하겠다고 한 사람들입니다. 그렇기 때문에 하나님이 북미를 남미의 라틴 문화권보다 더 사랑해서 축복해 준 것입니다. 이러한 원인을 알아야 되는 것입니다.

남미에 이민 온 사람들은 자기 이익과 자기 교회 로마 가톨릭을 위하고 그 나라만을 위해 왔지만 미국 사람들은 나라를 넘고 교회를 넘어 구교를 믿는 사람들보다 더 하나님의 뜻을 받들겠다는 입장에 섰기 때문에 북미를 중심삼고 축복해 준 걸 알아야 됩니다.

영국이 책임 못 함으로 인해 하나님의 복을 이어받은 미국

080 - P.141, 1975.10.21

로마가 책임을 못 했을 때 축복이 로마의 원수였던 영국 민족에게 옮겨졌고, 영국이 책임 못 함으로 말미암아 이것이 누구에게 옮겨지느냐 하는 문제가 벌어졌던 것입니다. 그렇다고 딴 곳으로 갈 수 없다 이거예요.

이래서 기독교가 원수가 되고, 싸움이 계속되는 이러한 마당에서 결국은 기독교의 새로운 사상을 중심삼은 무리들이 새로운 신앙의 자유를 찾아 가지고 북미를 중심으로 결속하여 독립운동을 함으로 말미암아, 영국과 대항하여 그것을 이김으로 말미암아 비로소 미국이 영국의 복을 이어받은 것입니다.

메이플라워호를 타고 여기 미국에 온 필그림 파더니 하는 무리는 어떠한 무리냐? 청교도입니다. 그들은 뭐냐 하면 그 국토를 하나님의 이름으로, 교회를 하나님의 이름으로 만들

5. 기독교의 세계적 확장과 근대세계의 발전

자는 무리입니다. 순수한 하나님의 뜻을 중심삼은 하나의 나라를 구상하여 보자 하는 그런 대표적 무리들이 바로 필그림 파더라는 것입니다. 하나의 나라, 이상적인 나라를 만들자는 것입니다.

그래서 미국에는 신교 믿는 사람들이 많아야 돼요. 본래 올 때는 전부 다 신앙의 자유를 위해 가지고 하나님의 뜻을 찾아온 사람들이라구요. 구라파에서 반대 받아 가지고 쫓겨 온 무리들입니다. 그래 가지고 미국에 와서는 어렵더라도 그저 생명을 다해 가지고 극복하고, 하나님의 이름으로 끝까지 싸운 것입니다. 인디언들과 싸우고, 그 다음엔 스페인이라든가 어떤 나라의 위협이 있더라도 그것을 극복하면서 하나님의 이름으로 싸워 나왔다는 이 사실이 놀랍다는 것입니다.

그러면서 신교운동을 기반으로 하는 하나의 국가 형태를 갖추었는데, 그것이 하나님의 축복을 받을 수 있는 좋은 기반이 되었습니다. 그래서 미국이, 이러한 국민들이 전부 다 초민족적으로 결속했다는 사실이 놀라운 것입니다. 만약 스페인이 없었고, 인디언이 없었고, 그 다음 구교가 반대하는 것이 없었다면 이게 하나 안 된다는 것입니다.

단 한 가지 하나될 수 있게 한 것이 신앙입니다. 독일 사람이나, 이태리 사람이나, 영국 사람은 서로 원수의 나라 사람들이지만 전부 다 하나된 것입니다. 예수님의 이름으로 새로운 신앙의 자유를 찾기 위해서 단결했다는 것입니다. 하나님의 뜻 가운데서 하나님의 이름으로 모든 민족들이 하나되었다는 것입니다. 이러한 국가의 형성을 봄으로 말미암아 그것이 하나님의 뜻을 대표할 수 있는, 하나의 세계사적인 축복을 받을 수 있는 터전이 되었다는 사실을 우리는 여기서 알아야 된다구요.

그래서 영국이 책임져야 할 복이 어디로 옮겨졌느냐? 미국이 20세기에 있어서 세계사적인 하나님의 뜻을 대표하는 복을 이어받는 대표 국가가 된 것입니다.

자, 이래서 미국은 명실공히 1차, 2차대전을 중심삼아 가지고 주도적인 역할을 한 것을 여러분이 알고 있습니다. 그거 영국이 이겼다고 봐요? 미국이 없었으면 아무것도 아닙니다. 역사적 사실이 그렇다는 것입니다.

미국은 서구문명을 결실해 동양으로 연결해야

081 - P.243, 1975.12.28

미국은 그 축복을 언제 이룰 것이냐? 사탄한테 잃어버린 것을 찾아와야 된다는 것입니다. 기독교가 실패를 로마에서 했고, 그 다음에 영국에서 했습니다. 이제 미국에 있어서 영적 기독교는 세계적 영적 이스라엘 나라, 제2이스라엘 나라와 유대교와 마찬가지 형태의 국가가 된 것입니다. 유대교는 영육을 중심삼은 국가요, 그 가운데서 메시아를 맞으려고 했습니다. 영적 세계 기독교 왕국의 형태를 갖춘 것이 지금의 미국입니다. 그렇기 때문에 2백년 동안에 기독교가 잃어버린 것을 전부 다 재창조해야 되는 거라구요. 탕감복귀의 원칙이 그렇지요? 2천년간 잘못한 것을 2백년에 탕감하든가 20년에 탕감해야 됩니다. 이것은 역사적인 전환을 통해서 돌아가야 됩니다. 이게 원리관입니다.

이제 미국이 해야 할 사명은 뭐냐? 미국은 어디로 가야 되느냐? 미국은 서구라파의 문명을 결실시키는 하나의 결실지

5. 기독교의 세계적 확장과 근대세계의 발전

로서 기독교의 총합적인 결실체요. 영적인 입장에서 보면 제2 이스라엘권으로 세계의 축복을 받은 나라입니다. 서구가 갈망하는 것은 뭐냐? 뭘 찾아오느냐? 지금까지 정신적인 면에서 물질을 찾아오는 거라구요. 그건 왜? 예수님의 마음과 같은 것이 기독교문명인데, 예수님이 승리하려면 죽지 않아가지고 몸과 같은 문명권, 동양제국을 흡수하여 통일적인 형상을 갖추어야 되는 것입니다. 결국 몸과 마음이 하나될 수 있는 문화권을 만들어야 되기 때문입니다.

영적인 문화권의 출발은 세계적인 결실의 때가 오거들랑 육적인 문화권의 축복을 겸해야 됩니다. 이것이 지금까지 서구문명이 걸어온 길입니다. 그러면 동양문명은 어떻게 되느냐? 동양문명은 영적인 것을 추구하면서 물질적인 것은 배척해온 것입니다. 반대로 되는 것입니다. 물질을 버리면서 정신을 위주해 나왔다는 것입니다.

그렇기 때문에 고차적인 종교일수록, 고차적인 종교를 믿는 사람들은 물질을 버려야 됩니다. 동양제국은 서구문명의 지배를 받는 것입니다. 지배 받는 것은 하나님의 뜻 가운데서 사탄편에 가서는 안 되겠으니까 하나님의 영적 주관권 내에, 기독교문명권 내에 있어서 그걸 전부 다 인계시키는 것입니다.

2

하나님의 미국에 대한 축복과 소망

1. 청교도 이상을 중심한 미국의 건국

영국의 축복을 이어받아 하나님의 뜻 가운데 세워진 미국

080 - P.295, 1975.11.02

필그림 파더(Pilgrim Fathers;청교도)가 뭐예요? 청교도입니다. 하나님의 이름으로 이상적 신앙의 세계를 만들고 이상적 교회를 세우려 하고, 하나님의 이름으로 이상의 나라를 추구한 무리가 필그림 파더라구요. 그 자체들은 볼 수 없지만 그들이 생각하는 것이 하나님의 뜻과 같기 때문에 하나님은 대영제국을 버리고 필그림 파더의 사상을 중심삼은 미국의 이주민 앞에 생각을 두지 않을 수 없었다는 결론이 나오는 것입니다.

인디언의 공격이 있지, 스페인의 공격 위협이 있지, 네델란드의 공격 위협이 있지, 그 다음엔 영국을 저버리고 왔기 때문에 구교의 배척을 받는 것입니다. 그러나 이런 모든 것이 새로운 신앙운동으로 단결할 수 있게 한 것입니다. 민족을 초월해 가지고 단결한 것입니다. 인종을 초월해 가지고 신앙을 중심삼고 단결한 것입니다. 하나님을 중심삼고 그렇게 되었지요? 이상적 교회를 바라서 그랬지요? 이상적 나라를 바라서 그랬지요? 하나님이 원하는 생각과 이 이주민들이 생각한 것이 딱 일치됐다는 것입니다. 그러니 하나님이 이들 앞에 세계를 맡기지 않을 수 없었다는 것입니다. 그래서 나라를 만든 것입니다. 나라를 하나님이 만든 거라구요.

그렇기 때문에 영국에 대해서 독립전쟁을 일으킨 것입니다. 그때에 세계를 지배하고 있는 영국을 대해 가지고 독립군이 싸워서 이긴다고 생각했겠어요? 그건 누구도 생각 안 한 것입니다. 어림도 없다구요. 그건 독립군이 이긴 것이 아니라 하나님이 승리한 것입니다.

미국은 이것을 알아야 돼요. 미국은 하나님의 뜻 가운데서 신교를 중심삼고 규합한 국민들이 세운 나라란 것을 알아야 된다구요. 그래서 '원 네이션 언더 갓(One Nation Under God;하나님 아래의 하나의 나라)'이라는 표어를 쓰기 시작한 것입니다. 거기에는 백인도 들어가고, 흑인도 들어가고, 황인도 다 들어가는 것입니다. 구라파의 원수 나라 민족까지 전부 들어간다는 것입니다. 영국을 유나이티드 킹덤(Unitied Kingdom;연합왕국)이라고 한다구요. 사실 그 말이 맞다는 것입니다. 그러나 백인 위주한 유나이티드 킹덤이 아닙니다. 인류를 중심한 유나이티드 킹덤인데, 그것을 몰랐다구요. 그렇게 됐으면 미국이 생겨났겠어요?

하나님의 뜻 가운데서 초민족적으로 차원 높은 이런 결합을 하여 하나의 신앙과 나라, 기독교를 중심삼은 하나의 신교 나라를 세웠다는 것입니다. 그렇기 때문에 하나님의 섭리가 바라는 그런 뜻에 일치되게 세워진 나라임을 알아야 되겠습니다.

1. 청교도 이상을 중심한 미국의 건국

069 - P.107, 1973.10.21

자유 신앙의 국가인 미국의 건국과 하나님

 미국이 독립한 지가 2백년이 가까워 오는 것을 우리는 알고 있습니다. 1776년도 그때에 독립을 주도하던 그런 사람들의 입장을 생각해 봅시다. 그때에 독립을 주도하던 사람들은 영국에서 보면 반역자예요.

 그런데 이 반역자들이 어떻게 해서 이 큰 나라를 독립해 가지고 세계의 일등국을 만들게 되었느냐? 하나님이 계시다면 왜 그 반역자를 축복하셨느냐? 여러분, 독립전쟁을 주도했던 조지 워싱턴 장군은 처처(處處)에서 패전을 했습니다. 최후에 벨리 포지(Valley Forge)전투에 있어서 결전을 해야 하는 입장에 임하게 되었을 때에 틀림없이 워싱턴 장군은 이렇게 기도했으리라고 봐요. '하나님시여! 당신이 자유의 신앙을 위하여 미국까지 데려다 놓은 이 백성들을 다시 영국의 손아귀에, 구교와 마찬가지인 그런 전제주의, 교권주의에 집어넣어서는 안 되겠습니다. 자유의 나라, 신앙의 자유의 나라, 당신이 원하시는 이상의 세계를 건국할 수 있게끔 축복해 주시옵소서' 하고 기도했을 것입니다. 승리하는 날에는 하나님이 원하시는 나라를 만들겠다고 기도했을 것입니다.

 구라파의 교권을 중심삼은, 그 시대의 구교를 중심삼은 입장을 떠나 가지고 새로운 하나님의 뜻의 방향에 일치되고 세계 어디까지라도 갈 수 있는 길과도 일치될 수 있는 대표자는 그때에는 독립 지도자밖에 없으니 하나님은 이들을 세우지 않을 수 없었다는 것입니다. 영국군은 국권(國權)을 자랑하면서 '우리 영국은 세계 일등국인데 뭐야!' 하며 조지 워싱턴을 우습게 알았다구요. 군력(軍力)을 자랑했다구요. 국권과 군력을 자랑했다구요. 그렇지만 조지 워싱턴은, 아무것도 없지만 군력보다 강한 하나님을 믿었고 국권보다 강한 하나님을 믿었다는 것입니다.

마치 골리앗을 대하는 다윗과 같은, 바로 그와 같은 장면이 아니었느냐는 것입니다. 뭐 아무것도 없었습니다. 하나님을 믿고 나선 다윗의 돌팔매질한 돌이 골리앗의 이마를 깔 줄은 누구도 몰랐던 것입니다.

그의 모든 언행(言行)이 하나님을 위주한 것이었을 아니냐, 전투에도 그런 마음 가지고 임했을 것이 아니냐는 것입니다. 군기(軍器)를 나르는 데도 기도로 시작했을 것입니다. 싸우는 데도 총을 들고 기도를 했을 것입니다. 선두에 선 그들과 더불어 후방의 국민도 전부 다 하나님 앞에 기도 드렸을 것이 아니겠느냐 이거예요.

신앙세계의 선조들은 자기의 본 고향에서 뜻을 이룬 것이 아니라 떠나와 가지고 축복받은 것이 전통이기 때문에 떠나온 이들을 축복해 줘야 할 하나님의 입장에서는 보호하지 않을 수 없다구요. 그렇기 때문에 하나님은 이들을 세워서, 자유의 신앙 국가를 바라던 하나님의 마음과 일치하기 때문에 이 독립군을 세워서 미국을 창건했다고 보는 것입니다. 하나님이 이들을 협조해 주시니, 하나님이 키워야 되겠고 남겨야 되겠으니 틀림없이 이들은 승리해 가지고 미국을 건국하지 않을 수 없었다구요.

영국은 국왕과 국민이 합해 가지고 싸웠지만 그늘은 하나님과 하나님의 사랑하는 아들딸이 합해 가지고 싸웠다는 것입니다. 그리하여 미국이라는 신앙의 자유의 국가, 새로운 기독교 국가가 성립된 것이 아니냐.

1. 청교도 이상을 중심한 미국의 건국

위에서부터, 국회의 상 하원으로부터 말단 국민들까지 하나님을 존중하고, 어려운 환경에서 나라를 세우고 나서는 하나님 때문에 이겼다고 하며 하나님을 붙들고, 하나님을 위주해 가지고 국가가 성립된 것이 아니냐는 것입니다. 그래서 어디든지 하나님이 섭리해 주시지 않을 수 없는 것입니다.

하나님의 섭리에 있어서의 기독교 정신과 미국의 사명

073 - P.013, 1974.07.21

미국은 민주세계의 주도국가입니다. 하나님은 이 세계를 바라보시면서 이 세계 가운데 민주주의를 사랑해서 키워 왔습니다. 그런데 이 민주세계를 대표한 국가는 미국이기 때문에 미국을 이렇게 키우고 세계적인 주도국가로 세운 것입니다. 미국 국민이 잘나서 이렇게 된 것이 아니라 하나님의 섭리 가운데서 하나님의 뜻을 맡아서 이루게 하기 위해 이렇게 되어졌다고 보는 것입니다. 그렇기 때문에 미국이 하나님과 더불어 발전하기를 바라는 것이 하나님의 뜻이요, 본래 미국이 형성되게 한 미국의 전통정신인 것입니다.

그런 관점에서 현재의 미국을 볼 때 이 미국이 하나님이 진정 이 나라에 계실 수 있고, 하나님의 사랑과 하나님의 뜻을 이어받아 가지고 이 세계를 지도할 수 있는 주체국으로서의 모습을 완전히 가지고 있다고 보기는 어려운 단계에 와 있습니다. 만일 하나님과 기독교가 없었더라면 미국과 미국 국민은 형성될 수 없었을 것이라는 것은 당연한 결론입니다.

여러분 미국 국민은 혼합민족입니다. 그래도 이것을 연결시킬 수 있는 책임을, 시멘트와 같은 사명을 누가 했느냐 하면 기독교가 한 것입니다.

그렇기 때문에 미국은 기독교를 중심삼고 그 문화권과 생활방식이 같았다는 것입니다. 목적과 생활방식이 같았다는 것이 하나될 수 있는 동기가 되었다는 사실을 우리는 부정할 수 없는 것입니다. 기독교를 중심삼은 정신적인 바탕과 생활적인 바탕과 모든 전통이 같았기 때문에 안팎으로 하나될 수 있었다는 것입니다. 여러분, 서양 사람들의 생활방식은 대개가 빵을 먹고 처소도 비슷하다구요. 그것은 기독교사상으로 말미암아 생활적인 어떠한 깊은 곳까지도 전부 다 밀착할 수 있는 내용이 형성되었기 때문입니다.

오늘날 그것이 전국가의 대표 형태를 갖춰 가지고 종합 민족성을 갖춘 미국이 형성된 것입니다. 그걸 기반으로 하여 교회의 발전과 보조를 같이 하는 데서 경제적인 발전이 시작됐다는 것입니다. 다시 말하면 잘 믿는 신자끼리 공적인 목적을 중심삼고 하나의 뜻, 하나의 기독교 발전을 위주한 데에서 미국이 경제적으로 발전한 동기가 되었다고 보는 것입니다.

미국은 본래 구라파에서 추방당하고 쫓김 받아서 피난와 가지고, 도망와 가지고 형성된 국가이기 때문에 구라파한테 지지 않겠다는 신념이 팽배해 있었다는 것입니다. 미국 국민은 구라파로부터 핍박받는 무리요 배척받는 무리의 입장에 서 가지고, 강력히 단결할 수 있는 내적인 유대를 가져야 했기 때문에 공고화되지 않을 수 없었던 것이 사실입니다. 그래 가지고 미국은 새로운 기독교 문화를 차원 높은 분야에서 발전시켜 나가면서 잘 믿는 구라파인, 잘 믿는 기독교 신자를 규합하는 놀음을 지금까지 해왔다는 것입니다. 그렇게 함으로 말미암아 구라파에 있어서 기독교 신앙을 중심삼고 참되게

1. 청교도 이상을 중심한 미국의 건국

살겠다는 사람을 흡수할 수 있는 놀음을 했기 때문에, 미국은 구라파인 뿐만 아니라 온 세계의 대표적인 지성인들도 규합할 수 있는 동기가 된 것입니다.

그것이 어떻게 가능했느냐? 그것이 왜 가능해요? 그것은 기독교가 있었기 때문에 가능했다는 것입니다. 즉 이 방대한 기독교 문화권을 흡수할 수 있는 어떠한 잘난 개인이 있을 수 없고 어떠한 민족이 있을 수 없다는 것을 미국의 독립 위정자들이나 이후의 미국 국민들은 알았기 때문입니다. 그렇기 때문에 기독교야말로 미국 건국사상에 있어서 기초정신이요, 그것은 전통적인 정신이 되었다는 것을 부정할 수 없다는 것입니다.

이 기독교정신이 보다 발전함으로 말미암아 보다 전진적이요 보다 세계를 위하는 방향으로 전진할 수 있는 기독교가 되었더라면, 이 미국은 기독교와 더불어 하나님의 뜻을 세계화시키는 데 있어서 중차대한 사명을 하고도 남았을 것입니다. 그러면 하나님이 이 미국을 중심삼고 세계를 하나로 만들고, 미국은 세계를 구하는 데 있어서 단 하나의 국가로서의 사명을 다했을 것입니다. 이렇게 보는 것입니다.

참미국 사람은 어떤 사람인가

080 - P.296, 1975.11.02

미국 사람은 어떤 사람이냐? 미국 사람이 누구냐 하는 것을 알아야 됩니다. 지금 뭐 미국 2백년제니 뭐니 하며 무슨 수작들을 하고 야단하고 있지만 참미국 사람을 알아야 됩니다. 첫째는 하나님의 뜻을 중심삼은 데에 일치한 사람이라는 것입니다. 하나님을 중심한 사람이라는 것입니다. 하나님의 뜻을 중심삼고 하나 안 된 사람은 미국 사람이 아니에요. 하나님의 뜻을 중심삼은 사람은 어떤 민족이든지 참미국인입니다. 흑인이나 누구나 다 참미국인인 것입니다. 첫째는 그거예요.

다음은 이상적 기독교를 만들자 하는 사람입니다. 이상적인 기독교인, 그 다음엔 이상적 나라를 만들자 하는 사람입니다. 이상적 나라를 중심삼은 애국자, 이 미국을 중심삼은 게 아니라 기독교를 중심삼은 이상적 나라입니다. 그렇기 때문에 미국 의회에서 국회의원들만이 결정해서는 안 된다구요. 하나님의 사람들과 더불어 결정해야 된다는 것입니다. 상원의원들은 유명한 교회 목사, 하나님의 충신들이 돼야 하고, 그 다음에 하원의원들은 미국 사람이 되든가 해야 된다는 것입니다. 내가 아는 하나님의 뜻으로 볼 때, 미국 의회는 이래야 된다구요. 상원의원들은 전부 다 교회의 충신이요, 민족정신을 지도할 수 있는 모범적인 사람이 되어야 된다고 보는 것입니다. 하나님이 그것을 바란다구요.

미국은 하나님의 이름과 새로운 교회의 이름으로 세워진 나라

여러분, 미국 국민이 생겨난 것이 사람의 뜻 가운데 생겨났다고 우리가 아무리 생각해도 그렇게 볼 수 없는 것입니다. 무슨 뜻 가운데 생겨났느냐 하면 하나님의 뜻 가운데 생겨났습니다. 이것은 미국 역사가 증거하는 것이요, 미국의 전통적인 섭리를 담당한 사람들이 또 그렇게 알고 온 것입니다.

만일 기독교가 없었더라면 미국은 절대 탄생할 수 없는 것

1. 청교도 이상을 중심한 미국의 건국

이라는 것입니다. 왜 그러냐? 미국에 현재 살고 있는 국민 구조를 보게 된다면, 이것은 구라파의 여러 나라에서 이동해 온 국민들이 합해 가지고 이루어졌다는 것입니다.

구라파 국가의 국민들을 생각해 볼 때에 구라파 나라는 전부가 원수 아닌 나라가 없어요. 전부가 원수라는 것입니다. 독일과 영국과 이태리 불란서 할 것 없이 전부가 원수라구요. 그러한 원수의 무리들이 와 가지고 어떻게 하나됐느냐 이거예요. 옛날에 독일 사람이고 불란서 사람이고 이태리 사람이고 영국 사람이고 네덜란드 사람이고 저 스칸디나비아 사람까지 전부 다 해적단인 이런 것들이 전부 다 역사를 두고 보면 원수인데, 어떻게 하나되느냐 이거예요? 하나될 수 없다구요.

이런 관점에서 볼 때, 이 무리들이 어떻게 미국 대륙에 건너간 주도적인 무리가 되었느냐? 그러한 무리들이 어떤 무리냐 하면, 구교의 반대를 받아 가지고 신교를 추앙하면서 새로운 하나님의 나라와 새로운 하나님의 교회를 중심삼은 뜻의 길을 추구하는 사람입니다. 그래서 나라에 몰리고, 할 수 없이 전부가 같은 사정에 몰려 가지고 온 무리들이 여기에 주도적인 입장에 선 미국 국민을 형성하는 데 있어서 특징적인 무리였다 이거예요. 이들은 교회를 위해서, 종교 때문에 나라를 버리고 국민한테 쫓겨나고 몰린 사람들이고, 할 수 없어서 하나님의 이름과 교회의 이름을 가지고 모든 것을 버리고 여기에 나온 사람들이라는 것입니다.

그렇기 때문에 자기 나라를 부정할 수 있고…. 자기 나라에서 자기들을 추방했기 때문에, 자기 나라에서 긍정받기보다도 부정받을 수 있는 환경에 몰렸기 때문에, 부정을 받게 된 동기는 영국 사람이나 불란서 사람이나 누구 할 것 없이 전부 다 교회 때문에 그랬기 때문에 '교회를 중심삼고 우리는 같다' 할 수 있었던 것입니다. 이래 가지고 모일 수 있었다는 것입니다.

여러분이 알고 있는 필그림 파더(Pilgrim Fathers;청교도)는 전부 다 영국이면 영국에 있어서의 새로운 의회까지 만들어 보겠다고 하다가 실패해 가지고 쫓겨난 무리들이에요. 청교도, 즉 퓨리턴들이 새로운 나라와 새로운 교회를…. 결국은 교회 때문에 다 모여온 것입니다. 지금부터 바로 2백년 전 독립군이 영국에 반항하게 된 것도 역시 영국의 구교 정신에 반항하여 청교도들이 쫓겨나게 된 것과 같은 그런 모든 원인이 있었기 때문에 반항을 했고, 여기서 독립정신의 기원을 가져왔던 것입니다.

자기의 조국을 반역할 수 있는 것도 보다 하나님의 나라를 위하는 데 있어서, 그 어느 교회보다도 그 어느 나라들보다도 더 훌륭한 나라를 만들고 더 훌륭한 교회를 만들겠다는 입장에서 결속했다는 것입니다. 이럼으로 말미암아 지금부터 2백년 전에 미국의 독립국가는 신교를 중심삼은 새로운 역사시대에 하나의 세계사적인 출발을 본 것입니다. 이것이 바로 미국입니다.

지금부터 2백년 전 독립군들의 실정을 한번 생각해 보라구요. 거기에는 영국 군대만 있었던 것이 아닙니다. 각 민족을 전부 다 규합해 가지고 싸우게 될 때, 이것을 수습하기 위해서는 무엇으로 수습했느냐? 우리는 하나님의 이름을 위해서, 부패한 서구 교회보다도 전진적이요 보다 더 이상적인 교회와 나라를 건국하자는 이념을 가지고 선동하지 않을 수 없었

1. 청교도 이상을 중심한 미국의 건국

다는 것입니다.

그러면 영국을 위해서 싸운다고 했겠어요, 프랑스를 위해서 싸운다고, 이태리를 위해서 싸운다고 혹은 스칸디나비아 반도의 어떤 나라를 위해서 싸운다고 했겠어요? 그럴 수 없다구요. 하나님의 이름으로, 우리의 새로운 자유의 신앙세계를 향하여 하나님의 이름으로 교회를 위해 싸운다고 그러지 않을 수 없다는 것입니다. 그게 역사적 사실이라는 것입니다. 그거 틀림없는 사실입니다. 그러니 하나님이 없었다면, 보다 차원 높은 이상적인 나라와 교회를 추구하는 그러한 기원이 없었더라면, 미국이라는 나라는 존재하지 않는다는 것은 결정적인 역사적 사실입니다.

하나님의 축복이 청교도들을 통해 미국으로 옮겨져

080 - P.240, 1975.10.24

미국 역사에 있어서 퓨리턴(Puritan;청교도)들이 뭐예요? 하나님의 뜻을 중심삼고 새로운 하나의 국회로 바로잡고, 더 럽혀지지 않은 하나의 새로운 교회를 만들자 하는 것이 청교도 운동입니다.

거기에서 그러한 의회를 만들고, 새로운 나라를 만들고, 하나님이 바라는 새로운 교회를 만들고 그래야 했는데, 새로운 체제를 갖추지 못하고 영국이 그냥 그대로의 틀을 중심삼고 반대하니 할 수 없이 새로운 나라를 찾아서 온 것입니다.

자, 영국이 그러한 새로운 신앙운동을 소화시켰더라면, 그 신교를 소화시켰더라면 그야말로 유나이티드 킹덤(United Kingdom;연합왕국)이 되는 것입니다. 그러면서 전세계의 식민지를 대해 가지고 하나님의 뜻을 이루기 위한 자기들의 정책수립을 하고, 교회와 하나되어 가지고 전세계의 인류에게 신앙을 집어넣어 전세계를 자기네 영국과 같이 건설해 주기 위해 노력했다면, 영국은 명실 공히 세계를 통일했을 것입니다. 하나의 세계를 만들었을 것입니다. 영국이 그렇게 했으면 세계를 제패했겠어요, 못 했겠어요? 제패했을 것입니다.

그런 전통을 세웠으면, 어떤 민족이든지 신앙의 자유를 바라는 민족을 전부 다 흡수해 가지고 소화시킬 수 있는 훈련이 영국에서 되어 있었으면, 미국 땅에 와 가지고도 신앙의 자유를 바라는 민족을 얼마든지 소화시켰을 것입니다. 그렇게 되었다면 여기에서 독립전쟁 같은 것은 일어날 수도 없었다는 것입니다.

결국은 무엇이냐? 영국이 그 책임을 못 했다는 것입니다. 영국은 명실 공히 하나님의 뜻을 받아 가지고 3차로 전세계 인류를 구해야 할 책임을 맡았는데도 불구하고, 지금까지 한 3, 4백년 역사과정에서 뭘 했느냐? 영국은 식민지를 영국을 위한 식민지로 삼았지 하늘을 위한 나라로 삼지 못했다는 것입니다. 그 실수를 우리는 여기서 알아야 되겠다구요.

여러분, 산업혁명이 영국에서 일어났고, 새로운 신앙운동과 오늘날의 민주세계의 의회제도도 영국에서 일어났고, 모든 것이…. 새로운 이런 신교 무대의 기수로서 세계의 선봉이 될 수 있게끔 제반 문명의 발생지가 영국이 된 것은 하나님의 섭리기 그렇기 때문에, 그렇게 됐다는 것을 그 누구도 모르고 있다구요.

예를 들어 말하면 영국이 인도를 3백년 동안 지배해 나왔는데, 인도 국민을 자기 국민보다 더 사랑하고, 인도 나라를 아

1. 청교도 이상을 중심한 미국의 건국

시아에서 하나님의 뜻을 세울 수 있는 하나의 중심국가로, 아시아를 움직일 수 있는 나라로 만들어 주었더라면, 영국은 망하지 않았다는 것입니다. 아시아를 지배하는 것입니다. 아시아를 식민지로 완전히 지배한다는 것입니다. 그랬겠어요, 못 그랬겠어요?

하나님의 뜻은 로마의 원수였던 잉글랜드에 양보되었다는 것입니다. 그거 틀림없다구요. 그 다음엔 이 잉글랜드의 복이 어디로 가느냐? 잉글랜드가 책임을 못 다했기 때문에, 세계를 구하는 책임을 못 다했기 때문에 이 축복이 어디로 옮겨진다는 것입니다.

하나님은 종교들에게, 기성종교들에게 반대를 받다가 신앙의 자유를 찾아 가지고 새로운 세계적 신앙을 만들고 새로운 신앙과 더불어 하나님이 주관할 수 있는 새로운 나라를 추구하는 퓨리턴들을 세웠는데, 그들이 세운 이 미국에 하늘의 축복이 영국으로부터 옮겨지기 시작했다는 사실을 알아야 된다구요.

2. 미국에 대한 하나님의 축복

왜 미국이 하나님의 축복을 받았는가

069 - P.027, 1973.09.03

미국이 축복받게 된 동기가 어디 있었느냐 하는 것을 우리 한번 생각해 봅시다. 어떻게 되어서 하나님이 축복을 해주었느냐? 이게 문제라구요. 남 잘사는 나라에 침범해 가지고 전부 다 약탈하고, 전부 다 땅을 빼앗는 그런 사람을 좋아하는 하나님이냐 이거예요. 여러분이 그것을 생각해 보라구요. 하나님이 그런 자리에 선 퓨리턴들을 왜 축복해 주었느냐 하는 것이 심각한 문제라고 생각합니다.

퓨리턴들은 서구에 있어서 부패한 기독교, 즉 구교 앞에 탄압받는 새로운 신흥 종교인들로서 신교 사상을 가지고 혁신적인 새로운 종교를 추구했던 것입니다. 하나님을 누구보다도 사랑하고 하나님을 위하고 하나님을 높이는 사상으로 일치된 무리들이 퓨리턴이었다는 것입니다. 이런 사람들은 나라를 버리더라도, 나라보다도 하나님을 더 사랑한 것입니다. 즉 지금까지 자기가 살고 있는 조국을 버리고, 가정을 버리고, 교회를 버리고라도 하나님을 더 사랑하겠다는 일념에 사

2. 미국에 대한 하나님의 축복

무친 무리가 퓨리턴들이라는 것입니다.

하나님도 그런 사람을 찾고 있는 것입니다. 자기 가정보다도, 자기 나라보다도, 그 무엇보다도 더 하나님을 사랑하는 그러한 사람을 찾고 있는 하나님 앞에 딱 일치되는 그 점이 문제라는 것입니다. 하나님이 '나를 사랑하기 위해서 가정을 버렸고 나라를 버렸으니, 나는 네 앞에 가정을 주고 나라를 주겠다' 하고 책임을 지지 않을 수 없다는 것입니다.

'만약 네가 버린 그 가정을 다시 세우는 과정에 있어서 사탄, 또는 어떤 사람이 반대하게 되면 그들을 칠 것이고, 네가 세우고자 하는 교회를 세우는 데 반대하게 되면 내가 칠 것이고, 네가 세우고자 하는 나라를 세우는 데에 반대하면 내가 칠 것이다' 하는 하나님의 약속이 그들의 마음에 있었던 것입니다.

그렇기 때문에 퓨리턴들은 인디언들이 살고 있는 아메리카 대륙에 들어와서 자기들의 가정을 세우고, 교회를 세우고, 나라를 세울 수 있는 축복의 인연을 가질 수 있었고, 인디언들이 여기에 반대적인 입장에 선다면 그들을 때려잡아도 하나님이 용서할 조건이 성립되어 축복을 받을 수 있었다 하는 것을 여러분이 알아야 됩니다.

하나님은 이 퓨리턴들이 고독한 자리에서 대서양을 건너게 될 때, 생명을 걸고 건너는 무리들에 대해서, '너희들이 잃어버린 가정과 너희들이 잃어버린 교회와 너희들이 잃어버린 나라 이상의 것을 내가 세워 줄 것이다' 하는 결심을 하나님 자신도 하지 않을 수 없었을 것이 아니냐 이거예요.

이들의 매일 생활은 하나님을 떠난 생활이 아니었습니다. 하나님을 떠나지 않고 하나님을 중심삼고 살았습니다. 산으

▲ 미국 양키스타디움대회 전경(1976.6.1).

로 나무하러 가더라도 하나님을 믿으면서 '하나님, 오늘 지켜 주십시오' 하면서 다녔습니다. 자기 혼자서 어느 들이나 산을 넘어서 어디를 찾아가든지, 어떤 자리에서나 하나님을 대하며 하나님과 더불어 나가고자 했습니다.

이들이 불시에 인디언의 습격을 받을 때는 '하나님이여, 당신이 원하는 나라와 당신이 원하는 가정을 이 나라에서 우리가 세우고 싶어서 온 것이 아니요? 당신이 지켜 줄 수 있는 약속을 믿고 왔으니 그 믿음을 중심삼고 이 뜻을 위해서 저들을 물리쳐야겠습니다' 했다는 것입니다. 총칼을 들 때는 하나님을 위해서 들었다는 것입니다.

그래서 미국이란 나라는 어떤 나라냐 하면 신교를 중심삼은

2. 미국에 대한 하나님의 축복

하나의 건국 사상을 가진 독특한 나라인 것입니다. 독립전쟁을 할 때 그들은 소수의 병력을 동원해 가지고 영국과 싸우면서도 신앙의 자유를 위해서 단결해 가지고 하나님을 보다 높은 차원에서 사랑하기 위해 총칼을 들었다는 것입니다.

본국에 대해서 총칼을 들었으면 역적입니다. 역적. 그런데 어떻게 돼서 하나님의 축복을 받았느냐? 하나님을 그들보다도 더 사랑하기 위해서 총을 들었기 때문입니다. 즉 영국인들은 자기 나라와 자기 국민을 위해서 창을 들었고 자기들의 권위와 자기들의 위치를 위해서 총을 들었지만, 여기에서는 하나님만을 위해서 총을 들었기 때문에 하나님이 독립전쟁의 승리를 미국에다 갖다 주지 않을 수 없었던 것입니다.

미국이 건국 사상을 자랑하고 미국을 개척한 퓨리턴의 개척 사상을 자랑하기 위해서는 하나님을 더 사랑하는 사상을 가져야 합니다. 이것이 미국 국민이 가져야 할 사랑의 줄기가 아니겠느냐. 하나님은 이 나라와 더불어 있고 싶어서 축복해 준 것입니다. 아내가 남편을 위해서 모든 생활을 하면 남편은 아내를 축복해 주고 거기에 있고 싶은 것이 아니냐 이거예요. 하나님도 마찬가지라구요.

미국이 그러한 입장에 섰기 때문에 같이 있고 싶고 축복해 주고 싶은 것은 당연한 이치라구요. 거기에 이의가 없는 것입니다. 가정에서도 하나님을 중심삼고, 교회에서도 하나님을 중심삼고, 학교에서도 하나님을 중심삼고, 정부에서도 하나님을 중심삼아 가지고 모든 것을 처리해 나갔기 때문에 하나님이 미국과 같이 있고 싶어서 축복해 주었다는 결론은 타당한 것입니다.

하나님을 중심삼고 하나의 나라를 이루었기 때문에 축복받은 미국

080 - P.247, 1975.10.24

하나님의 뜻은 초민족적인 것입니다. 그러면 미국으로 복이 옮겨진 것은 무엇 때문이냐? 미국으로 구라파 민족 전부가 이동한 것입니다. 무엇 때문에? 신앙 때문에. 구교를 반대하고 새로운 이상적 신앙을 위하여 전부 다 몰려온 것입니다.

구교를 반대하는 신교라는, 그러한 운동의 배경이 없었으면 미국이라는 나라가 나올 수 없었다는 것입니다. 신앙의 자유 때문에 여기에 왔습니다. 그런 스페인도 천주교파요 네델란드도 천주교파인데 이들이 와 가지고…. 그 다음에 영국 자체가 자기들이 원치 않는 신앙 기준이라 해서 반대하지, 여기에 오니 인디언의 공포가 있지 스페인의 위협이 있지 네델란드의 위협이 있지, 다 이렇게 되니까 할 수 없이 신앙을 유지하기 위해서도 신교운동이라는 그 기준을 중심삼고 단결하지 않을 수 없었습니다.

기독교가 없었더라면, 신앙의 자유를 중심삼은 이것이 없었더라면 여기에 초민족적으로, 구라파 여러 나라의 알맹이 알맹이가 갈라졌으면 갈라졌지 절대 하나될 수 없었다구요. 결국 자기 신앙을 유지하기 위해서는 할 수 없이라도 하나되어야 했다는 것입니다.

영국이 와서 그러지, 이거 스페인이 와서 그러지, 뭐 불란서가 그러지, 옛날에 반대 받아 가지고 이곳에 왔는데도 불구하고 또 따라와서 여기를 지배하려고 하니 신교를 사랑하는 사람들이 전부 다 단결해 가지고 공격을 한 것입니다. 이것이 독립전쟁입니다.

그러니 생명을 걸어 놓고 싸운 것입니다. 독립전쟁을 보면

2. 미국에 대한 하나님의 축복

영국군을 대해서 독립군들이 싸워 이긴다고는 꿈에도 생각 안 했다구요. 그 누구도 독립군들이 영국을 이긴다고는…. 그때에는 세계의 태양 같은 영국이었다구요. 세계 어디를 가든지 전부 통하는 그런 영국을 대해서 미국에 있는 독립군들이 싸워 이긴다고는 그 누구도 생각지 못했다는 것입니다. 그때 독립군들도 할 수 없이 싸웠지 이긴다고 생각할 수 없는 환경이었다는 것입니다.

그러면 어떻게 이겼느냐 이거예요. 하나님이 보우하사, 하나님이 보우하사…. 그럼으로 말미암아, 독립전쟁에서 승리함으로, 이김으로 말미암아 그들은 그야말로 하늘이 같이 있다는 것을 알았습니다. 이래 가지고 '우리가 종합해 가지고 하나의 나라를 이루자' 해서 '원 네이션 언더 갓(One Nation Under God;하나님 아래의 하나의 나라)' 이라는 표제 밑에 신교를 중심삼은 하나의 이상적 국가를 형성하게 된 것입니다. 이것이 미국이라는 독립국이라는 것입니다.

초민족적으로 하나되었다는 것은 하나님의 뜻입니다. 하나님이 원하시는 뜻입니다. 지금도 이 미국은 앵글로색슨 민족이라는 것을 중심삼아 가지고 흑인을 반대하고 있는데, 이건 미국의 복을, 하나님으로부터 받은 축복을 깨뜨려 버릴 수 있는 원수를 위한 것입니다.

영국의 복을 인계받고 그 다음에는 누가 세계를 맡았느냐? 미국, 이 종합 민족이 이어받았습니다. 하나님의 사랑과 기독교 사상을 중심삼아 가지고 새로운 초민족적 기반을 형성한 이 미국 국민이 세계를 다시 책임 맡았다는 것입니다. 역사 이래에 이런 것은 처음입니다.

미국은 하나님을 중심삼은 세계의 중심이자 대표가 되는 나라

073 - P.319, 1974.08.10

하나님께서는 섭리의 뜻을 기필코 이 지상에 이루셔야 되는 것입니다. 그러면 뜻이 이루어진 결과는 무엇이냐? 그것은 이 세계 만민을 구하고 그들을 하나님이 전부 다 주관하는 것입니다. 그럴 수 있기를 바라는 것이 섭리의 뜻이 아닐 수 없습니다. 그러한 뜻이 이루어진 세계는 과거·현재·미래를 통해서 개인적으로 보나, 가정적으로 보나, 혹은 교회적으로 보나, 종족적으로 보나, 국가적으로 보나, 전부 다 절대적인 하나님의 주관을 받아야 할 입장에 서는 것입니다. 그렇기 때문에 세계적인 중심이요, 세계를 대표하는 존재들이 안 되면 안 된다는 것입니다. 이 사탄세계의 어떤 나라보다도 더 강력한 한 나라가 성립되지 않으면 안 된다는 결론이 나오는 것입니다.

이런 관점에서 볼 때, 하나님을 중심삼고 종교를 대표한 기독교를 대표해서 그런 국가이념을 가진 나라가 이 세계에 있지 않으면 안 된다는 것입니다. 나는 그러한 나라가 이 세계에서 미국이라고 보는 것입니다.

여러분이 잘 아시다시피 이 미국이 지금으로부터 2백년 전에 건국하게 된 동기는 하나님을 사랑하고 예수님을 사랑하고자 한 데 있습니다. 그러한 수많은 종족들이 구라파에서 여기에 와 모여 가지고 이 나라가 형성된 것입니다. 이 나라의 건국사상 가운데 가장 중요한, 여러분이 자랑하고 있는 것이 뭐냐 하면, 하나님 아래 하나의 나라(One Nation Under God)'라는 것입니다. 이것을 주장하는 나라는 미국뿐입니다.

그 하나의 나라는 하나님을 중심삼은 나라를 말합니다. 그

2. 미국에 대한 하나님의 축복

러므로 이 나라는 역사를 대표하고 인류를 대표해 가지고, 개인적으로 보나 가정적으로 보나 교회적으로 보나 민족적으로 보나 국가적으로 보나 세계의 중심이요 대표인 동시에 하나님의 마음 가운데 중심이요 세계의 대표 될 수 있는 그러한 국민이 되어야 하고, 그러한 나라가 되어야 하고, 그러한 교회들이 되어야 한다고 보는 것입니다.

이 미국은 하나님으로 말미암아 시작된 나라이기 때문에, 하나님을 중심삼은 종교를 이어 가지고 명실공히 세계를 움직여 가지고 하나님의 나라로 돌아가게 할 수 있는 대표적인 나라가 되지 않으면 안 된다고 보는 것입니다. 그렇기 때문에 하나님을 잘 믿는 사람들이 수많은 나라로부터 와서 모여 가지고 형성된 국가는 단 하나, 미국밖에 없는 것입니다.

미국에 대한 축복은 하나님과 인류를 위한 것

073 - P.320, 1974.08.10

미국이 하나님과 완전히 하나되는 날에는, 중심이 되는 날에는 각국에 영향을 미칠 수 있는 인연의 관계를 스스로 갖게끔 하늘은 섭리하신다고 봅니다. 그렇기 때문에 미국이라는 나라는 미국 자체를 위해서 있다고 보지 않는 것입니다. 이 나라는 인류를 대표한 국가로서 등장해야 된다는 말인 것입니다. 이 나라 국민은 전세계 인류를 옹호해 가지고 하나님의 형제로서 그들을 이끌고 가지 않으면 안 된다고 보는 것입니다. 이 나라의 경제력도 미국 자체를 위한 것이 아니라 전세계 인류를 돕도록 하기 위해 하늘이 축복한 것이라고 보는 것입니다.

내가 미국에 와 가지고 놀란 것은, 센트에서부터 달러까지 여러분이 쓰고 있는 어떠한 돈에도 '우리는 하나님을 믿는다 (IN GOD WE TRUST)'라는 말이 새겨져 있는 것이었습니다. 과연 하나님은 하나님을 위해서, 세계 인류를 위해서 하나님이 이 나라를 축복했다고, 과연 이 나라는 하늘이 택한 하나의 나라가 아닐 수 없다고 생각했습니다.

그렇기 때문에 하나님이 이 나라를 택하셔서 축복하신 것은 세계를 구하는 데 도움이 될 수 있도록 하기 위함이었다고 결론지어 말씀드립니다. 미국은 구라파나, 아시아나, 전세계를 붙들고 하늘로 끌고 갈 책임이 있다고 보는 것입니다.

그러면 그러한 나라로서 책임할 수 있는 시대가 어느 때부터였느냐? 2차대전 이후부터 그러한 시대가 왔다고 보는 것입니다. 구라파에 대한 책임을 지고, 아시아에 대한 책임을 지고 일하던 입장이었을 때는 하늘이 기대를 가질 수 있었을 때가 아니냐? 그러던 나라, 미국이 구라파에서 손을 떼고, 아시아에서 손을 떼고, 월남에서 손을 떼고 자기를 중심삼고 줄어 들어가는 현실의 입장을 볼 때, 하나님의 본래의 뜻인 '하나님 아래 하나의 나라(One Nation Under God)'에 일치되지 않는 자리에 서 있지 않느냐 하는 것을 생각하게 됩니다.

하나님이 미국을 축복하지 않을 수 없었던 이유

069 - P 105, 73.10.21

하나님이 볼 때 세계 도상에 이런 무리는 처음이라고 생각할 수 있는 것입니다. 부패한 로마 교황청을 그냥 믿을 수 없는 것을 아시는 하나님은 이러한 무리를 찾고 있었는데, 잘 만났다고 축복을 안 해줄 수 없습니다.

2. 미국에 대한 하나님의 축복

206 - P.012, 1990.10.03

여러분의 선조들이 고향을 떠나게 된 동기가 다른 사람들과 다른 것이 뭐냐 하면, 세계를 구할 수 있는 나라와 자유의 신앙의 조국을 추구하면서 떠났다는 것입니다. 이게 다르다구요. 로마 교황청을 넘어서 세계를 구하겠다는 이 사상이 하나님이 바라시는 사상과 일치하기 때문에 하나님이 축복을 안 해줄 수 없다구요. 역사시대에 기독교가 자라 나온 과정은 죽음의 골짜기를 파 나왔다는 것입니다. 죽음의 골짜기에서부터 시작한 것입니다. 인간에 있어서 제일 비참한 자리, 피 흘리는 순교의 자리에서부터 신교(新敎)는 발전해 나온 것입니다. 이래 가지고 쭉 투쟁해 나온 것입니다. 기독교의 이상은 높지만, 그 뜻은 세계의 평화요 통일의 세계에 있지만, 그 길을 가려 가기 위해서는 그것을 지탱시킬 수 있는 뿌리 기반을 닦아 나와야 된다는 것입니다. 그렇기 때문에 기독교는 희생해야 했습니다. 전체가 피땀 흘리는 과정을 거쳐 가지고 역사시대 어디를 가든지 전부 그늘의 자리에서부터 시작한 것입니다. 핍박을 받은 것입니다. 이렇게 수천년을 싸워 가지고 세계적 기반을 닦아 나온 것입니다.

069 - P.102, 1973.10.21

신교의 독립국이 어디냐 하면 미국입니다. 구교와 신교, 가인 아벨이 싸워 가지고 아벨을 중심삼고 구라파 전체 가톨릭 주권국가들이 반대하는 환경을 넘어서, 반대하는 그 나라보다도 더 훌륭한 나라를 찾아서, 신앙의 자유와 평화의 하나님 뜻을 향해서 102명이 메이플라워(Mayflower)호를 타고 대서양을 건넌 퓨리턴들의 역사를 보면 비참한 것입니다.

여러분이 잘 아는 메이플라워호가 겨울에 뉴잉글랜드(New England)에 도착한 것을 여러분이 잘 알고 있습니다. 11월이면 추운 겨울이라구요. 겨울. 겨울에 도착했습니다. 도착해 가지고는 춥지, 먹을 식량은 떨어졌지, 이거 전부 다 굶어 죽는 사태가 벌어지게 되었습니다. 그렇지만 그들이 훌륭했던 것이 뭐냐 하면, 먹을 것이 떨어져 갔지만 명년을 위하여 씨앗을, 종자를 남겨 놓고 굶어 죽어 갔다는 것입니다.

069 - P.105, 1973.10.21   41명이 남은 메이플라워호의 무리들을 인디언이 죽이지 않고 환영했다는 것을 알고 있습니다. 인디언이 전체를 휩쓸어서 공격했더라면 하나도 안 남았을 것인데 어떻게 되어서 이들을 환영했느냐? 이러한 사실은 기적입니다. 그때에 만일 인디언들이 그들을 죽여 버렸으면 필그림 파더(Pilgrim Fathers)란 말이 안 나오는 것입니다. 이것을 보면 틀림없이 하나님이 이들을 종자로 삼아 가지고 하나님의 뜻을 이루기 위한 세계적인 기반을 이 나라에 세우고 싶은 뜻이 있었다는 것을 엿볼 수 있는 것입니다.

　이래서 점점 이민이 불어가게 됨으로 말미암아 인디언 지역을 침입하는 이런 놀음이 벌어지게 된 것입니다. 이 미국 역사에 이런 놀음이 벌어진 것은 이상한 것입니다. 하나님이 계신다면 말입니다. 인디언이 잘살고 있는 지역, 남의 지역에 함부로 들어온 것은 침략인데 왜 인디언들을 전부 다 학살시켜 없애 버리고 이 침략자들을 수호했느냐? 이게 문제라구요. 어떻게 축복해 줬느냐 이거예요. 하나님은 집을 버리고 고향을 버리고 나라를 버리고 세계적인 자유의 천국을 꿈꾸고 나온 이들이 수난길을 가는 데 있어서 그 길의 몇 백 배 몇 천 배의 축복을 해주겠다는 약속을 해 가지고 그 길을 열어 주려고 하는 입장에 있는데 인디언늘이 이것을 막으니 막으

2. 미국에 대한 하나님의 축복

라고 그냥 두었다가는 이 뜻을 못 이루겠기에 인디언들을 제거시키지 않을 수 없었다고 보는 것입니다. 그렇게 밖에는 해석할 도리가 없는 것입니다.

그렇기 때문에 그때에 청교도들이 인디언과 싸우게 될 때는 그저 총대를 붙들고도 하나님 앞에 기도하고 개척하면서도 나무를 붙들고 기도하고 자나 깨나 어디를 가나, 아기를 재우나 여편네를 두고 나가나 언제 습격을 받을지 모르니 언제나 하나님 앞에 맡기고 전부 다 하나님을 중심으로 해 가지고 일체 활동을 하지 않을 수 없는 입장이었던 것을 잘 알고 있다는 것입니다.

만약에 부처끼리 농사를 짓고 부처끼리 지낸다 하더라도 자기들이 거기에서 잘살고 재미있게 살기 위해 사는 것이 아니라 하나님의 뜻을 위하여 개척하면서 산다고, 그렇게 맹세하면서 살았을 것입니다. 자기들이 재미있게 살고 자기 아들딸 거느리고 재미있게 살겠다고 그런 기도를 했을 것 같아요? 추수하여 큰 수확이 있거든 그들은 자기들이 수고해 가지고 거두었다고 꿈에도 생각지 않고 전부 다 하나님이 도와 주셔서 큰 수확을 거두었다고 생각했을 것입니다.

그렇기 때문에 자기의 것을 몽땅 들여 가지고 교회를 짓기에 열심을 다하였던 것이 아니냐? 그래서 교회 가는 길은 제일 좋은 길로 닦은 것입니다. 자나 깨나 하나님을 위주로 해 가지고 하나님을 위하는 데 전심전력한 것이 아니냐는 것입니다. 그들은 구라파에서 나 가지고 신앙의 자유의 나라를 위해서 왔기 때문에 그들은 기필코 구라파 이상의, 구교가 지배하는 구라파 이상의 마을을 만들고 환경을 만들고 나라를 만들겠다고 맹세했을 것이 아니냐 이거예요. 고생이 막심하면

막심할수록 그것이 앞으로 전진할 수 있는, 구라파 이상의 하나님의 나라를 꿈꿀 수 있는 동기가 되었다고 우리는 보지 않을 수 없습니다.

그 다음에는 학교를 짓는 놀음을 했다는 것입니다. 미래를 위해서 구라파를 능가할 수 있는 아들딸로 교육을 하겠다고 결심했을 것입니다. 그리고 그 다음에야 자기들의 집을 지었다는 것입니다. 자기 집을 지었어도 자기가 살 집이 아니라 하나님 앞에 바친 집에서 살고 있다고 생각했을 것입니다. 그들은 틀림없이 그랬을 것입니다. 그렇기 때문에 교회에도 하나님이 계시고, 학교에도 하나님이 계시고, 가정에도 하나님이 계시고, 직장에도 하나님이 계시고, 잘 때에도 하나님 앞에 맡기고 일체 하나님을 위주한 생활을 한 것이 아니냐 이거예요.

영국이 책임 못 함으로 인해 하나님의 복을 이어받은 미국

080 - P.141, 1975.10.21

로마가 책임을 못 했을 때 축복이 로마의 원수였던 영국 민족에게 옮겨졌고, 영국이 책임 못 함으로 말미암아 이것이 누구에게 옮겨지느냐 하는 문제가 벌어졌던 것입니다. 그렇다고 딴 곳으로 갈 수 없다는 것입니다.

이래서 기독교가 원수가 되고, 싸움이 계속되는 이러한 마당에서 결국은 기독교의 새로운 사상을 중심삼은 무리들이 새로운 신앙의 자유를 찾아 가지고 북미를 중심으로 결속하여 독립운동을 함으로 말미암아, 영국과 대항하여 그것을 이김으로 말미암아 비로소 미국이 영국의 복을 이어받은 것입

2. 미국에 대한 하나님의 축복

니다.

메이플라워호를 타고 여기 미국에 온 필그림 파더니 하는 무리는 어떠한 무리냐? 청교도입니다. 그들은 뭐냐 하면 그 국토를 하나님의 이름으로, 교회를 하나님의 이름으로…. 순수한 하나님의 뜻을 중심삼은 하나의 나라를 구상하여 보자 하는 그런 대표적 무리들이 바로 필그림 파더라는 것입니다. 하나의 나라, 이상적인 나라를 만들자는 것입니다.

그래서 미국에는 신교 믿는 사람들이 많아야 돼요. 본래 올 때는 전부 다 신앙의 자유를 위해 가지고 하나님의 뜻을 찾아온 사람들입니다. 구라파에서 반대 받아 가지고 쫓겨온 무리들입니다. 그래 가지고 미국에 와서는 어렵더라도 그저 생명을 다해 가지고 극복하고, 하나님의 이름으로 끝까지 싸운 것입니다. 인디언들과 싸우고, 그 다음엔 스페인이라든가 어떤 나라의 위협이 있더라도 그것을 극복하면서 하나님의 이름으로 싸워 나왔다는 이 사실이 놀랍다는 것입니다.

그러면서 신교운동을 기반으로 하는 하나의 국가 형태를 갖추었는데, 그것이 하나님의 축복을 받을 수 있는 좋은 기반이 되었습니다. 그래서 미국이, 이러한 국민들이 전부 다 초민족적으로 결속했다는 사실이 놀라운 것입니다. 만약 스페인이 없었고, 인디언이 없었고, 그 다음 구교가 반대하는 것이 없었다면 이게 하나 안 된다는 것입니다.

단 한 가지 하나될 수 있게 한 것이 신앙입니다. 독일 사람이나 이태리 사람이나 영국 사람은 서로 원수의 나라 사람들이지만 전부 다 하나된 것입니다. 예수님의 이름으로 새로운 신앙의 자유를 찾기 위해서 단결했다는 것입니다. 하나님의 뜻 가운데서 하나님의 이름으로 모든 민족들이 하나되었다는 것입니다. 이러한 국가의 형성을 봄으로 말미암아 그것이 하나님의 뜻을 대표할 수 있는, 하나의 세계사적인 축복을 받을 수 있는 터전이 되었다는 것입니다.

그래서 영국이 책임져야 할 복이 어디로 옮겨졌느냐? 미국이 20세기에 있어서 세계사적인 하나님의 뜻을 대표하는 복을 이어받는 대표 국가가 된 것입니다. 이래서 미국은 명실공히 1차, 2차대전을 중심삼아 가지고 주도적인 역할을 한 것입니다. 그거 영국이 이겼다고 봐요? 미국이 없었으면 아무것도 아닙니다. 역사적 사실이 그렇다는 것입니다.

하나님의 이름으로 축복받은 미국이 해야 할 책임

080 - P.142, 1975.10.04

오늘날 '하나님 아래 하나의 나라'란 이름으로, 신교를 중심으로 세워진 미국에 세계를 구도해야 할 하나님의 뜻이 있다는 사실을, 역사적인 이런 섭리적 관을 통해서 우리는 확실히 알아야 되겠습니다.

그러면 이 민족이 하나되어야 하는 것은 무엇 때문이냐? 미국 때문에 하나되는 것이 아닙니다. 하나님의 뜻 때문에 하나되어야 된다는 걸 알아야 돼요. 미국 때문이 아니에요. 하나님의 이름으로, 하나님의 이름으로…. 하나님의 축복을 만민 앞에 나타내기 위해서 하나되어야 하는 것을 알아야 됩니다. 기독교의 사랑을 중심삼은 미국 땅에서 흑인을 박대하는 이거 다 안 된다는 것입니다.

이럼으로 말미암아 앞으로 흑인이 복을 받을 수 있는 좋은 찬스가 벌어진다구요. 이 나라가 세계적인 섭리관을 갖고서

2. 미국에 대한 하나님의 축복

어떤 민족이든지 안아 소화시킬 수 있는 나라가 된다면 하나님의 축복을 이어받을 수 있다는 것입니다. 하나님이 그것을 원하시겠어요, 안 원하시겠어요?

그렇지만 내가 이 나라에 와서 볼 때, 이 나라에 아직까지 앵글로색슨 민족을 위주한 이런 정신 자세가 남아 있다는 것은 사실입니다. 레버런 문을 반대하는 데도 그런 유(類)의 사람들이 섞여 있다는 것을 알고 있습니다. 레버런 문을 반대하면 흑인이, 아시아 사람이 하나될 것입니다. 그럴 수 있다구요. 그렇기 때문에 레버런 문이 이 나라에 있어서 우습게 보고 지나갈 사람이 못 된다는 사실을, 역사적으로 큰 문제의 인물이라는 것을 알아야 된다구요.

그러면 이 미국이 무엇을 해야 되느냐? 세계의 기독교를 보호해야 됩니다. 기독교 국가를 결속시켜야 됩니다. 그래서 하나님의 뜻인 천국화 운동, 지상 복지화 운동을 세계적으로 전개해야 되는 것입니다. 이 나라의 먹을 것이 많아 가지고 뚱뚱이가 되어 있는 그런 사람을 전부 다 안 먹이더라도, 불쌍한 인도 사람, 아시아 사람, 혹은 아프리카 사람을 먹여 살려야 할 책임이 있다는 것을 알아야 됩니다.

진정히 형제와 같이 사랑했더라면 오늘날 미국이 유엔에서 고립되는 입장이 절대 안 된다는 것입니다. 2차대전 직후를 중심삼아 가지고 전세계를 미국이 완전히 맡았다구요. 그런 입장에 있었습니다. 유엔을 만들어 가지고 기독교 국가들을 완전히 결속하여, 하나의 주체국으로서 세계적인 조직을 중심삼고 강력한 체제를 만들어 가지고 하나님의 뜻의 갈 길을 강화시켜야 할 것이 미국의 책임이라고 보는 것입니다.

지금까지 기독교사상을 가졌던 영국과 달리, 로마와 달리 새로운 초민족적 기독교사상을 중심삼아 가지고 세계에 영향을 미쳐야 되는 것입니다. 로마 민족과 달리 영국의 앵글로 색슨 민족과 달리 세계에 영향을 미쳐야 되는 것입니다.

기독교의 2천년 역사를 탕감하기 위해 축복받은 미국

081 - P.240, 1975.12.28 하나님이 계신다면, 어찌하여 이 인디언을 학살한 서구에서 온 이 민족, 미국 민족을 축복해 줘 가지고 세계에 없는 부국을 만들었느냐? 그건 역사가가 있어서 아무리 연구해도 모르는 것입니다. 미국은 영국의 식민지였지만 선의에 입각한 퓨리턴, 필그림 파더들을 중심삼고 결속됐습니다. 신대륙을 중심삼고 새로운 나라와 새로운 민족이 결속됐습니다. 그래서 초민족적입니다. '신앙의 자유를 위해서는 구라파 제국의 국경을 중심삼은 민족 감정을 해소해야 된다' 며 초민족적인 결속을 하여 하나님이 지도할 수 있는 새로운 한 나라, 이상적인 나라를 꿈꾸는 무리가 있어서 결국 그들이 독립군을 일으켜 가지고 영국을 대항해 싸웠습니다.

그때 대영제국은 지금부터 2백년 전의 영국 세력은 천하무적이었습니다. 그 대영제국이 큰소리치면 날아가 버릴 수 있는, 무기도 없는 독립군 일당이 대영제국과 대항해 승리할 수 있었다는 것은 꿈같은 얘기라구요. 워싱턴이 잘나서 이긴 게 아닙니다. 초민족적인 결속을 하여 하나님의 뜻을 세우려는 뜻이 있으니, 새로운 세계적인 나라와 새로운 세계적 국가를 위하여 하나님의 뜻을 실천할 수 있는 하나의 터전을 선택한 자리에 섰으니 미국이 2백년 동안 복을 받은 것입니다. 그 2

2. 미국에 대한 하나님의 축복

백년은 뭐냐? 지금까지 2천년 동안 기독교가 실수한 것을 2백년 동안에 재차 정비하는 기간입니다.

　성경 말씀을 보면 '하나님과 물질을 겸하여 섬기지 못한다'고 했다구요. 그렇지요? 기독교는 지금까지 돈하고는 상관없었다는 것입니다. 기독교는 전부 다 버리고 도망다니면서 발전했는데, 그 미국이란 나라에 왜 물질적인 축복을 해줬느냐? 예수님이 죽었기 때문에 기독교는 영적 기독교입니다. 몸뚱이를 잃어버렸기 때문에 기독교는 영을 위주해서 해야 되는데, 로마를 통해서 세계 제패를 꿈꾸었던 것입니다. 그런데 기독교가 영적 기준을 중심삼고 외적인 국가와 단합해 가지고 세계 제패를 해야 되는데 못 했고, 영국을 중심삼고도 못 했으니, 1차, 2차, 3차까지 와 가지고 미국에서 성사해야 되는 것입니다. 원리적으로 보면 3차 만에 성공하게 되거든요. 영적 기독교문화권을 이어받아 가지고, 로마가 실패했고 영국이 실패했으니 이제 미국에 와 가지고 3단계 만에 성사해야 되는 것입니다. 원리적으로 보면 그렇다는 것입니다.

　그래서 미국 땅에 와서는 기필코 승리해야 되는 것입니다. 하나님의 뜻이 뭐냐? 예수님의 영과 육이 갈라졌기 때문에, 육이 사탄의 침범을 받았기 때문에 육적 분야에 해당하는 동양 문명권을 포섭 못 한 것을 세계를 일주해 다시 포섭하는 것입니다. 세계를 일주하는 것입니다. 본래는 기독교가 서구로 가는 것이 아니에요. 로마로 가는 게 아닙니다. 로마제국이 원수가 됐기 때문에, 이스라엘 나라가 책임 못 함으로 로마제국이 이스라엘 나라의 복을 빼앗아 갔으니, 그걸 다시 찾기 위해서 로마에 들어가서 싸워서 찾아내야 됩니다. 그래 가지고 반대로 돌아오는 거예요, 반대로. 그래서 이 서구문명,

기독교문명은 영적 문명권을 중심삼고 미국에 가 가지고 일대 세계적인 축복을 다 흡수했습니다. 그래 가지고 초민족적인 국가로서, 하나의 자유적인 신앙이념을 중심삼은 신교 독립국가로서 등장한 것이 바로 2백년 전의 미국의 독립입니다.

　세계에 이런 나라가 없습니다. 단일민족도 많은데, 혼합 민족이 남아져 싸워 가지고 나라가 형성될 수 없는데도 불구하고 용케도 나라가 형성됐고, 망할 수밖에 없는 민족적인 속성인데도 불구하고 용케도 발전해 나왔던 것입니다. 그건 미국 사람들이 잘 났기 때문이에요? 내가 아무리 봐도 그 사람들이 잘난 것이 없습니다. 그거 이해해요? 하나님이 보호하사 서구라파의 구교라든가 서구와 기독교문명권 내에 잘난 사람이 있으면 미국이 국가와 민족을 넘어서 흡수하는 것입니다. 이것이 미국이 하나님의 축복을 받을 수 있는 특이한 성격입니다. 세계적인 성격, 초민족적인 민족성을 포괄할 수 있는 자유주의적인 기독교사상을 부활해 가지고 세웠기 때문에, 신교 독립국가로서 세계 최후의 역사적인 사명을 짊어지고 미국이 등장한 것입니다.

2차대전을 통해 미국이 선택받은 나라가 된 이유

204 - P.285, 1990.07.11　해와가 타락해 가지고 가인 아벨을 낳았기 때문에 이걸 탕감해야 됩니다. 2차대전에 있어서 그와 같은 탕감이 뭐냐? 섬나라 영국은 여자입니다. 아벨은 대륙의 남자 미국이고, 불란서는 천사장과 마찬가지입니다. 영국과 원수였어요. 그리고

2. 미국에 대한 하나님의 축복

해와 되는 영국이 낳은 아들이 미국입니다. 그렇기 때문에 미국이 아벨적 입장에 서 가지고 천사장 입장에 있는 불란서와 하나되어야 되는 것입니다. 영·미·불, 이 세 나라가 하늘편을 대표한 것입니다.

그리고 사탄편의 세 나라가 섬나라 일본과 독일, 이태리입니다. 일본이 대동아전쟁을 일으켰습니다. 하나님의 뜻은 대동아를 점령하는 것이었기 때문에, 섬나라 일본이 대동아를 전부 다 점령하는 걸 볼 때…. 불란서의 점령국이 월남이고, 영국의 점령국이 싱가포르입니다. 위대하다고 하던 영국과 불란서가 순식간에 원수가 돼 있던 조그마한 섬나라 일본에게 다 녹아났다는 것입니다. 독일의 히틀러가 그래서 힘을 얻은 것입니다. '야, 이거 아무것도 아니구나!' 이래 가지고 일본의 본을 받고, 영향을 받아 가지고 2차대전 일으킬 것을 확정지어서 밀어대기 시작한 것입니다.

그렇기 때문에 2차대전 때 추축국으로서 주도적 역할을 한 것이 어디냐? 독일이 아닙니다. 일본입니다. 여기서 일본이 독일과 하나되고 이태리와 하나되어 가지고 추축국으로서 전부 다 한 것입니다. 일본은 해와국가니까, 아마데라스오미카미(天照大御神)라는 여신을 숭배한 것입니다. 그 일본이 기독교 박해의 대표자 독일의 히틀러와 이태리를 중심삼아 가지고 세계 판도 점령을 위한 싸움을 벌인 것입니다.

그러다가 영·미·불로 말미암아 추축국이 전부 망함으로써 세계적 사탄편 패를 다 청산한 것입니다. 사탄편 해와, 사탄편 아벨, 사탄편 가인과 하늘편 해와, 하늘편 아벨, 하늘편 가인이 부딪쳐 가지고 사탄편이 망한 것입니다. 그렇게 뿌렸으니까 그걸 청산해야 된다구요. 그걸 청산하여 가지고 다 치워 버렸기 때문에 통일세계가 된 것입니다. 2차대전 직후에 통일세계가 되었습니다.

그때에 재림사상을 중심삼아 가지고 전부 하나되었더라면 해와와 두 아들들은 누구 찾아가느냐? 남자, 아버지 찾아가는 것입니다. 아버지를 어디에서 잃어버렸느냐 하면 아시아에서 잃어버렸습니다. 몸과 마음이 갈라짐으로 말미암아 예수님이 죽은 것입니다. 그러니 역으로 세계 일주를 해 가지고 아시아로 돌아오는 것입니다. 아시아로 돌아오는데 누구를 찾아오느냐? 아버지를 찾아오는 것입니다. 아버지가 누구냐 하면 재림주입니다.

아버지를 찾아오는 역사노정에 있어서 교황청이 책임을 못 했다구요. 그들이 로마 법왕을 중심삼고 이스라엘 나라와 달리 세계를 위해서 살았어야 했습니다. 그 교황청을 하늘이 세운 것은 세계를 구하기 위해서지, 이태리 한 나라를 위해서가 아닙니다. 그걸 몰랐다는 것입니다. 하나님의 구원섭리가 나라 중심이 아니고 세계 중심이라는 걸 몰랐다는 것입니다.

이스라엘 나라도 그래서 망한 것입니다. 예수님이 이스라엘 나라에 오게 되면 이적 기사를 행하여 로마를 순식간에 밟아 치우고 자기들이 왕권을 쥐어 가지고 세계를 요리할 줄 알았거든요. 그러니까 '무능력자 예수님이 무슨 구세주야? 예수님은 구세주가 아니다'라고 생각한 것입니다. 기독교와 딱 마찬가지지요.

그래, 하늘의 섭리로 볼 때 로마 교황청이 책임을 못 한 것이 뭐냐? 교황청은 로마를 위한 교황청이 아닙니다. 세계를 위한 교황청이 되어야 하는 것입니다. 그런데 로마 교황청의 주도부에 있는 모든 사람들의 생각이 세계를 이용해 가지고

2. 미국에 대한 하나님의 축복

전부 다 로마에 귀착시키기를 바랐다는 것입니다. 그래서 이게 봉건시대가 돼 가지고 전부 다 부패하는 것입니다. 하늘이 들이 치는 것입니다. 그래, 실패했습니다.

그래서 영국을 세워서 신교를 중심으로 분립한 것입니다. 그때부터 영국은 해가 지지 않는 나라가 된 것입니다. 그래서 신교 시대로부터 선교사가 나온 것입니다. 그전에는 선교사도 못 나왔다는 것입니다. 영국 자체도 역시 그렇다구요. 세계를 마음대로 주무를 수 있도록 하늘이 영국을 축복해 준 것은, 영국을 위해서가 아니라 영국까지 투입해 가지고 희생해서라도 세계를 구하게 하기 위한 것임을 몰랐다는 것입니다. 그 책임을 못 하니 거기서 퓨리턴(청교도)을 통해서 갈라내는 것입니다.

오늘날의 신교, 구라파의 모든 나라, 영국을 비롯한 모든 나라들한테 반대 받는 청교도들을 위주로 해 가지고 국경을 초월해서 하나된, 구라파 제국 이상의 새로운 나라, 세계를 구할 수 있는 하나님의 나라를 만들자 해서 세운 것이 신교 독립국가인 미국입니다. 그것이 미국의 2백 년 역사라는 것입니다.

미국이 아벨적 입장에 있기 때문에 구라파의 모든 정수를 빼 오는 것입니다. 인맥을 빼 오고, 경제력을 빼 오고, 기술을 빼 오고, 다 빼 와서 2천년 역사를 대해 2백년 동안에 새로운 문화세계, 퓨리턴 신교를 중심으로 초국가적 무리를 통해 가지고 아벨 기독교 국가 미국을 편성한 것입니다.

미국에는 다른 아무 나라도 없습니다. 미국은 하나님의 나라다는 것입니다. 미국이 하나님을 중심삼고 세계 인류가 하나의 백성이라는 관념을 가진 나라로서 처음 나왔기 때문에 미국을 중심삼은 하나님의 섭리가 결착을 한 것입니다.

제3 이스라엘의 사명은 무엇인가

202 - P.337, 1990.05.27

　　제3 이스라엘의 사명은 무엇이냐? 마찬가지입니다. 첫 번째 이스라엘의 사명, 두 번째 이스라엘의 사명과 마찬가지예요. 같은 하나님, 같은 사명입니다. 영계의 조상해방, 영계의 지옥해방, 땅 위의 지옥해방, 인류의 해방이 하나님의 뜻인 것을 알았어요. 그래서 선생님은 언제나 미국 사람들한테 안 지려했어요. 세계, 세계, 세계 구원. 지금까지 하나님이 이것을 기다렸어요. 우리가 아무리 어렵더라도 모든 것을 투입하는 것입니다. 그렇게 하지 않고는 인류를 구원할 방법이 없어요. 인류를 해방하지 않으면 하나님이 해방될 수 없습니다.

　　이스라엘이 왜 망했어요? 이것을 몰랐던 것입니다. 미국도 마찬가지예요. 지금 내려가고 있어요. 밑바닥으로 굴러 떨어지고 있는 것입니다. 왜? 하나님의 뜻을 망각한 것입니다. 그래서 무니들이 이러한 사실을 알고 미국을 대신해서 하나님의 뜻을 따라가는 것입니다. 우리가 아무리 어려운 환경에 처한다고 하더라도 이러한 하나님의 뜻은 저버릴 수 없어요. 이 점을 알아야 됩니다. 하나님은 언제나 세계 구원입니다. 자기 구원이 아닙니다.

3. 세계복귀의 소명을 받은 미국

하나님이 미국을 택한 것은 전세계를 위해서였다

064 - P.231, 1972.11.12

　주인의 책임을 맡았을 때는 주인의 임무를 대행해야 하는 것입니다. 주인의 일을 책임졌는데 마지못해 하는 것은 안 됩니다. 주인의 입장에서 하는 것이 아니라 좋은 것만 살랑살랑 하면서, 밭도 아닌 곳을 꽃밭만 만들어 가지고 꽃이 피어나면 '나비야, 오라우. 벌아, 오라우. 아이고 좋다. 어머니 감사합니다. 아버지 감사합니다' 하면 돼요? 그건 미친 녀석입니다. 가시넝쿨이 있는 밭을 옥토로 개발하자고 하는데 '아! 이거 주인이 없으니 내가 한다' 해 가지고 훌떡 걷어붙이고, 소로 못 하면 기계로 부르르 갈아엎어 놓고 '내가 고생한다. 가시밭이 이렇게 되면 옥토가 되어 가지고 가을이 되면 곡식이 황금물결 치는 그런 곡식밭이 되겠지' 하는 것입니다. 그러면 잘사는 것입니다. 자기의 좋은 것은 없습니다. 먼저 자기에게 좋은 것을 달라고 하면 책임자로 안 밀어 줍니다. 주인이 되고 싶은 사람이 욕심부린다는 것입니다.

　하나님은 제일 욕심이 많은 분입니다. 얼마나 욕심이 많으신 분인지, 쓰레기통에 버린 바지 짜박지니 구두 짜박지라도 절대 필요로 한다구요. 그 가운데서도 쓰시고 그런다구요. 자취 생활한 사람은 그런다구요. '야 야, 쓰레기통 챙겨, 쓰레기차! 스톱!' 다 그렇게 되어 있다구요.

욕심 많은 하나님이 뭐가 부족하겠어요? 안 그래요? 한 푼도 헛되게 쓰지 않는다구요. 또 욕심이 많으니까, 쓰레기통만 감독하겠어요? 세계 어느 나라든지 전부 다 자기 수중에 넣고 감독하고 싶은 것입니다. 그런데 하늘이 볼 때, 싫은 것이 어디 있고 버릴 것이 어디 있느냐 이거예요. 버린 것도 전부 다 쓰려고 하는 하나님인데 세계 전부 다 함부로 다루면 하나님이 좋아할 것 같아요? 여러분들을 희생시키고 고생시키고, 종으로 삼아서라도 더 좋은 것을 쫓아다니면서 찾으려고 하는 것은 당연한 이치입니다.

그러므로 하나님의 욕심을 두고 보더라도 미국을 택한 것은 미국을 위해서 택했겠어요, 전세계를 위해서 택했겠어요? 무엇을 위해서 택했어요? 그거 틀림없이 세계를 위해서였다는 것입니다.

그러면 미국은 미국을 위해 가야 할 것이냐, 세계를 위해 가야 할 것이냐? 세계를 위해서 가야 합니다. 미국의 많은 돈을 자기 나라를 위해서 쓰기보다는 세계를 위해서 써야 할 것입니다. 미국 사람들이 죽는 데는 미국 정부를 위해서 죽기보다는 세계 해방을 위해서 죽어야 하는 것입니다.

세계를 위해 제물 국가가 되어야 할 미국

052 - P.012, 1971.12.11

미국은 민주세계를 지도하는 대표 국가입니다. 그러므로 미

3. 세계복귀의 소명을 받은 미국

국은 전세계를 위한 제물의 입장에 서야 합니다. 하나님은 미국으로 하여금 그런 입장에 서서 그런 나라의 사명을 완수하게 하려고 계획하였습니다. 그래서 하나님은 청교도들을 이 땅에 보내셨고, 그리고 많은 위험을 무릅쓰고라도 이와 같이 짧은 기간에 이와 같이 위대한 나라를 만들게 하신 것입니다. 청교도들이 처음 이 나라에 왔을 때, 그들은 제일 먼저 교회를 지었고, 그 다음에 학교를 지었으며, 그런 후에야 그들은 자기들의 집을 지었습니다. 그래서 미국이 그렇게 번영하고 위대한 국가로 발전할 수 있었던 것은 그 배후에 개인의 목적보다도 공적인 목적을 더 강조했던 정신이 있었기 때문입니다.

하나님의 섭리에 있어서 항상 문제가 되어 왔던 것은 국가였습니다. 왜냐하면 국가는 모든 것의 근본 단위이기 때문입니다. 사탄세계에서 조차도 국가는 사탄이 활동하기 위한 토대입니다. 하나님은 그러한 대표적인 국가를 찾고 계시며, 그리고 그런 나라를 통하여 이 세계를 상속하려고 하십니다.

미국이 더 위대하게 되기 위해서는 미국보다 작은 나라들에게 도움을 주어야 합니다. 미국이 다른 나라들에게 더 많은 도움을 주면 많은 존경을 받을 것입니다. 미국이 외국에 대한 원조를 삭감하면, 그런 존경을 잃게 되고 다른 나라들로부터 고립되게 됩니다. 만일 미국이 자국이 어려움에도 불구하고 계속해서 외국에 도움을 준다면, 그리고 민주세계의 우방국들에게 희생을 하면서까지 원조를 하는 방향으로 나간다면 나중에 어떤 일이 벌어지겠어요? 만일 그런 원조정책 때문에 미국이 약해지게 된다면, 다른 모든 나라들이 동정을 하게 될 것이고 더욱 가까운 우방이 되어서 미국을 도와주게 될 것입

▲ '하나님의 뜻과 미국'이란 주제로 개최된 워싱턴 머뉴먼트대회 전경 (1976.9.18)

니다.

지금 무엇 때문에 기독교가 온 세계에 전파되고 있습니까? 그것은 예수님의 희생정신이 하나님의 섭리의 근본정신이기 때문입니다. 즉 다른 사람들을 위하여 자기 자신을 희생하는 것입니다. 지금까지 기독교가 수많은 박해를 받아 왔지만, 더 많은 박해를 받으면 받을수록 그만큼 더 많이 번성했습니다. 예수님은 마르크스주의와 같은 어떤 이념은 남기지 않았지만, 그 정신 하나만으로도 세상에 큰 영향을 미쳤습니다. 그리고 그것은 예수님 자신에 의해서 뿐만 아니라 하나님의 섭리에 의해서, 하나님의 뜻과 협조에 의해서 이루어졌습니다.

그러므로 가장 중요한 것은 세계와 인류를 위해서 모든 것

하나님의 미국에 대한 축복과 소망 · 175

3. 세계복귀의 소명을 받은 미국

을 희생할 수 있는 하나의 국가입니다. 그 국가로부터 예수님에 의해서 비롯된 하나의 조직이 생겨날 것입니다. 거기서부터 이상세계가 전개되어질 것입니다. 그러한 국가는 세계의 이익을 위해서 그 나라와 그 나라의 주권을 희생하는 국가입니다. 그러나 지상에 그런 국가가 없습니다.

미국은 이런 입장과는 거리가 멉니다. 개인과 개인주의가 좋기는 하지만, 미국과 서양 사람들은 대부분 이 두 가지를 너무 지나치게 강조하고 있습니다. 그 결과로 그들은 그들의 나라, 민족·가정·부모, 그리고 그들 자신까지도 잃어버렸습니다. 그들은 매와 같이 바람 부는 대로 날아가고 있습니다. 이것이 바로 서구 세계에 평화가 없는 이유입니다.

미국이 하나님의 섭리에 보조를 맞추려면, 미국 내에서 새로운 토대를 건설하는 운동이 벌어져야 합니다. 개개인으로서의 미국인과 한 국가로서의 미국은 하나님의 정신과 예수 그리스도의 진리를 따라야 하고, 이 나라를 하나님의 이상을 실현하는 토대로 만들어야 합니다. 이러한 개인들이 연합하면, 이상세계를 이루는 데 있어서 다른 나라들을 위한 희생의 제물이 될 것입니다.

세계를 이끌 수 있는 이상은 더 큰 목적을 위한 희생정신에서 나와야 합니다. 전세계의 이익을 위해서, 한 국가는 하나의 이상세계를 추구하는데 기꺼이 자기 나라를 희생시킬 수 있어야 합니다. 어디에서 그런 국가, 그런 종족, 그런 가정, 그런 개인을 찾을 수 있겠어요? 우리는 이와 같은 사람을 찾아볼 수가 없는 것입니다. 그러므로 지금이 끝날입니다. 그래서 악의 세계, 즉 사탄세계에 끝날이 오게 되었고, 교회·국가·종족과 개개인에게도 끝날이 오게 된 것입니다. 우리는 지금 세계의 종말을 보고 있습니다.

세계복귀의 발판이 되어야 할 미국

015 - P.072, 1965.02.13

나는 나의 아버지와 어머니를 모시듯 진실로 사람들을 모셨습니다. 나아가 사회와 국가복귀를 위한 기대를 세우기 위해 낯모르는 사람들에게도 그렇게 대해 왔습니다. 이와 같은 원칙 하에서 나는 나의 국가만을 위해 염려할 수는 없었습니다. 가장 심한 핍박을 받는 가운데에서도 나의 기도와 관심은 한국을 위한 것이 아니었습니다. 나는 일본과 미국에 선교사들을 보내기 위하여 최선을 다하였습니다.

일본에 선교사를 보낼 당시에는 한국과 일본이 정상적인 국교가 수립되지 않은 때였습니다. 그렇기 때문에 선교사는 정상적인 수속을 밟지 못한 채 조그마한 배를 타고 일본으로 건너가야만 했습니다. 그러니 이 미국에 한 사람의 선교사를 보낼 때 우리가 얼마나 많은 고난을 겪었는지 여러분은 능히 짐작할 수 있을 것입니다. 그 당시 우리가 미국에 선교사를 보낸다는 것은 그 누구도 생각할 수 없는 일이었습니다. 그런 환경이었음에도 불구하고 나는 미국에 원리의 씨를 뿌리기 위해 누군가를 보내야겠다는 결심을 하고 밤낮으로 수고를 아끼지 않았던 것입니다.

복귀섭리의 원칙은 외부에서부터 내부로 찾아 들어오는 것입니다. 따라서 이 미국이 하나님으로부터 영광의 축복을 받기 위해서는 섭리의 뜻이 외부에서부터 내부로 찾아 들어오도록 일을 해 나가야 합니다. 이 미국에서부터 일을 해 나가

3. 세계복귀의 소명을 받은 미국

서는 안 됩니다. 이것이 여러분들의 책임입니다. 이러한 입장이기 때문에 여러분은 먼 길로 떠나야 되는 것입니다. 이 사명에 여러분의 사활이 달려 있는 것입니다.

미국의 복귀를 위하여, 전세계의 복귀를 위하여, 또 우주의 복귀를 위해서는 여러분의 가족이 문제가 아닙니다. 여러분의 자존심이 문제가 아닙니다. 희생이 없이는 큰 일이 이루어질 수 없는 것입니다. 이제 미국이 새로이 각성할 때가 왔다고 봅니다. 미국 땅에 새로운 새벽이 와야 됩니다.

여러분들은 미국에 있는 전체의 주들을 책임져야 합니다. 이 주에서부터 다른 주에까지 여러분의 활동이 확장되어야 합니다. 비록 여러분의 수가 제한되었다 할지라도 여러분 각 개인은 이 책임을 완수해야 됩니다. 만일 미국의 여러분이 이 책임을 해내지 못할 경우 어떠한 일이 벌어질지 여러분은 아십니까? 그렇게 되며 아벨의 입장에 있는 미국은 가인의 입장에 있는 공산주의 정권을 통하여 고난을 받게 될 것입니다. 자유진영 전체가 환난을 당하게 된다는 것입니다. 그러나 여러분이 이와 같은 중대한 사명을 느껴 책임을 완수한다면, 민주주의를 구할 수 있을 것이며, 또한 여러분은 자유를 구축할 수 있을 것입니다. 그렇게 되면 공산세계는 자동적으로 자멸하고 말 것입니다.

미국이 살고 세계가 살 수 있는 길

052 - P.018, 1971.12.11

하나님은 인류의 부모이기에 가난하고 불쌍하게 살아가고 있는 사람들에게 더 많은 동정과 사랑을 느끼십니다. 우리의 가정에서도 부모들은 보다 못한 자식에게 더 많은 걱정과 사랑을 느끼는 것입니다. 보다 낫거나 아주 뛰어난 자식에게보다는 못한 자식에게 더 많은 애정을 느낍니다. 하나님도 똑같이 느끼십니다. 이런 자세를 갖춘 운동이 미국에서 일어난다면, 하나님이 아프리카와 같은 불쌍한 나라와 개발도상국들을 동정하시기 때문에 미국이 그런 나라들을 도와주는 데 있어서 일등국가가 될 것입니다. 여러분이 그런 나라의 국민을 사랑하게 되면, 이 나라가 전세계에서 제일가는 국가가 될 것입니다.

우리 통일교회 식구들은 여러분이 좋은 자리에서 잠을 잘 때에 하나님을 위해 충실히 일하는 일꾼들은 좋지 못한 곳에서 잠자고 있다는 것을 명심해야 합니다. 여러분이 좋은 음식을 먹을 때에도, 더 열심히 일하는 형제들은 나쁜 음식을 먹고 있다는 것을 명심해야 합니다. 우리는 우리의 생활수준을 높여야 합니다. 그리고 다른 사람들에게도 우리와 같은 더 나은 생활수준을 누릴 수 있게 해주어야 합니다. 그러면 우리는 세계를 리더하는 사람들이 될 것입니다.

한 친구가 열 친구를 위하게 되면, 그들은 결국 그를 지도자로 받들게 될 것입니다. 마찬가지로 한 국가가 다른 나라들을 위해 주게 되면, 그 국가는 그 모든 나라들의 지도국이 될 것입니다. 그것도 일시적으로가 아니라 영원히 지도국이 될 것입니다. 여러분이 아프리카 여러 나라에 큰 학교와 집들을 지어 주고, 거기에 있는 사람들로 하여금 여러분이 사는 것처럼 살 수 있게 해준다면, 세계는 얼마나 달라지겠어요? 그들이 여러분 앞에 와서 절을 하고 여러분을 존경하게 될 것이기 때문에 싸움이 있을 수 없습니다.

3. 세계복귀의 소명을 받은 미국

미국이 살고 번영하기 위해서는, 외국에 원조를 해주어야 합니다. 그 이외에는 다른 방법이 없습니다. 모든 것은 순환하는 것입니다. 봄이 가면 여름이 오고, 여름이 가면 가을이 오고, 그 다음에는 겨울이 오고, 그리고 봄이 오고, 여름이 오고, 가을이 옵니다. 만약 여러분이 올라간다면, 그 다음엔 내려와야 합니다. 인간은 계속해서 올라갈 수만은 없습니다. 모든 것은 돌고 돕니다. 그래서 누구든지 꼭대기에 올라가면, 다시 내려올 줄도 알아야 됩니다.

미국은 저개발국가들을 지도해야 하고 그리고 저개발국가들은 미국을 따라가야 합니다. 그렇게 살 때 전세계가 존속할 수가 있고, 영원히 돌아갈 수 있습니다. 그것들이 점점 빠르게 돌아가면 결국 하나가 됩니다. 그때 그 중심에 하나님이 오시는 것입니다. 그러면 하나의 평화의 세계가 존재할 수 있습니다. 그것이 진정한 통일교회인 것입니다.

세계를 구하는 것이 미국과 기독교의 책임

073 - P.208, 1974.09.18

기독교는 뭘 해야 되느냐?. 그건 주님의 뜻을 받들어야 돼요. 마찬가지입니다. 지금까지 기독교 신자들이 믿기를 '내가 믿고 천국가자, 나 혼자 구원받겠다'고 생각했습니다. 그러나 기독교 신자의 책임은 뭐냐 하면, 내가 구원받는 것도 물론 목적이 되겠지만 그 구원을 받아 가지고 세계를 구하는 것이 기독교인의 책임인 것입니다. 이것을 알아야 되겠다는 것입니다.

하나님과 하나님의 뜻이 하나되고, 하나님의 뜻과 하나님과 하나된 예수님이 하나되고, 예수님의 뜻과 이스라엘이 하나되고, 또 예수님의 뜻과 하나된 오늘날의 기독교가 하나되어야 되겠습니다. 하나되어 가지고 무얼 해야 되느냐? 사탄세계를 전부 다 때려부수고 주권을 찾아와야 돼요. 이렇게 하나님과 사탄이 대전쟁을 하고 있다는 것을 오늘날 기독교 신자는 생각지도 못하고 있습니다.

여러분, 주님께 물어 보기를 '오 주님이시여, 당신은 우리 기독교만의 주님이 되고 싶습니까, 인류의 주님이 되고 싶습니까?' 하고, 또 하나님을 대해서 묻기를 '당신은 기독교만의 하나님이 되고 싶습니까, 인류의 하나님이 되고 싶습니까?' 해보라구요. 그러면 하나님도 인류의 하나님이 되겠다고 대답할 것이고, 메시아 되는 주님도 인류의 메시아가 되겠다고 대답할 것이 틀림없는 것입니다.

그런 관점에 있어서 오늘날 기독교의 신앙, 신앙이라는 것이 개인주의 신앙이었다는 것입니다. 이것을 청산하고, 이 세계를 위하여 기독교가 희생을 하더라도 세계를 구하는 것이 하나님의 뜻이요 예수님의 뜻입니다. 만일 미국이 세계를 구하기 위해서 예수님과 하나되고 하나님과 하나되는 날에는 대번에 세계를 구할 수 있는 것입니다.

여기 미국 국민들이 알아야 되겠습니다. 이 미국은 기독교를 중심삼은 이스라엘인 것을 알아야 돼요. 제2 이스라엘 나라인 것을 알아야 됩니다. 예수님 때에는 로마가 세계를 지배할 수 있는 위치에 있었지만 지금은 재림 때에 왔기 때문에 하나님의 뜻을 이루어 세계를 지배할 수 있는, 로마와 같은 나라가 기독교 국가인 미국이라는 것입니다. 이것은 하나님의 뜻을 이룰 수 있는 모든 기반을 미국이 닦아 왔다는 것을

3. 세계복귀의 소명을 받은 미국

의미한다는 것도 알아야 됩니다. 민주세계가 기독교 사상을 잃어버렸기 때문에, 이 미국의 교회가 하나돼 가지고 민주세계를 하나님의 뜻에 결속시키는 것이 하나님이 바라는 뜻이다 이겁니다.

아벨국가인 미국을 중심한 섭리

118 - P.173, 1982.05.30

아벨국가는 어디냐? 아벨국가가 어디예요? 미국! 미국을 아벨국가로 만들 수 있었기 때문에 미국에 가서 미국이 과거에 범한 모든 것을 탕감복귀할 수 있는 것입니다. 그렇게 해놓지 않으면, 아담국가와 해와국가 그리고 아벨국가와 가인국가가 하나됐다는 기준을 회복시켜 놓지 않으면 본향으로 돌아가는 길이 나타나지 않는다구요. 그런데 미국 자체도 모르고 프랑스나 일본도 모두 모릅니다.

미국은 독일을 중심으로 한 유럽 사람이 원수입니다. 일본과 한국도 서로 원수예요. 제2차 세계대전 때 모두 그랬지요? 일본과 미국도 원수입니다. 미국과 독일도 원수예요. 독일의 원수 국가인 미국을 해방하기 위해 미국 사람이 충성을 다하는 이상의 심정권을 가지고 전국에서 땀과 눈물과 피를 흘리면서 복귀해야 합니다. 아벨권에 있는 통일교회인들을 가인권에 있는 미국 국민이 자기들 이상의 가치로 모시는 입장을 만들지 않으면 장자권 복귀가 가인국가권에 이루어지지 않아요.

그리하여 미국의 원수 국가들이 원수인 미국 국민을 미국 주권자 이상, 미국인 이상 사랑했다는 승리적 조건을 이룰 수 있었기 때문에 그 나라에 있는 사탄이 머리 숙이지 않을 수 없는 겁니다. 자기들 이상의 심정을 가지고 하나님편의 심정권을 세우고 세계적으로 수습한 것은 부정할 수 없기 때문에 사탄은 분립되지 않을 수 없습니다.

미국은 기독교사상을 중심삼고 가인 세계를 흡수 전복시켜야

148 - P.144, 1986.10.08

　미국은 어떤 생각을 가져야 되느냐? 미국이 취해야 할 입장은 무엇이냐? '미국' 하게 되면 거기에는 기독교가 있고 그 다음에는 미국이라는 나라가 있는 것입니다. 미국의 기독교는 어떠한 태도를 가져야 되느냐? 하나님 제일주의를 가져야 하고, 그 다음에는 기독교가 전세계를 책임진다고 하는 태도를 가져야 됩니다. 전세계를 구해야 되는 책임을 져야 된다는 것입니다. 또 외적인 면에 있어서 세계가 하나될 수 있는 기반이 성립되는 데는 미국정부 자의에 의해서 되는 것이 아닙니다. 반드시 내적으로 기독교사상이 철두철미한 사람들이 국가에 인맥을 연결시켜 가지고, 가인과 아벨이 하나된 그 기반 위에서 미국 자체가 세계를 위하는 국가가 되어야 되는 것입니다.

　지금까지 미국 나라만을 위한, 앵글로색슨 민족을 중심 삼은 미국 나라만을 위한 미국이 되어 왔는데 그래서는 안 된다는 것입니다. 세계를 위한 미국 나라로서 세계를 구도하고 세계를 리드해야 되는 것입니다. 이러한 출발이 이루어져야 될 텐데 그것을 못 했다는 것입니다. 어디까지나 세계를 미국의 지배 하에 두기를 바랐다는 겁니다. 미국의 이익을 추구하기

3. 세계복귀의 소명을 받은 미국

위해서 하나님이고 뭣이고 다 그만뒀다는 겁니다. 약소민족, 약소국가의 피해를 망각해 버리고, 전세계 인류를 위한 평화의 세계 창건이라는 것을 망각해 버리고, 미국만을 위한 승리적 기반을 상속시키려고 하는 이런 태도를 지니고 나갔기 때문에 여기서부터 하나님의 역사는 떠난 것입니다. 하나님이 세계적으로 활동할 수 있는 터전이 생겨나지 않았다는 겁니다. 그게 문제라는 것입니다.

거기서부터 미국은 점점 떨어져 내려오는 것입니다. 떨어져 내려옴으로 말미암아 어떻게 되느냐? 가인이 재침범을 하는 겁니다. 가인이 움직이는 것은 세상에 있어서의 습관성을 중심삼은 전통적인 사상입니다. 미국이면 미국 생활을 중심삼은 전통이 있다구요. 그 습관화된 외적인 세계기반을 중심삼고 그 기반 밑에다 기독교를 전부 다 몰아넣으려고 하는 겁니다.

서구사회는 내적인 것은 물론이요, 외적으로도 전부 피폐해 들어가는 것입니다. 교회에 가 보면 전부 다 할머니만 남아 있고 젊은 청년들은 없습니다. 그것은 무엇을 말하느냐? 그건 전부 다 짊어진 세계사적인 책임을 감당하지 못했기 때문입니다. 즉 세계적 탕감복귀의 길을 가야 할 미국이 그 길을 못 감으로 말미암아…. 못 가면 반드시 사탄 앞에 넘겨줘야 되는 것입니다. 사탄 앞에 넘겨줌으로 말미암아 무슨 일이 벌어지느냐 하면 가정 파탄이 벌어집니다. 수천년 동안 기독교 사상으로 전통을 이어받아 나오던 서구사회의 가정에 파탄이 벌어지는 겁니다.

옛날에는 피폐적인 전통사상에 집착되어 가지고 변하는 사회를 원치 않는 것을 고수해 나왔지만, 지금 세상은 급변하는 세계입니다. 모든 것이 변한다는 것입니다. 지금 어떠한 새로운 물품이 나오더라도 몇 달만 가게 되면 변화를 하거든요. 우리 생활필수품도 매일같이 변해간다는 것입니다.

　이것을 볼 때, 환경적으로 급변하는 사회가 전통주의 사상을 고수하던 그러한 사회에 이것이 일대 도전으로 나타남으로 말미암아 모든 사람은 어디로 끌려가느냐? 현재 변하는 사회에 보조를 맞추기도 바쁘다는 것입니다. 거기에도 신음하고 있는데 여기에 전통적 사상을 품고 간다고 하는 것은 지극히 어렵다는 것입니다. 그 고통이 이루 말할 수 없다는 겁니다. 남들은 디스코 댄스를 하는데 기독교 믿는 사람들은 그건 해서는 안 된다고 하고, 모든 것이 '노(No)'예요. 모든 것을 부정하기 때문에 그러한 급변하는 환경을 소화할 수 있는 주체성을 갖지 못합니다. 그런 능력이 없다는 것입니다. 이렇게 되니까 치는 대로 깨져 나가는 것입니다.

　로마 4백년 동안의 핍박 가운데서도 로마를 굴복시키고 발전해 나왔던 기독교가 아무리 혼란한 역사시대의 반대가 있었더라도 그걸 소화해 오던 기독교가 2차대전 직후, 40년도 못 된 기간 내에 여지없이 깨졌습니다. 그것은 왜 그렇게 됐느냐? 하나님이 손을 댈 수 없기 때문입니다. 왜? 그것은 책임분담에 있어서도 그렇고, 복귀섭리 가운데 인간이 가야 할 탕감복귀의 길을 가는 데 있어서 그 길을 정상적으로 가는 사람이 없기 때문입니다. 그렇기 때문에 그 길은 막힐 수밖에 없습니다. 그러니까 사탄이 선기독교의 전통 가정, 국가사상, 기독교사상을 근본적으로 파탄시키는 역사를 하고 있는 것입니다. 그리하여 이제는 수습하려야 수습할 수 없는 이런 어려운 시점에서 신음하고 있는 것입니다.

3. 세계복귀의 소명을 받은 미국

이렇기 때문에 선생님이 미국에 가서 한 일이 뭐냐 하면 탕감복귀의 길의 기반을 재형성하는 것이었습니다. 그러려면 어떻게 해야 되느냐? 기독교 사상을 중심삼고 기독교를 혁신시켜야 됩니다. 그리고는 혁신한 기독교를 중심삼고 그 영향을 가인 앞에 미쳐지게 해야 됩니다. 지금은 어떻게 되어 있느냐 하면 가인 앞에 기독교가 흡수되고 있다는 것입니다. 이것을 뒤바꿔 가지고 기독교사상을 중심삼고 새로이 가인세계를 흡수 전복시키지 않고는 미국의 미래의 하나님의 뜻의 기반은 상실되고 만다. 이렇게 보는 겁니다.

자유세계를 수호해야 할 미국

069 - P.110, 1973.10.21

예수님은 진리의 본체(本體)입니다. 진리의 씨라는 것입니다. 예수님이 십자가에 돌아감으로 말미암아 심었다구요. 그때에 오른편 강도와 왼편 강도가 있었던 것을 여러분이 알고 있습니다. 그리고 죽을 녀석인데 예수님으로 말미암아 살아난 일이 있었습니다. 예수님 때문에 살아난 복을 받은 녀석이 바라바입니다. 예수님은 십자가에 돌아갈 때에 갔다가 다시 온다고 했습니다. 십자가로 갔으니 십자가로 내려와야 되는 것입니다.

그러므로 예수님이 돌아갔던 그때의 환경이 세계적으로, 그와 같은 열매가 맺혀질 때가 되거들랑 주님이 올 때가 된 것을 여러분이 알아야 됩니다.

공산당은 하나님이 없다고 합니다. 민주세계에서는 하나님이 있다고 합니다. 그러면 어찌하여 민주세계는 우익이라고 하고 공산세계는 좌익이라고 하느냐? 그걸 누가 붙였느냐? 예수님이 돌아갈 때에 오른편 강도 왼편 강도를 심었으니 주님이 올 때가 되어서는 그걸 그냥 그대로 거두어야 되는 것입니다.

왼편 강도는 예수님을 대해서 '야 네가 하나님의 아들이면 너를 구하고 우리들을 구해 달라'고 얼마나 참소했어요? 하나님이 어디 있느냐고 말입니다. 예수님이 뭐고 하나님의 아들이 될 게 뭐냐고…. 그때에 예수님은 아무 말도 안 했다구요. 그런데 오른편 강도가 나타나서 '야 이놈아, 우리는 죽을 죄를 지었지만 이 분은 아무 죄도 없는데 우리를 위해 죽으니 이는 의인이 아니냐?'고 옹호했습니다. 싸웠습니다. 역사 이래에 죽어 가면서도 예수님편 되었던 사람은 오른편 강도밖에 없었습니다. 이리하여 그가 예수님과 같이 낙원에 이르러 천국 개문하는데 선봉이 되었던 것입니다.

이렇게 볼 때 공산세계는 좌익입니다. 왼쪽편입니다. 그 이름이 그때부터, 예수님 때부터 생겨난 것입니다. 민주세계는 우익입니다. 오른편 강도와 마찬가지라는 것입니다. 그 오른편을 주도하는 나라가 미국입니다. 그러면 미국은 오른편 강도의 사명을 해야 된다는 것입니다. 공산당은 나와 가지고 하나님이 죽었다고 하지만 그러면 오른편 강도와 같은 민주세계는 하나님을 위주해서 생명을 다 바쳐 싸워야 된다는 것입니다.

미국 국민들은 자각을 해야 됩니다. 민주세계를 버리고 이 미국 한 나라를 위하여, 우리나라가 망하면 안 되겠다고, 세계를 버리고 우리나라만을 위해서는 안 된다는 것입니다. 그런데 지금 미국은 민주세계를 지도해야 할 입장인데 그걸 다

3. 세계복귀의 소명을 받은 미국

버리고 자기 나라를 수호 하겠다고 하고 있고, 하나님이고 무엇이고 몰라본다는 것입니다.

미국은 하나님의 사상을 중심삼고 세계를 지도해야

073 - P.196, 1974.09.17

미국은 하나님이 보다 위하기 때문에 하나님이 주인 되어 있다는 걸 알아야 됩니다. 미국 국민은 '하나님 아래 한 나라(One Nation Under God)' 라는 주류사상을 갖고 있다는 것을 알고 있는 것입니다. 그것이 자기 나라를 위한 한 나라냐, 세계를 위한 한 나라냐? 이것이 문제라는 것입니다. 만약에 이 미국이 그와 같은 사조로 이 주류사상을 받아 가지고 책임을 한다면 영원히 이 세계를 지배할 수 있다는 것입니다. 그런 입장에서 볼 때, 하나님이 원하는 것은…. 미국은 대륙이니만큼 미국 사람들이 세계를 위해 일할 수 있도록 만들 수 있는 길이 있다면 이것이 최고의 소원인 것입니다.

이 미국이 개인주의화됐다는 것이 이상하다는 거예요, 개인주의화됐다는 것이. 예수님의 사상은 개인주의가 아니에요. 하나님의 사상이 개인주의가 아닙니다. 개인주의 때문에 가정이 깨졌고, 개인주의 때문에 사회가, 상하가 다 없어졌습니다. 이걸 누가 책임지느냐 이거예요. 미국 사람인 여러분이 그것을 책임질 수 있느냐? 없습니다. 그 누군가가 하나님의 뜻을 대신해서 이것을 해야 되겠기 때문에, 동양에 있는, 난데없는 레버런 문이 와서 이런 일을 하고 있는 것입니다. 이 미국에 돈이 많아서 온 게 아니에요.

이렇게 볼 때 미국을 더 위하는 사람이 이 사람입니다. 미국의 건국이념은 기독교사상을 중심삼고 하나님을 위주로 생각한 것입니다. 그러나 지금의 미국은 하나님이 이런 사상을 가졌는데도 불구하고 이런 사상을 갖지 못했습니다. 하나님은 이런 사상을 가지고 세계를 지도하기를 바라는데, 그것이 다 무너지게 되었으니 그것을 나라도 나서서 해야 합니다.

통일천하를 이루어서 재림주를 맞이해야 할 기독교

242 - P.238, 1993.01.02

기독교가 통일천하를 해 가지고 할 일이 뭐냐? 결론은 간단해요. 기독교의 이상이라는 것은 주님을 맞는 것입니다. 그러면 그 주님을 맞는 목적은 뭐냐? 주님을 맞는 목적은 미국이 세계적인 지도자의 입장이 됐으면 가인권의 나라를 품어 주기 위해서입니다. 미국이 불란서라든가 영국이라든가 구교의 배경을 중심삼은 나라를 전부 다 적대시했다구요. '내가 너희들보다 잘나 가지고 잘살겠다. 두고 봐라!' 그랬다는 것입니다. 그렇지만 하나님의 뜻은 그게 아닙니다. 잘살게 됐으면 어떻게 해야 되느냐? 아벨이 잘살게 되었으면 가인을 수습해야 됩니다. 가인을 수습해야 됩니다..

그런 면에서 미국이 그것을 못 했다는 것입니다. 신교가 독립국가가 됐으면 그 다음에는 구교를 통일할 수 있는 놀음을 해야 했다는 것입니다. 초교파적인 기준에서 연합적 운동을 해 가지고 기독교의 배경을 형성해야 할 텐데 그것을 못 했다는 것입니다. 천주교하고 신교가 분립되었는데, 신교는 신교대로 교파가 분립되어 싸웠다는 것입니다. 이런 분립되었던

3. 세계복귀의 소명을 받은 미국

구라파하고 미국을 한 덩어리로 만들어야 됩니다.
　이렇게 되었더라면 유엔(UN;국제연합)을 만들어 가지고 통일천하 하겠다는 제2의 프로그램이 필요 없다는 것입니다. 미국이 뜻 앞에 서지 못함으로 말미암아 유엔 기구가 도리어 사탄편이 되어 가지고 미국을 때려잡고 하나님편을 치는 데 좋은 무대가 되었다는 것입니다.
　이렇게 볼 때, 미국이 그런 놀음을 못 했다는 것입니다. 구라파라든가 세계인들을 전부 다 하나 만들 수 있는 놀음을 못 했다구요. 지금도 '미국이 제일이요, 힘을 가진 미국 앞에 누가 당할 것이냐? 내 말 들어라!' 이러고 있다구요. 그러나 하나님 앞에는 그것이 안 통한다는 것입니다. 미국이 하나님의 뜻에 위배된 것이 뭐냐 하면 미국을 중심삼고 세계를 통일하려고 했다는 것입니다. 하나님은 세계를 하나 만들어 가지고 제일이 될 수 있는 관(觀)을 갖고 있는데도 불구하고 자기 민족이 제일이라고 생각한 것입니다.

세계적 장자권 탕감복귀역사인 제2차 세계대전

229 - P.298, 1992.04.13
　영국을 중심삼고 보게 되면, 영국 자체가 앵글로색슨 민족을 중심삼고 세계를 제패할 줄 알았다구요. 신교를 이어받은 영국은 성공회 중심입니다. 이 앵글리칸 처치(Anglican Church) 중심삼고, 신교를 중심삼아 기독교 사상을 이용한 것입니다. 죽음을 넘어갈 수 있는 운동을 전개한 신교 운동이 대서양을 넘고, 그것이 미국 가서 2백년 역사에 퓨리턴들 중심삼고 신교 독립국가를 이루었으니 이것이 아벨 독립국가입니다.

 동생 독립국가가 세계 제패의 2백년 동안 구라파의 문명 발전의 모든 에센스, 진수를 그냥 들여 옮겨 온 것입니다. 동양의 모든 걸 전부 다 옮겨 놨습니다. 다 사 가지고 온 것입니다. 그래 가지고 몇 백년 수고의 터전을, 구라파의 기독교문명권에서 만든 것들이 순식간에 전부 다 미국으로 대이동이 벌어진 것입니다. 구라파보다 나아야 되겠다, 구교보다 나아야 되겠다는 것입니다. 그걸 하나님이 원한 것입니다. 영국에서부터 세계 구원을 시작한 것입니다. 선교 운동은 영국에서부터 미국으로 확대시켜서 전세계에 하나님이 주관할 수 있는 판도 확대를 해 나온 것입니다. 그래 가지고 미국 자체가 그런 기반을 중심삼아 가지고 2차대전 때에는 장자권 승리의 자리에서 차자가 왕권을 가졌지요? 왕권을 가지고 로마 장자권을 흡수해 가지고 장자권 완성의 자리에 가서 미국을 중심삼고 세계를 제패하는 것입니다. 영국 어머니의 자리, 불란서까지 전부 다 장자권을 움직여야 되는 것입니다.

 뿌리기를 아담 해와하고 두 아들을 뿌린 것이니 상대적으로 결실하는 것입니다. 아시아문명은 남성문명이고 서구문명은 여성문명입니다. 모든 종교는 아시아에서 나왔습니다. 그렇기 때문에 서구문명은 아시아를 찾아오게 되어 있는 것입니다. 왜 서구문명이 상대적인 문명이냐? 아시아가 왜 주체문명이냐? 모든 종교는 아시아에서 시작했습니다. 하나님이 아담을 먼저 지었지요? 먼저 지은 아담이 주체이고, 나중에 나온 해와가 대상으로 상대적이기 때문에 아담권 중심삼은 아시아문명권이 대표 문명권이라는 것입니다.

 예수님이 메시아로 온 곳도 아시아입니다. 아시아 통일권을

3. 세계복귀의 소명을 받은 미국

위해 몸뚱이 잃어버린 것을 영적 승리권과 더불어 기독교문명을 통해 새로운 몸뚱이 판도인 아시아를 통일해야 할 입장에 있습니다. 그렇기 때문에 이 서구문명이 아시아로 들어오는데 중간인 혼합, 화합문명을 중심삼고 해야 되겠기 때문에 태평양문명권 시대가 오는 것입니다. 서구문명이 태평양문명을 중심삼고 융합해요.

 이래 가지고 아시아로 들어오게 되면 어디로 갈 것이냐? 지금 독일 중심삼아 가지고 구라파는 이 시(EC;유럽공동체)를 중심한 연합국 시대로 들어온 것입니다. 이럼으로 말미암아 이게 하나가 되는 날에는 모든 분야에서 자급자족하는 것입니다. 독일이 주동을 한 것입니다. 독일이 축복받았지요? 독일이 하늘편으로부터 장자권 입장에 선 것입니다. 그런데 미국이 차자권에서 장자권이 되었을 때, 독일은 장자권에서 차자권에 들어서서 미국 지도 밑에 있다구요. 딱 원리적이에요, 전부 다.

 탕감복귀라는 것이 있기 때문에 이 국가라든가 세계를 탕감하지 않고는 못 넘어가는 것입니다. 해방권이 그 이전에는 없습니다. 그걸 넘으려니 탕감적 기반을 전부 다 연결시켜서 넘어야 돼요. 탕감복귀 이론에 일치할 수 있는 내용을 통해서 결론짓지 않으면 평지가 생겨나지 않는 것입니다. 그러니 해와 한 사람이 뿌렸던 것을 세계 국가로 뿌려야 되는 것입니다. 그러려니 해와인 영국과 아벨을 뿌리고 가인을 뿌렸으니 미국과 불란서, 이렇게 세 패가 됐습니다. 어머니와 아들이 원수가 되고, 형제끼리도 원수가 되었던 것입니다. 그러던 것이 어머니 중심삼고 장자권 미국과 차자인 불란서가 하나되어 가지고 통일이 벌어지게 되는 것입니다. 이것이 하나의 연합국이 되어 2차대전을 향하는 것입니다.

제2차 세계대전과 하나님의 복귀섭리역사

118 - P.145, 1982.05.23

참된 부모를 중심삼아 가지고 태어난 인류가 되어야 할 것인데도 불구하고 참된 부모를 잃어버렸으니 참된 부모가 올 수 있는 그때를 준비해 가지고 나라들도, 종족도…. 하나님편에 있는 개인, 하나님편에 있는 가정, 하나님편에 있는 종족, 하나님편에 있는 민족, 하나님편에 있는 국가들은 전부 그때를 맞추기 위해 준비해 나오는 것입니다. 그래서 그 문화 배경을 중심삼은 이 때를 맞춰 나오기 때문에 기독교를 중심삼고 세계가 하나되었다는 것은 기독교를 중심삼아 가지고 세계를 하나로 만들기 위한 뜻이 있는 것임을 여러분이 알아야 돼요. 그것이 언제냐? 1945년, 2차대전 때다는 것입니다.

그러면 2차대전을 가만히 보면 이게 어떻게 되느냐? 싸움이 어디서부터냐 하면 동양에서부터 시작되었습니다. 세계대전이 어디서부터 시작되었어요? 동양에서부터 시작되었어요. 이러한 것을 사탄세계는 아는 겁니다. 반드시 하나님의 뜻이 이루어질 수 있는 때가 되거들랑, 심은 대로 거두는 겁니다. 악한 세계가, 아벨과 가인이, 아담과 해와가 타락함으로 말미암아 갈라졌다구요. 이런 것을 뿌렸으니 사탄편도 그러한 패가 생겨나야 되고 하늘편도 그런 패가 생겨나야 돼요.

개인을 뿌린 것이 나라로 열매 맺히는 것입니다. 남자 여자를 합한 가정, 이게 크게 된 것이 나라니만큼 그것이 세계적 국가로 등장해 갖고 사탄편 나라와 하늘편 나라가 그와 같은

3. 세계복귀의 소명을 받은 미국

입장에서 싸우는 역사시대의 과정을 거쳐가는 것입니다. 그런 전쟁의 한 때가 언제냐 하면 2차대전 때입니다. 2차대전을 중심삼고 볼 때 아시아에서는 일본이 아시아를 통일하기 위해서 대동아 전쟁을 일으킵니다. 하나님의 복귀섭리는 서양문명이 하나되거들랑 아시아를 하나 만들려는 뜻이 있는 겁니다.

예수님이 죽지 않았으면 아시아를 중심삼고 서구사회가 상대가 되어 가지고, 아시아라는 마음적 기준 위에 통일적 국가 기준을 만들고 세계통일을 시작해야 할 것인데 그걸 잃어버렸기 때문에 거꾸로 가는 겁니다. 거꾸로 되돌아 와 가지고 예수님이 죽지 않았던 본연의 아시아 통일권을 이루는 것입니다.

예수님이 오게 될 때 아시아의 종교 문명권이 연결되는 것입니다. 인도 종교 문명권, 바빌론도 종교 배경을 중심삼고…. 물론 애급만 보더라도 태양신을 섬기는 놀음을 했어요. 전부 다 종교를 중심삼고 환경적 여건을 만들어 놓았던 것입니다. 예수님이 와서 종교문화권을 수습해야 할 책임을 해 가지고 로마를 수습해서 세계를 하나 만들었어야 하는 것입니다. 종교문화권 하게 되면 인도 종교나, 유교나 다 들어가는 겁니다. 이래 가지고 통일적 아시아를 중심삼아 가지고 거기에 대(對)가 되는 로마를 수습하는 것입니다.

기반이 그렇게 됐어야 할 것인데도 불구하고 그걸 못 하고 예수님이 죽음으로 말미암아 몸뚱이를 잃어버렸기 때문에 어떻게 됐느냐? 사탄이 전부 다 가져갔으니 서구문명이 역사를 이어받아 가지고 나와서 아시아로 되돌아오는 역사를 하는 것입니다. 주님이 올 때까지 2천년 역사를 되돌아오는 것입니다.

2차대전 이후의 영·미·불의 사명

243 - P.241, 1993.01.17

해와가 타락해 가지고 타락한 세계에서 하늘편도 상대하고 사탄편도 상대함으로 말미암아 해와를 중심삼고 사탄편 가인 아벨과 하늘편 가인 아벨이 싸우게 된 것입니다. 이것이 2차대전에서 하늘편 연합국이 승리했다구요. 어머니 입장에 있는 영국을 중심삼고 연합국이 승리한 후에 아들의 입장에 있는 미국을 중심삼고 불란서와 하나되는 것입니다.

미국과 불란서는 가인 아벨입니다. 세계적인 가인 아벨입니다. 이 나라들은 기독교 국가들입니다. 그것이 미국에 와 가지고 하나가 되는 것입니다. 미국을 중심삼고, 기독교 문화권을 중심삼고 이 셋이 다시 하나되는 놀음이 벌어지는 것입니다. 여기에서 신랑을 맞아야 되는 것입니다. 그 신랑이 아담입니다.

이렇게 영육이 하나된 해와국가, 아벨국가, 가인국가를 이루었기 때문에 신랑 되시는 주님만 맞아들이면 여기서부터 통일왕국이 벌어지는 것입니다. 그래서 신약시대의 완성이 벌어지는 것입니다. 역사적으로 전부 다 탕감했다는 것입니다. 영육이 하나된 기준에서 이것이 승리한 결과를 가져 왔다는 것입니다.

이 원형을 보면 여기가 중심입니다. 신랑하고 가인 아벨이 하나되는 것입니다. 이것이 공식이에요. 그러니까 여기에서 영적 세계와 육적 세계, 영육이 갈라졌던 것을 비로소 세계적

3. 세계복귀의 소명을 받은 미국

인 무대에서 해와권과 가인 아벨권, 사탄권을 청산함으로 말미암아 하늘편 해와의 세계 대표권, 가인 아벨의 세계 대표권을 갖추었다는 것입니다. 그것이 신부권인데, 여기에서 신랑하고 하나되어야 한다는 것입니다. 이것이 공식입니다.

그래서 연합국이 승리한 기반을 가지고 미국, 영국, 불란서가 신부의 자리에서 오시는 신랑을 맞이해야 되는 것입니다.

2차대전 직후에 기독교와 미국이 뜻을 따랐다면 국가가 복귀됐다

187 - P.275, 1989.02.11

해방을 받아야 되는데 무슨 해방을 받아야 되느냐? 아담에서, 타락한 아담에서 해방받아야 돼요. 그 다음에 타락한 해와에서 해방받아야 돼요. 그 다음에 타락한 가인에서 해방받아야 돼요. 그 다음에는? 사탄한테 해방받아야 돼요. 그 다음에는? 그때서야 하나님 앞에 해방받는 것입니다.

그러면 승리한 아담, 승리한 해와, 승리한 가인, 승리한 아벨, 승리한 하나님은 어디 있느냐? 그걸 찾지 못하면 사탄을 제거할 수 없다는 결론입니다. 심은 대로 거두기 때문에 2차대전 직후는 제2 이스라엘 왕권을 찾아 나오는 권입니다. 2차대전은 뭐냐? 주님을 모시기 위한, 지상에 통일왕국 시대를 맞기 위한 준비시대입니다. 그렇기 때문에 2차대전이 끝나게 되면 어떤 나라가 생겨나야 되느냐 하면 하나님이 통치할 수 있는 아담 나라가 생겨나야 되고, 하나님이 통치할 수 있는 해와 나라가 생겨나야 되고, 하나님이 통치할 수 있는 아벨 나라가 생겨나야 되고, 하나님이 통치할 수 있는 천사장 나라가 생겨나야 됩니다. 가인이 천사장입니다. 사탄이 아니에요. 하늘 앞에 순응할 수 있는 가인이라는 것입니다. 하늘 앞에 순응하는 것이 천사장 나라라는 것입니다.

  다시 말하면 하늘편 가인, 하늘편 아벨, 하늘편 아담 해와 국가. 그것을 사탄이 알아요. 알기 때문에 반대 행동을 하는 것입니다. 그래서 영·미·불을 대치해 가지고 나오기 전에 전쟁을 일으킨 것이 일·독·이라는 것입니다. 일본과 독일과 이태리입니다. 일본은 해와국가입니다. 무슨 해와국가냐? 사탄에 속한 해와국가예요. 독일은 사탄편 아담국가입니다. 그 다음에 이태리는 사탄편 천사장국가입니다.

  이것들이 생겨 가지고는 뭘 하느냐 하면 하늘나라 아담 국가를 삼켜 버리는 것입니다. 누가 삼키느냐? 일본이 삼켜요. 일본이 40년 동안 딱 물었어요. 그렇기 때문에 여기에 상대되는 하늘편 상대국들, 해와국가를 대신할 수 있는 이 나라 앞에 40년 동안 고생받는 그 나라는 재림주가 오시는 나라가 아닐 수 없다는 것입니다.

  왜? 아담을 해와가 끌어 가지고 4천년 역사를 심어 놨기 때문에 거둘 때가 되면 세계적인 형태를 딱 모아서 탕감복귀를 위해서 이 4천년 역사를 40년에 갖다가 딱 해 가지고…. 아담이 해와를 이기면 전복해야 합니다. 주관권을 전도해야 됩니다. 이것을 누가 해야 되느냐 하면 영·미·불이 해야 됩니다.

  영국은 해와국가입니다. 그 다음에 미국은 아담국가입니다. 불란서는 천사장 국가입니다. 이것이 뭐냐? 영·미·불이 사탄세계를 까부수고, 그렇게 사탄이 진 후에는 영·미·불, 해와국가, 가인 아벨 국가는 무엇을 찾느냐 하면 아담국가를 찾

3. 세계복귀의 소명을 받은 미국

는 것입니다. 사탄이 아담국가를 찾을 것을 알기 때문에 40년 간 쥐고 있던 것을 때려 부수고 찾아가 가지고 자기 왕국의 조상으로 모셔야 하는 것입니다. 그 나라가 2차대전 직후의 해와한테 고난받고 있던 한국이다 이겁니다.

그때 선생님을 중심삼고 교계와 미국이 하나됐으면 7년 동안에 다 끝나는 것입니다. 이걸 잃어버렸으니 4천 년에서 40년을 다시 찾아 가지고…. 다 잃어버렸어요. 남은 것은 선생님 하나밖에 없어요. 전부 반대하다 보니 아담 나라 다 잃어버리고 레버런 문 혼자 남았어요. 해와 나라 영국도 다 잃어버렸어요. 미국도 다 잃어버렸어요. 불란서도 다 잃어버렸어요. 누구 때문에? 미국이 잘못했기 때문에.

아벨된 미국, 아담 입장에 선 미국이, 유대교를 이어받은 제2 이스라엘권을 미국이 잃어버렸기 때문에 미국 가 가지고 찾아와야 됩니다. 미국에 가서 만들어 가지고 와야 된다는 것입니다. 미국이 아담 나라를 잃어버리게 했고 해와 나라를 잃어버리게 했으니까, 불란서를 전부 다 잃어버리게 했으니까 미국에 가서 찾아와야 된다는 것입니다.

하나님의 뜻 앞에 미국이 책임 못 함으로 빚어진 결과

080 - P.307, 1975.11.02

서구문명은 이제 열매를 맺었습니다. 기독교는 세계 끝에 왔습니다. 기독교에 있어서 4백 년 이후에 로마에서 새로운 세계적 운동이 벌어진 것과 마찬가지로, 열매 맺을 수 있는 때가 왔기 때문에 2천 년을 대표한 2백 년, 미국 역사의 종말 시대에는 새로운 폭발적인 세계 운동이 벌어지리라 하는 것도 예상할 수 있는 것입니다.

　미국은 2차 세계대전 이후에 명실 공히 세계를 지배할 수 있는 나라가 됐습니다. 1차대전이나 2차대전이나 영국이 이긴 것이 아닙니다. 미국이 이긴 것입니다. 미국 때문에 이긴 거예요, 전부 다. 그렇지요? 그러면 미국이 어떻게 해야 되느냐? 2차 세계대전의 주도 국가인 독일이라든가 일본 같은 독재국가들은 하나님의 원수예요. 기독교인을 학살하고, 유대인들을 학살한 하나님의 원수라는 것입니다.

　그래서 사탄세계하고 싸워 가지고 그것을 전부 다 점령했으면 독일이 가졌던 땅 한 조각도 누구한테 양보해서는 안 되고, 일본이 가졌던 땅한 조각도 미국이 관리해야지, 넘겨주어서는 안 된다는 것입니다. 이것을 알아야 됩니다. 그런데 미국이 그것을 못 했습니다. 독일이 점령했던 체코슬로바키아, 유고슬라비아, 알바니아를 왜 소련에게 넘겨주느냐는 것입니다. 왜독일을 왜 동서로 가르냐는 것입니다. 전부 다 미국이 관리해야지요. 만일 소련이 주장하면 '그렇지 않다, 이 자식아! 우리 때문에 네가 발붙인 사실을 몰라?' 해야 하는 것입니다. 이놈들은 무법적으로 진군해 왔다구요.

　미국이 책임 못 한 것입니다. 하늘편의 민주세계 청년들이 피를 흘리고 싸운 목적은 하나님의 영토를 넓히고, 하늘나라의 판도를 넓히고 하늘 사람을 많이 찾기 위해서였는데, 그런 하나님의 뜻이 있어서 그 놀음을 시켰는데도 불구하고 전부 다 후퇴해? 이 자식아!

　독일을 갈라놓은 것도 미국이 책임져야 되고, 한국을 그렇게 만들어 놓은 것도 미국이 잘못한 것입니다. 책임 못 하게 되면 누가 원수가 이익을 보는 것입니다. 2차 세계대전에서

3. 세계복귀의 소명을 받은 미국

제일 복을 받아야 할 미국이 책임 못 함으로 말미암아 그 복을 전부 다 공산당이 가져갔다는 것입니다. 공산당이 가져갔다는 것을 알아야 돼요.

 독일과 일본이 미국과 영국의 원수였지만 왜 복을 받았느냐? 2차 세계대전 후에 이들 국가가 왜 부흥했느냐? 패전국이 부흥하는 그런 원칙은 역사에 없습니다. 미국이 책임 못해 가지고 원수들이 복을 받았다구요. 이래 가지고 지금 구라파에서도 후퇴, 아시아에서도 후퇴하는 미국이 됐다는 것입니다. 하나님이 미국을 어떻게 생각하겠어요? 아메리카는 썩기만 하는 것입니다. 미국이 지금 망하고 있지요? 마찬가지로 책임 못 한 기독교도가 들이맞는 것입니다.

3

위기에 선 기독교와 미국의 현재

1. 하나님이 떠나가고 있는 미국의 현실

우주의 공의에 벗어난 개인주의

038 - P.151, 1971.01.03

오늘날의 미국사회를 바라볼 때, 개인주의적인 관에 서 있는 인간상은 인류역사의 종착점에 떨어져 가고 있는 것이 사실입니다. 종착점도 말단 중의 말단인데 희망을 가진 말단이 아니에요. 이제는 저 무저갱에 하나의 물방울이 떨어지는 운명과 같은 입장에 있는데도 그것을 모르고 사는 비참한 무리들이 우글대는 곳이 미국이라고 보는 것입니다. 그러면서 자기가 제일이라고 하는 것입니다. 뭐 어머니 아버지 그만두고 '내가 제일이야' 하는 것입니다. 자기 혼자 제일 되면 뭘 하겠어요? '여자도 난 필요 없어. 남자가 제일이야' 그런다구요. 요즘에 남색주의자들의 문제, 여색주의자들의 문제가 사회문제가 되어 가지고 법적으로 이것을 지지하느냐 하는 문제까지 나와 있는 것입니다.

이거 왜 그러느냐? 자기를 몰라서 그러는 거예요, 자기를. 자기를 몰라서 그래요. 그들에게 아무리 희망을 부르짖고 아무리 말했댔자 그들은 자기밖에 없어요. 자기의 미래의 민족이 없고, 국가가 없고, 세계가 없어요. 세계를 다 잃어버리고, 국가를 잃어버리고, 자기 가정을 잃어버리고, 자기 남편, 처자를 잃어버리고 고독단신이 되어 가지고 행복을 찾겠다고 절대적인 자아를 주장하는 이 무리는 우주가 용납 안 해요. 우주는 그러한 자를 보호하지 않는다는 것입니다. 전체를 품고 전체와 더불어 존재하는 사람은 보호하지만, 분립되어 가지고 전체를 대신하겠다는 사람은 제거하는 것입니다. 그런 사람은 이 우주의 공의의 도리를 세워 가는 데 있어서 역적이에요. 그는 망해야 돼요. 그런 세계에 있는 사람을 우리 같은 사람이 가서 이걸 돌려잡기 위한 싸움을 전개하고 있는 것입니다.

그래, 혼자 행복해서 뭘 해요? 오늘날 여자들이 혼자되어 가지고 다이아몬드로 배를 만들어 타고 돛대도 없고 엔진도 없이 그냥 그대로 슬슬 소리도 안 나는 그런 배를 타고 다니면 뭘 해요? 술을 먹고 취해서 좋다고 하는데 그거 좋으면 뭘 해요? 좋다는 말을 할 수 있어요? 좋을 수 있는 상대가 있어야지요. 시를 읊더라도 거기에는 새가 필요하고, 바다 위를 달리게 되면 갈매기가 필요하고, 태양빛에 반사된 금빛 같은 물결이 필요하다구요. 상대적 환경에 반응된 인연을 벗어나서는 자기들의 시각에서 미적 감정을 잘 느낄 수 없는 그런 처량한 신세를 모르는 망각자들이 많다는 것입니다.

타락인간들이 부르짖고 있는 자유는 사탄의 마약

066 - P.014, 1973.03.11

요즈음 미국으로 말하면 뭐 민주주의식이고 사람은 다 마찬

1. 하나님이 떠나가고 있는 미국의 현실

가지인데 누구는 뭐 어떻고 어떻고 자유인데, 부끄러움이 어디 있고 양심의 가책을 받을 게 어디 있느냐는 사상이 강하지요? 그래, 부끄러운 것을 생각해 봤어요? 죄의식을 한번 가져 봤어요?

만약에 역적의 아들이라면 어떻게 하겠어요? 역적의 아들이라면 당당하겠어요? 또 강도의 아들이라면 어떻게 하겠어요? 당당하겠어요? 그 다음에는 또 말할 수 없는, 짐승 같은, 치욕을 느끼는 불륜한 사랑관계를 갖고 있으면 당당하겠어요? 만약에 자기가 그런 죄를 졌다면, 그런 죄를 진 사람의 아들딸이라면, 그런 후손이라고 생각하게 된다면 얼굴을 들고 '아, 나에게는 자유가 필요하다' 라고 말할 수 있느냐는 것입니다. 또 '나는 이 자리에서 그냥 그대로 자리잡아야 되겠다' 라고 할 수 있어요? 누구를 막론하고 그럴 수 없다는 대답은 당연한 것입니다.

모든 사람들이 떳떳하고 자유롭기 전에 먼저 무엇을 해야 되느냐 하면 죽었다가 살아나야 되는 것입니다. 용서를 받든가 거꾸로 뒤집어지든가, 청산하는 문제가 있어야 된다고요. 그래야 될 것 아니냐구요. 우리 세상법을 보더라도 그래야 될 것 아니냐구요.

아담 해와 천사는 어떻게 됐느냐? 이들은 역사적인 배반자라구요. 역사적인 살인자예요. 또한 역사적인 불륜한 사랑관계를 맺은 대표자라고요. 그 조상이 누구냐 하면, 사탄 마귀더라 이거예요. 아담 해와는 그와 연루자입니다. 죄를 같이 지었으니 공범자라는 것입니다. 공범자가 우리조상이요, 우리는 그 조상의 후손이라는 겁니다.

여러분은 자신에게 더 가까워요, 하나님께 더 가까워요? 또 여러분의 가정에 더 가까워요, 하나님께 더 가까워요? 말은 하나님께 더 가깝다고 하지만 사실은 안 그래요. 가까워져 있지 않다구요. 생각이나 말뿐이지요. 하나님의 사랑을 중심삼고 여러분이 얼마나 가깝다고 느껴 본 적이 있느냐는 것입니다. 여러분이 외국에 가면 느껴지는 동포애만큼도 못 느껴 봤지요? 동포애만큼도 못 느껴 본 사람이 대다수라구요. 결국 하나님과는 멀다는 얘기예요. 하나님이 나 자신보다도 멀기 때문에 전부 다 멀다는 것입니다.

그러면 이렇게 된 우리는 하나님 앞에 먼 곳에 있으니 누구한테 가깝겠느냐? 그건 자연히 사탄한테 가까운 것입니다. 이렇게 된 이 세상 사람들이 하나님 앞에 먼 곳에 있으니까 누구한테 가깝느냐? 자연히 사탄편에 가까울 수밖에 없습니다. 인간들은 사탄으로부터 태어난 것입니다. 사람들은 원칙적인 사랑을 좋아하느냐, 비법적인 사랑을 좋아하느냐? 원칙적인 법을 지키기를 좋아하느냐, 법을 안 지켰으면 좋겠다고 생각하느냐?

민주주의, 자유민주세계를 말해 가지고 '나에게 자유를 달라' 할 때, '원칙적인 사랑을 하겠다. 원칙적인 진리의 길을 가겠다. 원칙적으로 나라를 사랑하겠다' 하는 것이냐, '그저 마음대로 하겠다. 원칙이 뭐냐. 그저 되는대로…. 사랑도 마음대로 하고…. 뭐 법이 다 뭐냐. 내 마음대로다' 하는 것이냐? 어떤 것이냐?

지금 미국의 히피들, 대부분의 젊은 청년들 밀이에요. 젊은 세대, 대학가의 똑똑한 젊은 사람이라면 전부 다 자유주의이고 낭만주의라고 말하고 있지만 그들은 결국 무엇이냐? 불륜의 누더기 보따리요. 사랑에 대한 가치관에서는 무가치한 것

1. 하나님이 떠나가고 있는 미국의 현실

들이라는 것입니다. 그것은 지금까지 쌓아 놓은 법을 한꺼번에 다 흔들어 버리고 인류를 한꺼번에 흔들어 버린다구요. 그것이 자유예요? 그런 자유가 우리에게 필요해요? 그 자유로 말미암아 우리에게 있어서 발전이냐, 파탄이냐? 발전이에요, 파탄이에요? 파탄이라는 것입니다.

그러면 인간들이 찾고 있는 자유가 뭐냐? 그것은 파탄이요, 멸망시키기 위한 함정이라는 것입니다. 근본적으로 우리는 부끄러운 것 중에서도 부끄러운 인간들인데, 또다시 용납받을 수 없는 부끄러운 놀음을 하고 있다는 것입니다. 이것을 볼 때, 하나님께서는 제일 좋아하실 것이 아니라 제일 싫어하실 것입니다. 그러면 누가 좋아하느냐? 원수가 제일 좋아한다는 것입니다. 그렇기 때문에 나에게 새로운 말을 지어서 하라고 하면 '이 자유는 사탄의 마약이다' 라고 결론짓고 싶습니다. 내가 한 말이 어때요? 그 말이 그렇다고 생각해요?

이상의 집이 되어 있지 못한 미국

128 - P.178, 1983.06.19

지금 전세계적으로 보면, 미국이 지상에서 자기들이 바라는 소망의 나라가 아니냐고 생각하는 사람들이 많습니다. 그것은 뭐 다른 것을 두고 말하는 것이 아니에요. 미국 사람이 좋아서 그러는 것이 아니라 미국은 경제력이 있고, 기술도 있고, 또 자유가 있기 때문에 그러는 것입니다. 미국 사람들 중에도 나쁜 사람이 많이 있다구요.

지금 미국 가정을 보자구요. 가정 하게 되면 나라를 형성하는 기본단위인데, 이 가정에 근본적인 파탄이 왔다 하는 것은 세계에 공인된 사실입니다. 부모 자체를 믿을 수 없고, 부부 자체를 믿을 수 없고, 자식 자체를 믿을 수 없고, 형제 자체를 믿을 수 없는 단계에 들어왔다 이겁니다.

그러니 그런 입장에서 누구를 믿느냐 이거예요. 부모를 못 믿고, 남편을 못 믿고, 아내를 못 믿고, 형제를 못 믿는 이런 판국에서 누구를 믿겠느냐 이거예요. 학교 선생을 믿겠느냐, 이 나라 대통령을 믿겠느냐? 그 누구도 믿을 수 없는 불신사조가 전체를 지배하는 세계가 되었다는 결론을 내릴 수 있습니다.

여러분 젊은 사람의 가슴에는 부모에게서, 혹은 부부라든가 남녀관계에서, 형제지간에서 타격받은 것이 크기 때문에 그것을 넘을 수 있는 무엇을 가질 수 없다는 것입니다. 부모를 봐도 부모가 멀고, 형제도 멀고, 남편도 멀다는 것입니다. 그러니 그것을 넘은 나라라든가 세계는 더 멀지 않으냐 이거예요. 그 다음에 하늘나라니 종교니 하는 것은 더 먼 것입니다.

이러한 환경에 처해 있는 미국 젊은이들에게 있어서 종교가 뭐 필요하고, 세계가 뭐 필요하고, 나라가 뭐 필요하고, 사회가 뭐 필요하고, 부모가 뭐 필요하고, 아내가 뭐 필요하고, 형제가 뭐 필요하냐 이거예요. 이런 부정적인 여건에 함락되어 떨어지지 않을 수 없다는 사실을 알아야 되겠습니다. 그러니 뭐 하늘나라니 종교니 하는 것은…. 종교가 무너지고 사상이 무너져서 나라 전체가 상관이 없는 길로 가게 되는 것입니다. 그것은 너무나 멀다는 것입니다. 그리고 내 자신을 두고 봐도 아무 상관이 없다는 것입니다.

나 자신을 중심삼고 '내가 귀하다'고 생각하는데, 뭐가 귀하냐 이거예요. 부모가 믿지 못하고, 형제가 믿지 못하고, 아

1. 하나님이 떠나가고 있는 미국의 현실

내가 믿지 못하고, 나라가 믿지 못하고, 세계 하늘땅이 믿지 못하는데 내가 뭐 귀하겠느냐 이거예요. 그러니까 '인간이라는 것은 별것 아니다. 동물만도 못한 것이 인간이다' 하는 자리까지 떨어지는 것입니다.

그렇기 때문에 어떻게 생각하느냐 하면 '우리 엄마 아빠가 좋아하는 것은 싫고, 남편이 좋아하는 것도 싫고, 형제가 좋아하는 것은 싫다. 다 싫다. 그리고 옛날 사람들이 틀거리로 남겨 놓은 종교도 싫다'고 하는 것입니다.

그러다가 자기 자신까지 부정하는 것입니다. '옷은 뭐 하러 입어? 벗어버리지. 옷은 왜 입어?' 하는 것입니다. 그저 먹고 싶으면 먹고, 기분 나쁘면 싸우고 마음대로 하는 것입니다. 이와 같은 입장에서는 모델이라는 게 없다는 것입니다. 표준 될 게 없습니다. 그러니까 남자가 여자를 부정하고 다 그런다구요. 그러다가 호모섹스(homosexuality;동성애자)니, 레즈비언(lesbian;여자 동성애자)이니 하는 문제가 나오고, 마약이니 하는 문제가 나오는 것입니다. 그러니 그것은 자연히 그들의 일시적 향락을 추구하기 위한 심적 요구에 의해서 불가피하게 나온 길이 아니겠느냐.

가정에서 아버지를 보나 오빠를 보나 전부 다 동물이에요. 별의별 일이 다 벌어진다구요. 남자를 귀하게 여길 수 있는 모델이 없습니다. 여자를 귀하게 여길 수 있는 모델이 없습니다.

남녀관계에 있어서 정조문제에 들어가 보면, 뭐 매일 저녁 돌아다니며 이 남자, 저 남자…. 그뿐만이 아니라 애비가 딸하고, 할애비가 손녀딸하고 뭐 별의별 일이 다 벌어진다는 것입니다. 그런 가정이 지금 미국가정에 있어서 20퍼센트가 된다는 통계 자료가 나와 있다구요.

그런 입장에서 당한 여자들은 뭐 남자 세계를 완전히 부정하는 것입니다. 그 아버지가 믿는 종교나 숭상하는 도리, 그 오빠가 숭상하는 종교나 그런 이상을 부정하는 것입니다. 현재 미국이 그런 실정입니다.

어기서 어떻게 올라살 것이냐? 여기서 열이면 열 다 내려가게 돼 있지 올라가게 돼 있지 않다구요. 하나님을 믿고, 종교를 믿고, 선생을 존경하고, 사회의 모든 제도를 가졌는데도 불구하고 이렇게 떨어졌으니 이런 현실에서 어떻게 하나님을 중심삼고 올라갈 수 있으며, 어떤 교육을 통해서 올라갈 수 있느냐 이거예요. 그게 없다는 것입니다.

기독교정신을 잃은 미국

073 - P.015, 1974.07.21

미국에 있어서 제일 위대한 힘이 있다면 그것은 기독교정신입니다. 기독교정신으로 말미암아 초민족적인 결합을 하였다는 자체가 미국의 위대성이라는 것입니다. 그리고 기독교사상을 중심삼은 사회조직과 경제체제를 지금까지 강조했기 때문에 미국이 위대하다는 것입니다. 정책 방향이 하나님의 뜻에 의해 가지고, 세계 앞에 미국이 무엇을 할 것이냐 하는 관점에서 나온 것도 전부 다 하나님과 기독교사상으로 말미암아 줬나는 것을 부정할 수 없습니다.

이렇게 형성된 이 미국은, 즉 이렇게 하나님이 축복한 이 미국은 하나님의 뜻을 이어받아 가지고 전진적인 발전을 했음에도 불구하고 현재는 발전하는 단계가 아니라 위기 상태로

1. 하나님이 떠나가고 있는 미국의 현실

나아가고 있는 것을 여러분은 피부로 느낄 수 있는 단계에 처해 있습니다.

여러분이 알다시피 현재 기독교 하게 되면 젊은 사람들은 머리를 흔듭니다. 또 기독교 자체 내에 있어서 기독교를 위해 생명을 바치겠다는 수많은 교직자들이 지금 일탈해 가고 있는 것을 여러분이 더 잘 알고 있는 것입니다. 현재 청년들이 아무리 반대를 하더라도 반대하는 청년보다도 더 강력히 단결해 가지고 움직여 나갈 수 있는 지도체제와 기독교 지도자들이 있다면, 어느 때라도 하나의 국가와 미래를 재차 수습할 수 있는 소망이 있는 것입니다. 그렇지만 그 주체적 사명을 해야 할 기독교 지도자들이 몰락하고 있다는 사실은 안팎으로 망해 가고 있다는 결과를 예시(豫示)하는 것입니다.

이렇게 볼 때 교회에 대한 희망은 절망 상태에 이르렀습니다. 그뿐만이 아니라 여러분 가정을 두고 보면, 가정윤리도 근본적으로 파탄되었다는 것입니다. 기독교사상의 몰락과 더불어 급진적으로 미국에 대한 하나의 악마의 침투와 같은 결과를 가져 온 것이 이런 파탄상입니다. 국가에 대한 관을 세울 수 없고, 가정에 대한 확실한 신뢰의 기준을 세울 수 없는 민족은 무엇을 믿을 것이냐' 이거예요. 무엇을 의지할 것이냐 이거예요.

미국은 개인주의사상으로 열매가 맺히고 있는 단계에 있다는 것을 우리는 잘 알고 있습니다. 그들 앞에 '가정이 있느냐' 하고 묻게 되면 '가정 관계는 없다. 가정보다 나다'고 대답하는 것입니다. 여기에 비해서 '나라가 있느냐, 나라를 책임지겠느냐?' 하고 묻게 되면 '나라고 뭣이고 우리는 모른다' 하는 것입니다.

그러면 이 나라의 주인이 누구냐? 개인주의자가 주인이냐 이거예요. 개인주의자들을 지도할 수 있는 국가가 되어야 할 텐데, 국가와 개인주의자와 여러분과는 관계를 맺을 수 없는 단계라는 것입니다. 그런 나라는 나라대로 가고, 가정은 가정대로 다 흘러갑니다. 개인주의적인, 여러분 개인 개인은 남아 있을는지 모르지만 여러분이 있던 가정과 여러분의 나라는 흘러가고 망한다는 걸 알아야 됩니다.

다시 구원해야 할 오늘날의 미국

243 - P.190, 1993.01.10

사탄세계의 기반이 되는 것이 사탄세계의 가정과 국가입니다. 미국의 가정들을 보면, 가정에 살고 있는 할아버지 할머니, 아버지 어머니, 자녀들 이 3대가 하나되지 못하고 전부 다 원수가 되어 있습니다. 할아버지 할머니가 원수고, 어머니 아버지가 원수고, 부부가 원수가 되어 있고, 형제가 다 원수가 되어 있다는 것입니다. 그래서 가정이 완전히 전멸되어가고 있습니다. 완전히 갈라진 것입니다. 그리고 나라까지도 엉망이 되어 있다는 것입니다. 이것이 개인주의입니다. 개인주의는 끝날에 가서는 '세계가 다 나하고 상관없다. 나라도 나하고 상관없다. 사회도 나하고 상관없다. 우리 가정, 부모도 나하고 상관없다. 남자 여자 상관없다. 아들딸도 나하고 상관없다' 이렇게 나온다는 것입니다.

나중엔 자기 자신까지도 부정하는 것입니다. 그것이 지금 미국의 히피 이피들입니다. 세계도, 나라도, 종족도, 사회도, 가정도 어디에도 갈 데가 없어요. 그러니 남은 것은 자살뿐입

1. 하나님이 떠나가고 있는 미국의 현실

니다. 그러면서 프리 섹스가…. 하나님이 제일 싫어하는 것이 프리 섹스입니다. 하나님의 뜻과는 180도 다른 세계라구요. 종새끼가 왕을 타고 앉고, 종이 주인을 타고 앉고 하는 것이 공산주의예요. 사탄입니다. 본래 주인이 아담인데, 사탄이 주인이 됐다는 건 종이 왕이 되는 것입니다. 자본주의 세계에서의 부르조아는 하나님의 축복을 받은 사람입니다. 그런데 공산주의는 부르조아를 타도하자는 것입니다. 종새끼들이 주인을, 왕권을 탈취하자는 것입니다. 이것도 부족해 가지고….

그래도 사랑은 정서적인 것이 자극이 되어 가지고 나오는 것인데, 프리 섹스는 정서적인 면이 전혀 없어진 상태입니다. 그러니까 마약이나 환각제를 이용하는 것입니다. 마약이나 환각제를 먹으면 언제든지 그 세계에 들어가는 것입니다. 사랑은 정서적인 면에서 자극적인 것을 느낄 수 있는 것인데 프리 섹스는 이 면이 완전히 죽어 버림으로 말미암아 마약 환각제를 통해서 정서적인 면을 보충하려는 것이 현재의 마약 사회입니다.

이런 사랑이 무슨 사랑이에요? 사랑함으로 더 고통받고 가책만 받는 것입니다. 할아버지가 손녀하고 살고, 아버지하고 딸하고 살고…. 미국에 그런 사람들이 많잖아요? 어머니가 있는데 아버지하고 딸하고 산다구요. 사탄이 하나님의 뜻을 완전히 180도 뒤집어 놓은 것입니다. 호모 섹스가 원리에 있어요? 레즈비언, 알콜 중독! 이런 것이 전부 다 정서적인 탈선입니다. 이런 세계가 지옥입니다. 우린 이것과는 반대, 180도 반대라구요. 이쪽이 천국입니다. 통일교인들은 이걸 안다는 것입니다.

트위스트 댄스, 트위스트는 뱀춤이에요, 그건 악마의 무기입니다. 정말이에요. 젊은 사람들 춤 때문에 미쳐 가지고 야단하잖아요? 사탄의 전성시대, 사탄 지옥을 만들어 놓고 '하나님이 이와 같은 환경에서 천국을 만들겠어? 하하하!' 이러고 있다는 것입니다.

하나님의 뜻이 어디로 가야 되는지 알겠지요? 180도 달라졌다구요. 사탄은 '술 먹어라, 자꾸 술 마셔라, 더, 더! 담배 자꾸 피워라! 마약 먹어라! 프리 섹스해라! 해라!' 한다구요. 통일교인들도 프리 섹스를 좋아해요? 1백퍼센트 노(No)입니다. 백 퍼센트! 호모 섹스는 어때요?1백퍼센트 노(No)입니다. 지금 미국 대통령이 뭘 지지해요? '마약 괜찮아! 낙태 괜찮아! 프리 섹스 괜찮아!' 하는데 이것이 사탄을 대표한 것입니다.

붕괴되어 가고 있는 미국의 가정

256 - P.020, 1994.03.12

사탄이 조건을 잡는 제일 중심의 문제가 남녀 관계입니다. 잘못해서 남녀 관계를 맺었을 경우에는 당하는 것입니다. 그렇게 남녀 관계는 무서운 것입니다. 아담 해와의 한 순간의 한 번의 행위가 이런 수천 만년에 걸쳐 천주를 파괴시키고 창조주를 십자가에 달리게 했다고 하는 것입니다. 그런 무서운 일이 사랑 문제에 얽혀 있다고 하는 것을 아무도 생각 못 합니다.

지금 전세계의 가정을 보면 가정이 붕괴되고 있다구요. 왜 붕괴하느냐? 사람이 없으니까 붕괴하는 것이 아니에요. 부모가 없으니까 붕괴하는 것이 아니에요. 남편 부인이 없으니

1. 하나님이 떠나가고 있는 미국의 현실

까 붕괴하는 것이 아니에요. 형제가 없으니까, 오빠 언니 동생이 없으니까 붕괴하는 것이 아니에요. 자녀가 없으니까 붕괴하는 것이 아니에요. 모두 있는데 붕괴하는 것입니다. 돈이 없으니까 그러는 게 아니에요. 지식도 아니고 권력도 아니에요.

세계를 지도하는 미국, 주체국이 되어 있는 미국이, 경제력, 지식력, 군사력이 방대한데, 그런 미국이 지금 붕괴 전야에 있는 미국의 가정을 수습할 아무 길도 없는 것입니다. 큰일입니다. 그것을 수습하지 않으면 가정이 전멸하는 것과 더불어 민족이 전멸, 국가·세계가 전멸하는 것입니다.

사탄은 이렇게 해서 인류를 찾아오고 있어요. 인류를 모두 하나님께서 평면상에서 참부모를 중심삼고 연결한 경우에는 다 평면상에서 개인·가정·종적·민족·세계가 한꺼번에 180도 전환될 수 있다 하는 것을 사탄이 알고 있기 때문에 그걸 이루지 못하게 하려고 하는 것입니다.

그걸 이루는 데는 사랑을 중심삼고 세계적으로 통일, 하나가 되어야 됩니다. 가인 아벨권이 하나가 되어야 돼요. 심신 분열이 아니라 심신 통일, 부부 분열이 아니라 부부 통일, 종족 분열이 아니라 종족 통일, 8단계의 모든 것이 통일되는 내용을 연결시키지 않으면 평면상에 일렬로 서서 한꺼번에 180도 반대의 하나님편에 이끌어 갈 수가 없는 것입니다. 지금 선생님은 그 구상, 그 체제를 이루기 위해서 행하고 있는 것입니다. 세계적인 개인의 박해를 넘고, 세계적인 가정….

부모가 자기의 자식을 납치한다고 하는 것은 역사에 없었던 것입니다. 그것은 통일교회에 있어서, 문 선생에 있어서 시작되어 있는 것입니다. 누나가 여동생을 납치하고, 형이 남동생을 납치하고, 아내가 남편을 납치하고 어머니가 아버지를 납치합니다. 전체가 납치 운동이 되어 있습니다. 그것은 누가 하느냐? 양심을 가진 인간은 자기의 자식이나 부모를 납치하는 것은 없어요. 그리고 아내가 남편을 납치하는 것은 없어요. 그런 역사가 통일교회를 중심삼고 있는 것입니다.

그것을 누가 했느냐? 그 본인 자체는 하고 있지 않습니다. 뭔가 커다란 힘이 그것에 씌어져서, 더해져서 자기도 모르게 미워하게 되는 것입니다. '저 놈 미워서 죽을 지경이다' 하는 그런 동기의 힘을 끌어 붙이는 무언가가 있어요. 그것을 사탄이라고 하는 것입니다.

왜 사탄은 그렇게 하느냐? 하나님께서 그 전체를 통일했을 경우에는 개인에서 가정, 자녀와 형제, 부부와 부모를 통일하면 사탄은 큰일나는 것입니다. 그리고 종적인 부모인 하나님과 혈통이 연결되면 사탄 같은 것은 한 걸음도 가까이 갈 수가 없는 것입니다. 그것을 잘 알고 있는 것입니다.

그것을 엉망진창으로 만듦으로 말미암아 하나님도 재림주님도 손을 댈 수 없는 환경으로 만들고 있습니다. 프리 섹스, 마약 문제, 알콜 문제, 그리고 호모섹슈얼, 레즈비언 문제 등 사랑의 관계는 백 퍼센트 무너져 있는 것입니다.

그것을 누가 수습하느냐? 이 세상의 것에는 없어요. 나라의 힘으로도 못 합니다. 일본도 앞으로 큰일입니다. 청소년의 성교육이라고 해 가지고 12세 이상이면, 결혼 전에 모두 성관계를 하는 것은 미래의 21세기에 대단히 적합하다고 하는 그런 책의 내용을, 섹스 관계를 하는 자극적인 내용을 가르치는 것입니다. 그것을 좋은 것이라고 해서 실현해 보이고 하는 것입니다. 그것을 어디에서나 한다는 것입니다. 부모가 보아도 그

1. 하나님이 떠나가고 있는 미국의 현실

렇게 되는 것입니다.

그런 상황이 된 환경을 바라보게 될 때, 하나님이 창조이상의 절대 사랑의 이상, 일체 통일 사랑의 이상권이 설 수 있다고는 꿈에도 생각할 수 없는 것입니다. 그것을 보고 사탄이 '하하하, 전능한 것도 어찌할 수 없다' 라고 웃는 듯한 입장에서 참소합니다. 그것이 지금의 현상입니다. 정말로 하나님을 알면 통곡의 생각을 갖지 않고는 하나님을 향한 마음을 가질 수 없습니다.

병들고 부패해 가고 있는 오늘의 미국의 현실

146 - P.179, 1986.06.15

미국이 아무리 잘나고 그래도 앞으로 동양을 못 당한다구요. 일본에게도 지금 당하고 있지요? 하늘의 뜻이 그렇다는 것입니다. 완전히 당하는 것입니다. 그건 이미 바꿔지고 있는 것입니다.

미국의 경제력 가지고, 정치의 힘 가지고, 국방의 힘 가지고, 법을 가지고 미국 국민의 부패를 막을 수 있고, 마약을 막을 수 있어요? 못 해요! 법 가지고도 못 한다구요. 여러분에게 댄버리에 대해서 얘기했지만 댄버리에 들어왔다가 나간 놈들이, 감옥에서 살다가 나간 사람의 32퍼센트가 또 들어온다구요, 또 들어와. 그게 점점 늘어가요, 점점. 그걸 무엇으로 막을 거예요?

그리고 미국의 변호사가 점점 많아져 가고 있다구요. 변호사가 20만 명 가량 됩니다. 변호사가 자꾸 늘어나 가지고 변호사들이 싸움을 붙여 가지고 나쁘게 만드는 것입니다. 법정 투쟁할 수 있는 문제를 만들게 하는 것입니다. 벌어먹기 위해서 악을 조종하고 있더라는 것입니다. 미국에서 이런 일이 벌어지고 있다구요. 그들이 먹고 살기 위해서 조작하고 있는 것입니다. '너 이 사건 이렇게 해라 해라' 하는 것입니다. 그 변호사들이 양심적이 아니에요. 자기 이익을 중심삼고 문제를 만들어 가는 것입니다. 신문해 가지고, 전부 다.

 미국 사람들은 그걸 몰라요. 아시아 사람, 다른 나라에서 이민해 온 사람들은 미국이 망한다는 걸 대번에 알아요. 소련에서 망명한 노벨상 수상자 알렉산더 솔제니친이 미국에 와 가지고 미국을 보더니 미국은 살 곳이 못 된다고 하면서, 일본에 와서 아시아에서 살기 위해서 연구해 갔다는 보고를 내가 들었습니다. 미국은 망한다구요.

 지금까지의 습관성, 사탄세계의 뿌리가 아직까지 청산되지 않았고, 끈기가 아직까지 청산되지 않았습니다. 워싱턴 타임스를 중심삼고 백인들이 전부 다 아시아인이라고 반대를 한다구요. 지금 여기 월드 앤 아이(World and I;세계와 나)도 지금까지 마사가 있기 때문에 미국인들이 '여기는 우리 사회인데' 해 가지고 문제가 됐다구요. 그걸 만들기 위해서는 몇 개월, 몇 년이 걸려야 됩니다.

 뜻길에 있어서 일본 사람을 시키면 장애가 없이 나가지만 여러분에게 시키면 지그재그예요, 지그재그. 올라갔다 내려갔다 하는 것입니다. 민주주의가 그렇잖아요? 민주주의는 변천에 따라시 옛닐에 좋던 것이 나빠지면 내려가고, 또 나빴던 것이 올라가고, 이건 망하게 마련입니다. 사탄편이 되는 것입니다. 결과적으로는 사탄세계가 되는 것입니다.

 그래서 남자 여자, 돌아가자! 돌아가자구요. 지금 돌아가자

1. 하나님이 떠나가고 있는 미국의 현실

는 것입니다. 여러분들의 듣는 자세를 고쳐 놓아야 되겠다구요. 지금 다른 생각을 하고 듣는다구요. 에덴동산에서 아담 해와의 아들딸이 부모가 말을 할 때 다른 생각 했겠어요? 부모의 말을 절대시했다구요. 그리고 여러분이 알아야 될 것은 책임분담 완성하기 전에는 미성년입니다. 미성년이 어떤 말을 해도 그 말은 성립이 안 됩니다. 법적으로 인정을 받지 못한다는 것입니다. 여러분들이 책임분담 완성했어요?

왜 그러냐? 어른은 뭐냐면, 사람의 책임을 완성해 가지고 하나님의 직접적인 사랑을 받는 그 사람이 본래 어른이에요. 그래, 하나님의 사랑을 중심삼고 어른이 됐어요? 인간 책임분담을 완성해 가지고 언제 하나님의 참사랑과 연결되었느냐는 것입니다 이것이 결혼할 때의 조건입니다. 그게 조건이지 된 게 아닙니다. 이렇게 앉아 가지고 '아, 내가 통일교회 책임자니 내 말을 들으면 다 된다' 이 따위 생각 하지 말라는 것입니다.

결혼한 사람을 아담 해와가 장성기 완성급에서 타락한 그 자리에 갖다 놓은 것입니다. 여기서부터 7년 노정을 가야 된다는 걸 알지요? 참사랑을 중심삼고 참부모의 사상을 완전히 이어받아야 됩니다. 그래 가지고 하나님의 사랑을 중심삼고 참부모를 통해서 완전히 하나됐다는 증표를 받아야 됩니다. 그 7년 과정을 통해서 여러분들이 완전히 하나되어 나가지 않고는 천국에 못 갑니다. 못 올라간다구요. 여러분들이 지금 정착하고 있는 그 자리에서 다 썩어지고 병이 나 있다는 것입니다.

세계구원의 기수가 되라는 하나님의 뜻을 저버린 미국

135 - P.245, 1985.12.12

이상세계는 영원불변 절대적인 하나님을 어버이로 모시고 전인류가 형제자매로서 위하면서 화목하게 사는 인간 대가족의 세계입니다. 이 세계를 이루기 위한 하나님의 섭리를 전체적으로 지도하는 분을 구세주, 혹은 메시아라고 부릅니다. 참사랑의 회로가 막힌 세계에서 위하는 생활로 본을 보이시는 이분은 인류 이상의 동기요, 목표인 것입니다.

메시아로 오신 예수님은 유대교와 이스라엘을 기반으로 세계를 구원하기 위하여 그들로 하여금 세계를 위하도록 깨우치는 과정에서 불신을 당하시고 십자가를 지시게 되었습니다. 예수님의 뜻은 세계를 위하는 유대교와 이스라엘이 되기를 바랐는데, 그들은 자기들만을 위한 신이요 구세주이기만을 요구했기 때문입니다. 그리하여 부활하신 예수님은 세계 기독교권을 영적으로 영도해 오셨습니다.

미국은 하나님의 뜻을 중심하고 세계구원의 기수가 되어야 할 세계 기독교의 대표로 뽑힌 나라입니다. 미국은 기독교 정신으로 하나님의 뜻을 세계적으로 결집시켜야 할 중차대한 사명을 갖게 된 것입니다. 미국에 내리신 하나님의 축복은 미국만을 위한 축복이 아니라 세계를 위한 축복이요, 또 미국만을 위한 미국이 아니라 세계 인류를 위한 미국이어야 하는 것입니다. 이와 같은 하나님의 심정과 섭리의 원리를 아는 본인은 미국으로 날려가지 않을 수 없었고, 지난 13년 동안 미국을 깨우치기 위하여 미쳐 일해 왔던 것입니다.

미국은 2차대전 이후, 그 전후문제(戰後問題)의 처리과정에서 세계를 위하여야 할 사명을 잊은 적이 많았습니다. 세계

1. 하나님이 떠나가고 있는 미국의 현실

를 우선적으로 염려해야 할 하나님의 기대를 저버리고 미국만을 염려했기 때문에, 미국은 자유세계의 많은 국가들을 잃어버렸습니다. 미국이 기독교 정신에 투철하지 못했을 때에 국내적으로 많은 문제들이 발생했던 것입니다. 인종문제, 마약문제, 청소년 윤락과 가정파탄, 폭력과 범죄, 공산주의 침투 등이 그것입니다. 여러 원인들이 있겠지만 이 모두는 미국의 정신적인 고갈로 말미암아 초래된 것들입니다.

하나님은 미국에서 세계를 대표적으로 위하는 개인이 나오기를 기대하셨고, 또 세계를 대표적으로 위하는 가정이 나오기를 기대하셨고, 세계를 대표적으로 위하는 국가가 되기를 기대하셨습니다.

그런데 미국의 현실에서 하나님께서 원하시는 개인과 가정을 찾지 못하게 되었고, 미국이라는 나라도 그 신앙의 기반이 송두리째 흔들리고 있습니다.

공산주의의 전략에 의해 병든 미국의 실정

128 - P.035, 1983.06.01

요즈음 공산주의자들은 무슨 운동을 하고 있느냐? 평화를 내걸고 지금 서구사회가 공산주의와 대처해 싸울 수 있는 기반을 약화시키기 위한 운동을 하고 있는 겁니다. 평화라는 타이틀을 중심삼고 약소국가에 전부 침투해 들어가고 있습니다.

자, 이런 실정을 두고 볼 때, 지금 중남미 문제라든가 중동 문제라든가 아시아 문제라든가 아프리카 문제 등 전반적인 세계 문제를 제기하는 주도적 역할을 하는 곳이 어디냐? 공산세계다 하는 것을 우리는 확실히 알고 있습니다. 그렇게 보면, 소련이면 소련을 중심삼고 공산주의가 이런 싸움을 자기들이 하지 않고 서구사회 끼리끼리 싸움을 할 수 있는 길을 연결시키자 하는 것입니다. 그것이 공산주의의 중요 전략이 아닐 수 없습니다.

미국은 남미를 착취하고 있습니다. 또 구라파 제국은 아프리카를 착취하고 있습니다. 자본주의의 특정 국가들이 전세계를 움직이고 있습니다. 그러니 착취당하는 사람, 착취당하는 무리들이 해방 받을 수 있는 길은 소련편이 되는 길밖에 없다는 것입니다. 본래는 우리가 잘살았는데 우리의 것을 저들이 빼앗아 갔다, 착취해 갔다, 그러니 찾아올 권리가 있다는 것입니다. 그러나 그냥은 안 되니까 우리가 단결해 가지고 투쟁하여야 된다는 것입니다. 자본주의 원흉들은 신사적으로 대하면 모든 것이 해결 안 되니 폭력으로 때려눕히고 우리의 권리를 찾아야 한다는 것입니다. 이렇게 해 가지고 중남미라든가 아프리카는 물론이고 미국 자체도, 또한 전세계 대학가를 중심삼고 모든 노동조합은 자연히 공산주의의 발판 무대가 돼 있는 겁니다. 이래 가지고 대학가라든가 사회 노동자 농민을 중심삼은 활동체제를 갖추고 인종별로 흑인과 백인, 즉 중남미를 중심한 지역으로부터 아프리카 전체 지역과 백인 사회가 충돌하는 것입니다.

자본주의는 백인 사회가 지배하고 있습니다. 그런데 미국 자체를 보더라도 백인계, 스페니쉬계, 흑인계가 있는데, 이렇게 나눠져 있는 것이 문제라는 것입니다. 이것을 어떻게 소화하느냐? 미국이 어떻게 소화하느냐? 이것이 문제라구요.

기독교사상을 중심삼고 사랑을 모방해 나왔으면 그 사랑을 중심삼고 백인들이 흑인들을 사랑하고 스페니쉬들과 화합해

1. 하나님이 떠나가고 있는 미국의 현실

가지고 이미 하나를 만들었을 것입니다. 그런데 전부 다 파탄 단계에 들어왔다는 겁니다. 이건 누가 책임을 못 했기 때문이냐? 기독교가 책임 못 했기 때문입니다. 이러한 환경에서 공산주의의 백인들 대한 공격적인 선전에 의해 가지고 흑인이라든가 스페니쉬계 등은 자동적으로 백인을 대항해서 안 나설 수 없는 단계에 들어왔다는 것입니다.

이런 실정에 처해 있는 미국, 민주세계를 지도하는 미국 자체를 두고 분석해 볼 때, 미국이 이와 같은 것을 소화할 수 있고 앞으로 이것을 시정할 수 있는 능력이 있느냐? 군사력이라든가 경제력이라든가 과학의 힘 가지고 그게 가능하냐? 정치의 힘 가지고 가능하냐? 불가능합니다.

그러면 이걸 누가 책임지느냐? 누가 책임져야 되느냐 이겁니다. 미국은 자유세계를 대표하는 나라입니다. 자유세계 전체 운명을 짊어진 미국 자체가 이 모양 이 꼴이 되었으니 어떻게 새로운 방안을 모색해 가지고 세계 주도적 위치를 그냥 그대로 유지할 수 있겠느냐? 이건 심각하고도 큰 문제입니다.

그러면 미국의 가정이 어떻게 됐느냐? 미국의 사회가 어떻게 됐느냐? 미국의 교회가 어떻게 됐느냐? 가정이 구할 수 있고, 사회가 구할 수 있고, 교회가 구할 수 있느냐? 전부 다 희망이 없습니다. 그럼 교육기관을 통해서는 어떠냐? 교육기관을 통해서는 가능하냐? 불가능합니다.

자유주의 때문에 타락의 가정이 되어 버린 미국

128 - P.180, 1983.06.19

그러면 이 나라가 왜 이렇게 되었느냐? 왜 이렇게 극단적인 결과에 떨어졌느냐 이거예요. 그건 자유주의 때문이었다는 것입니다. 자유에는 제도와 전통에 고착되기 싫어하는 내용이 있습니다. 그렇기 때문입니다. 이 자유에 전통이 있을 수 있느냐 이거예요. 전통이 있을 수 없다는 것입니다. 미국, 혹은 자유 민주주의 세계가 말하는 그러한 자유에 있어서 전통이 있느냐? 노예요, 노. 자유라는 개념은 지극히 좋은 것이지만 지극히 무서운 것입니다.

이렇게 볼 때에 민주주의 세계가 자유를 표방하고 있는데, 민주세계의 전통이 있느냐 이거예요. 본래 민주주의라는 것은 하나님 아래에 있어서 자유와 평등을 주장하는 것입니다. 민주주의의 근본 원칙은 본래 하나님을 중심삼은 밑에서 자유를 말하게 되어 있습니다. 중세시대에 자유를 주장한 것은 구교, 천주교의 제도를 탈피하고자 한 주장이었다구요. 하나님을 중심삼은 평등주의지, 하나님이 없는 평등주의는, 중심이 없는 평등주의는 파괴에 가까운 것입니다. 중세시대에는 교황청의 부패로 말미암은 것을 탈피하기 위해서 주장한 것입니다. 그렇기 때문에 하나님을 중심삼은 종교라면 자유라는 입장에서 일반인과 신자(信者)의 차별을 두어서는 안 되는 것입니다.

지금은 전통도 없어졌고 하나님도 없어졌습니다. 지금은 중심이 나예요. 자기예요. 어떤 자기냐? 세계를 부정하고, 나라를 부정하고, 형제를 부정하고, 부모를 부정하고, 그 다음엔 학교를 부정하는 입장에서의 자기를 중심삼은 자유예요. 이건 파괴적이고, 극단적이고, 멸망적입니다. 그 자체에는 전통도 없고 아무것도 없어요. 이것은 마치 휘발유를 뿌려 놓은 창고에서 불장난하는 식입니다. 이것이 전국적으로 불붙는 날에는 망

1. 하나님이 떠나가고 있는 미국의 현실

하는 것입니다. 타서 없어지는 것입니다. 없어지는 것입니다.

이것으로 말미암아 미국이 전세계의 젊은이들과 자유세계에 주는 죄악성이 크다는 사실을 미국이 알아야 된다는 것입니다. 미국 하게 되면 전세계의 희망과 같이 지켜봤는데, 이제는 그런 미국이 아닙니다. 이거 누구를 위해야 되느냐? 미국 사람이 아니에요. 미국 사람이 잘되기 위한 것이 아닙니다. 부정해야 할 단계라구요. 그러니 '양키 고 홈(Yankee go home;양키는 돌아가라)' 이러한 말이 나오는 것입니다. 제3국을 대표하는 레버런 문이 이렇게 분석해서 평하는 그것이 맞는 것입니다.

그 불신풍조가 통일교회에 들어와서도 남아 있다는 것입니다. 자기 부모가 싫고, 형제가 싫다고 해 가지고 마음대로 전부 떠나기 운동을 하는 것입니다. 그런 행동은 통일교회에 들어와서도 나타난다구요. 보따리 싸가지고 갈 때 인사도 없이 도망가기가 일쑤라구요. 동양 사람들에게 있어서 이것은 치명적인 상처예요. 그런 일은 동물만큼으로도 취급치 않는 관으로 바라볼 수 있는 것입니다.

듣고 보니 이거 기분 나쁜 말인데 어떻게 좋은 데까지 갈 수 있어요? 어떻게 하면 180도 전환할 수 있느냐? 돌아가야 되겠는데 그거 돌아가기가 쉬워요? 그것은 여자가 남자 되는 것보다도 힘들고, 남자가 여자 되는 것보다 힘들다구요.

종적인 참사랑으로만 인류의 비참상을 해결할 수 있어

205 - P.175, 1990.09.01

사랑이 어디서 오는 거예요? 사랑이 횡적으로 오는 거예요? 미국에서 남자 여자의 횡적인 사랑이라는 것이 전부 다 프리 섹스(freesex)가 되어 버렸어요. 그래, 프리 섹스 때문에 전인류가 불쌍하게 되어 버렸어요. 지금 망해 가고 있어요. 희망이 없는 것입니다. 이게 미국의 현실입니다. 어느 누구도 부정 못 해요. 이런 실정에 처하여 있는 것이 여러분의 사회예요.

이것을 누가 청산해요? 대통령도 할 수 없고, 교수들도 할 수 없고, 미국 정부도 할 수 없고, 경제력으로도 할 수 없고, 지식을 가지고도 할 수 없고, 아무리 그 어떤 무엇을 가지고 있다 하더라도 이 비참상을 해결할 수 없어요. 누가 이 심각한 문제를 해결할 거예요? 그래서 종적인 센터가 필요한 것입니다. 반드시 종적인 센터가 지상에 나타나서 그와 같은 센터를 이해하는 거기서부터 해결책이 나오게 되는 것입니다. 그렇지 않으면 다른 방법이 없습니다.

레버런 문이 여기서 하고 있는 것이 무엇이냐? 종적인 참사랑의 센터가 있다는 것을 가르쳐 주고 있는 것입니다. 이것이 미국에 필요한 것입니다. 내가 자유세계에 이 귀중한 것을 가르쳐 주고도 받고 싶어 하지도 않아요. 자유세계가 지금까지 나를 반대하고 핍박했어요. 양쪽을 보면, 한쪽은 하나님이 도와주고 있고 다른 한쪽은 사탄이 끌어당기고 있어요. 하늘편은 올라가고 사탄편은 내려가는 것입니다. 레버런 문은 아무리 어려운 자리에 있더라도 하늘편에 서는 것입니다. 그러니까 자동적으로 점점 올라가서 꼭대기까지 올라가요. 미국은 아무리 힘이 있더라도 사탄편이 되어 점점 내려가고 점점 어두워져서 희망이 없어요. 통일교회와 레버런 문이 아니면 아무도 미국의 이런 문제를 해결할 수 없습니다.

1. 하나님이 떠나가고 있는 미국의 현실

이 통일교회의 보따리가 엄청나게 커요. 아무리 큰 미국을 집어넣더라도 자리가 남아요. 세계를 다 집어넣고 하나님까지도 들어갈 수 있어요. 그리고 사탄세계를 다 점령할 수 있으며 결국 승리하는 것입니다. 민주주의 가지고 세계를 수습하지 못합니다. 공산주의와 민주주의 문제하고 미국 문제하고 무엇이 달라요? 공산주의는 사탄적인 공산주의요, 이 미국은 천사장적인 민주주의인데 부모가 없어요. 자기들만으로는 안 돼요. 출발할 때 형제가 피 흘리는 놀음으로부터 시작되었기 때문에 민주주의 세계도 피 흘리는 놀음을 하고 있는 것입니다.

처음에 그런 씨를 심었기 때문에 수확할 때가 오면 양쪽으로 나눠지는 것입니다. 공산세계를 봐도, 민주세계를 봐도 아무것도 거둘 것이 없어요. 진정한 민주세계가 못 되어 있다는 것입니다. 그러니까 하나님이 차 버리는 것입니다. 사탄편도 마찬가지예요. 사탄은 간부(姦夫)예요. 그런 씨를 심었으니 거둘 때도 그렇게 거두는 것입니다. 자유세계가 다 그 권내에 들어가 있습니다.

이것을 누가 구해요? '누가 이것을 구할 수 있겠느냐?' 하면서 미국 젊은이들이 탄식하고 있어요. 미국 정부도, 미국 지도층 인사들도 쳐다보고만 있지 손을 못 대요. 어느 누구도 미국을 망해 가는 여기서 해방시킬 수 없어요. 현재 미국의 처지가 그렇다는 것입니다. 지금 부모가 고민을 하고 있고, 형제자매가 고민을 하고 있고, 나라가 고민을 하고 있고, 정부가 고민을 하고 있어요. 누가 이 고민을 해결해요? 하나님이 아니면 어느 누구도 해결할 수 없습니다. 그러니까 민주주의 가지고는 안 돼요. 그러면 무슨 주의라야 되느냐? 부모주의입니다. 천부주의가 있어야 돼요. 세상의 부모 가지고는 안 돼요. 그래서 '천부(天父)주의' 입니다.

악마권 세계에 사는 생명들

255 - P.183, 1994.03.10

끝날이 되면 사랑이 제일 귀한 것인데, 프리 섹스니 뭐니 해 가지고 난장판이 벌어지는 것입니다. 자기 어머니 아버지의 모든 계통을 세우지 않고, 질서를 세우지 않고, 규범을 세우지 않고, 이상을 망각한 데서 혼란이 벌어지는 것입니다.

미국 같은 데는 인친간의 성 관계가 35퍼센트에 이르고 있다구요. 손녀하고 사는 사람도 있고, 어머니는 밥을 짓고 있는데 딸하고 누워 가지고 별의별 짓을 다 하고 있는 그런 경우도 있다구요. 그러는 것을 보고 사는 어머니는 행복하겠어요? 할아버지가 손녀를 데리고 사는 것이 드러나지는 않았지만, 그걸 보고 사는 할머니가 행복하겠어요?

또 오빠라는 녀석이 자기 누이동생을, 동생이 누나를 겁탈하고 있습니다. 그런 가정에 행복이 있어요? 악마가 지옥의 무저갱에 떨어질 패들을 만들어 놓고 있는 것입니다. 하나님의 사랑의 질서를 파탄시켜 놓는 것입니다. 모든 것이 다 파탄된, 이 악마의 사랑으로 연결된 악마권 세계에 사는 생명들이 행복하겠어요?

따오기 숨을 쉬고 있는 것입니다. 엉엉하고 땅을 치고 의식을 잃어버리고 나 죽는다 하고 동네방네 소문내고 돌아다녀야 되는 것입니다. 가장 귀한 보물인 왕궁의 부처를 가장 천하게, 개만도 못하게, 동물만도 못하게 전개시킨 것이 누구예

1. 하나님이 떠나가고 있는 미국의 현실

요? 그것은 우리의 조상들이 만든 게 아니라, 악마가 만들어 놓은 것입니다.

마약인 것입니다. 또 마악(魔惡)이라는 게 있습니다. 그 마악과 마약이 하나된 것입니다. 사촌입니다. '악' 하면 요런 것이 하나고, '약' 하면 요런 것이 두 개입니다. 이게 뭐예요? 마약 세계에서 남자 여자가 싸우게 되면 마약이 되어 버리는 것입니다. 술에 취하는 것도 전부 말초신경을 자극해서 남자 여자가 경계선을 뛰어넘어 안더라도 좋다고 할 수 있게끔 만들어 놓기 위한 것입니다. 신경을 죽여 가지고 혼란상을 만들어 놓기 위한 패망, 패국, 패이상 세계인 것입니다.

2. 세속화된 기독교와 그 위기

사명을 다해 오지 못한 종교와 세기말적인 오늘의 현상

064 - P.102, 1972.10.29

지금 와서 보면 외적인 문화세계는 발전해 나왔지만, 내적인 인간의 모든 가치와 본연의 세계를 추구하는 종교가, 외적인 발전과 더불어 보조를 맞추어 내적인 발전을 도모해야 할 입장에 선 종교가 내적인 발전을 하지 못하고 지금에 와 가지고는 이것이 퇴폐해 가고, 부패해 가고, 낙후해 가는 실정을 바라보게 되는 것입니다. 그렇기 때문에 지금에 와서는 하나님이라는 말을 좋아하는 사람이 점점점 적어져 가는 것을 알 수 있습니다. 종교인이라고 하게 되면 그 누구나 흠모하는 것이 아니라 종교인이 되겠다고 하는 사람이 점점 적어져 가는 것을 우리는 바라보게 되는 것입니다. 이것을 생각하게 될 때, 외적인 문화를 발전시켜 나온 인간과 내적인 종교를 발전시켜 나오던 하나님이 여기에서 하나되어 나가지 못하는 자리에 섰다든가, 그렇지 않으면 하나님이 없다든가 하는 결론을 지을 수밖에 없는 것입니다.

하나님이 인류를 구하기 위하여 인류의 문화를 발전시켜 나

2. 세속화된 기독교와 그 위기

오는 그 배후에서 종교라는 것이 사상의 뒷받침을 하면서 이것을 밀고 나올 수 있는 입장에 서야 하는데도 불구하고, 지금에 와서는 그러한 결과가 이루어질 수 없는 반대의 현상이 나타났다는 것입니다. 이러한 사실은 하나님이 바라는 어떠한 목적을 일치시키고, 목적을 달성할 수 있는 인간의 행로가 되지 않았다든가, 그렇지 않으면 하나님이 이 인간을 저버렸다든가, 그렇지 않으면 종교가 사명을 해야 할 텐데도 불구하고 종교가 사명을 못 했든가 그 어떠한 면에 병폐가 있음으로 말미암아 같은 보조로 발전하지 못하는 결과가 되지 않았느냐 하는 것을 우리는 생각하게 되는 것입니다.

우리가 이러한 시점에서 볼 때, 인간들이 가는 길이 과연 종교이념과 일치할 수 있는 생활방향으로 가고 있느냐 할 때에, 그렇지 못한 것을 우리는 보게 되는 것입니다. 우리 개개인의 생활을 중심삼고 그 주변 환경을 살펴볼 때, 그 환경은 나를 소망의 길로 인도할 수 있는 여건들이 점점 희박해 가는 것을 느끼게 됩니다. 매일의 생활에 있어서 주위에 스며드는 공포감에 휩쓸릴 수 있는 절박한 사정에 우리가 몰려 들어가는 것을 알고 있습니다.

문화와 세계는 과학문명을 중심삼고 하나의 세계를 이룰 줄 알았는데도 불구하고 하나가 아니라 점점 갈라지는 현상을 우리는 직시하고 있는 것입니다. 이러한 환경을 두고 볼 때, 그 환경이 우리가 소원할 수 있는 안식의 곳, 우리가 희망할 수 있는 통일의 세계로서 끌고 갈 수 있다고는 생각할 수 없는 경지에 점점 몰리고 있는 것입니다.

자기 자신을 중심삼고 볼 때, 위협을 받는 생활권 내에 서 있는 것입니다. 그것은 개인뿐만이 아니라 가정과 어떤 민족이나 국가도 그러한 운명에 처해 있는 것입니다. 세계를 지도하고 있던, 전 자유세계의 선도적인 입장에 서 있던 미국 자체도 그러하고, 공산세계를 지도하고 있던 소련 자체도 그러한 것을 우리는 현시점에서 바라보고 있습니다. 이들이 서로 서로 화합하여 미래의 이상형을 중심삼아 가지고 소망의 일념을 다짐하면서 서로 협력하여 개척하고자 하는 것이 아니라, 여기에 서로 투지가 앞서 있고, 분쟁이 앞서 있고, 자기를 주장하며 양보라는 것을 찾아 볼 수 없는 풍조가 고조되는 사실을 두고 볼 때, 아무래도 이 세상이 가는 길이, 아무래도 이 현재의 세기말적인 현상이 오늘날 우리 인간 앞에 행복을 소개해 줄 수 있는 길로 가고 있다고 볼 수 없습니다.

그렇기 때문에 이 세계, 오늘날 흘러가는 이 정세는 하늘이 있다면 하늘의 뜻과 말할 수 없이 동떨어진 자리에 섰지 않느냐 하는 것을 결론지어도 모순이 아닐 것입니다. 이러한 현세계를 새로운 길로 조정해 나가야 할 사명을 짊어진 것이 종교라면, 이것을 소화시켜서, 하나의 새로운 방향으로 이끌어가야 할 텐데도 불구하고 세상과 타협하고, 세상을 끌고 나가는 것이 아니라 세상 앞에 끌려가는 현상이 되었습니다. 세속화된 종교로 머물게 됨으로 말미암아 자연히 하나님이 이 세속화된 종교를 통하여 원하던 소원의 길을 이룰 수 있는 가망성이 점점 희박해지는 결과가 될 수밖에 없습니다. 그러므로 하나님이 있어도 이 세상을 저버리지 않을 수 없고, 멀리하지 않을 수 없지 않느냐 하는 것입니다.

2. 세속화된 기독교와 그 위기

하나되기 위한 길을 추구해 나가야 할 기독교의 분열

129 - P.250, 1983.11.13

인류가 이렇게 가는데 하나님이 있다면 이 인류를 어떻게 할 것이냐? 어떤 사상을 가지고 지도할 것이냐 하는 것이 문제예요. 하나님이 있다면 어떤 사상을 가지고 이들을 지도하려고 할 것이냐? 하나님은 끝날에 이 모든 사람들을 하나로 묶어 가지고 우리 양심과 마음이 원하는 하나의 세계를 만들어서, 모든 인류가 공동적인 평화의 경지에서 살고 서로서로가 나누어지려야 나누어질 수 없는 하나의 나라를 꿈꿀 것입니다. 그건 틀림없는 것입니다.

그렇게 볼 때에 하나님은 어떤 주의자냐? 개인주의자냐, 가정주의자냐, 종족주의자냐, 민족주의자냐, 국가주의자냐, 세계주의자냐, 천주주의자냐? 이게 문제예요. 그러니까 결국은 뭐냐 하면 하나님은 세계 천주주의자다는 것입니다. 천주주의 주장자다, 세계주의 주장자다, 이렇게 보는 것입니다. 아무리 유니버설리스트(universalist;우주주의자)라도 거기에는 유니버설 개인이 있고, 유니버설 가정이 있고, 유니버설 종족이 있고, 유니버설 민족이 있고, 유니버설 국가가 있고, 유니버설 세계가 있습니다. 그러므로 이런 과정을 거치지 않을 수 없다 하는 것은 지당한 것입니다.

그러한 내용을 가지고 역사상에 나타난 사람들이 성인입니다. 세계를 생각하고, 거기는 벌써 국가가 아니고 하나님과 세계와 관계 맺어 가지고 나오는 것입니다. 이런 운동이 이런 타락한 세계에 있어야 된다고 보는 것입니다. 그런 것이 있어야 돼요. 그것이 종교권이다, 이렇게 보는 것입니다.

세계적인 종교지도자들은, 이 성인들은 하나님을 추앙했어요. 인간 중심이 아니라 하나님을 중심삼은 세계주의적 관을 가지고 세계 인류가 하나되기 위한 길을 추구해 나온 것입니다. 하나님이 있다면 하나님을 중심삼고 지도하는 그런 역사 과정의 조직이, 기관이 있어야 하는데 그것이 종교라는 것입니다. 그리고 종교는 하나님이 같이하기 때문에 몇 천년이라는 역사를 두고 하나의 전통을 따라서 세계 규합운동으로 전개된다 하는 것은 지극히 타당한 말입니다.

자, 그러한 종교가 뭐냐? 기독교 문화권입니다. 기독교라는 것이 현재 서구사회를 지배하고 있는 것이지요. 회교라든가 힌두교라든가 그 다음엔 유교라든가 하는 것이 있는데 여기에서 이 세계에 주도적인 역할을 하는 것이 뭐냐? 어디까지나 기독교라구요. 현실을 끌고 나가고 현실과 화합해 나가는 센터가 기독교 문명권이라고 보는 것입니다.

이렇게 볼 때에, 기독교면 기독교가 그와 같이 세계를 포섭하고 민족과 국가를 넘어서 세계를 하나 만드는 책임을 해야 할 터인데 기독교 자체가 4백개 이상의 분파로 나누어졌다는 것입니다. 이게 큰일입니다. 이것은 하나님의 도리에 맞는 것이 아니고 사탄의 뜻 앞에 연결될 수 있는 무대로 변천되어 가는 것입니다.

하나님이 외적인 전성시대를 치시는 이유

018 - P.075, 1967.05.21

하나님은 내적인 전성시대를 출발할 수 있는 터전을 마련하지 않으면 절대 외적인 전성시대를 주지 않으십니다. 주면 망하는 것입니다. 그것을 알아야 합니다. 외적인 전성시대를 치

2. 세속화된 기독교와 그 위기

는 것은 내적인 전성시대를 주기 위해서입니다. 그렇기 때문에 어느 시대든지 내적인 전성시대의 지도자들은 환경적으로 핍박당하고 몰리는 것입니다. 석가도 그랬고, 공자도 그랬고, 마호메트도 그랬고, 예수님도 그랬습니다. 이것은 여러분이 역사를 살펴보면 알 수 있는 것입니다.

그러면 왜 그렇게 되느냐? 외적인 몰림에 비례하여 내적으로 공고한 뿌리를 갖기 위해서입니다. 하나님이 보실 때에 육신의 기준보다 마음의 기준이 높은 것처럼, 외적인 기준보다도 내적인 기준이 높기 때문에 몸적인 외적 기준을 쳐서 내적인 기준에 흡수시켜 나가자는 것입니다. 역사상의 모든 민족은 이러한 과정을 거쳐 나오는 것입니다.

그러면 기독교를 놓고 볼 때, 기독교는 언제까지나 몰릴 것이냐? 언제나 외적인 전성시대만 있는 것이 아닙니다. 하나님께서는 그 시대를 통해서 내적인 전성시대를 이루어 나오는 것입니다. 기독교는 지금까지 세계적인 전성기를 맞이하지 못했습니다. 물론 자기 교파를 중심삼고 국가적·종족적·가정적으로는 전성할 수 있었지만, 기독교 이념을 중심삼고 천운과 더불어 세계를 표준으로 한 전성시대는 아직까지 맞이하지 못했다는 것입니다. 그 전성기가 온다고 약속한 날이 끝날입니다.

이런 원칙을 두고 볼 때, 기독교가 전성시대를 맞이하려면 이 시대가 어떻게 되어야 하느냐? 세기말적인 부패시대가 도래해야 합니다. 그러면 부패하는 동기가 무엇이냐? 첫째는 하늘을 모르는 것이요, 둘째는 땅을 모르는 것입니다. 하늘과 땅을 모르는 것, 즉 하나님과 사람을 모르는 것이 부패의 원인인 것입니다. 거기에서부터 부패가 벌어지는 것입니다.

타락이 무엇이냐? 하늘을 몰라보고, 땅을 몰라보고, 하나님을 몰라보고 사람을 몰라보는 것입니다. 타락은 하늘땅을 몰라보고 사람을 몰라보고 하나님을 몰라보고 인간 위주한 사랑을 한 데서 벌어진 것입니다. 그렇기 때문에 어느 사회든지 음란이 팽창한 사회는 망하는 것입니다.

미국이 지금 민주사회에서 선진국이라고 자랑하고 있지만 그 국가의 미래에 국운을 책임질 청년들이 어떻게 되고 있느냐? 미국의 장래를 책임질 청년들이 향락주의로 흘러가는 비운에 사로잡혀 몰락하고 있습니다. 그것은 그들이 하나님을 모르고, 인간이 무엇인지 모르고, 하늘이 무엇인지 모르고, 땅이 무엇인지 모르기 때문입니다. 자기 중심삼은 사랑으로 떨어져 나가고 있습니다. 그러면 망하는 것입니다.

내가 미국에 갔을 때 청년들이 향락주의로 흘러가는 것을 보고 '머지않아 이 나라는 망하겠구나' 생각했습니다. 그들이 계속 그러면 망한다는 것입니다. 우리 이념이 필요하다는 것을 알아야 됩니다. 미국이 망하지 않으려면 어떻게 해야 되느냐? 맨 처음에 하늘을 옳게 알고, 땅을 옳게 알고, 하나님과 사람을 옳게 알아야 합니다. 이것만 바로 알면 됩니다. 하나님을 아는 사람은 악을 행하라고 해도 못 하고, 사람을 참으로 아는 사람이 그릇된 길을 갈 리 없고, 하늘땅의 이치를 아는 사람이 천주법도에 어긋날 일을 할 리가 없는 것입니다.

그러한 모든 것을 알고 인간의 사랑이 아닌 초자연적인 하나님의 사랑을 중심삼고 행복을 노래할 수 있는 그 시대가 되기 전에는 태평천국이 이루어질 수 없는 것입니다.

오늘날 전세계에 널려 있는 기독교가 세기말적인 현재에 있어서 세계 앞에 어떠한 입장에 놓여 있느냐? 환영받는 입장

2. 세속화된 기독교와 그 위기

에 있습니다. 그것은 하나님을 중심삼고 지금까지의 문명을 발전시켜 외적 기준을 소화할 수 있는 테두리가 형성됐기 때문입니다. 그러기에 민주세계를 위주로 종교의 교파가 이루어지고 자연적인 환경을 거쳐 종교가 환영받을 수 있는 권내로 들어온 것입니다.

그러나 이 민주사회로부터 환영받는 그 단계에서 안식해서는 안 됩니다. 여기서 한걸음 더 나가야 되는 것입니다. 기독교는 현재의 전성시대에 만족해서는 안 됩니다. 마음적 기준, 즉 내적 기준을 세계적인 입장으로 결정지어야 합니다. 그리하여 외적인 것을 완전히 소화시켜서 백 퍼센트 이끌고 나갈 수 있어야 하는 것입니다. 이런 내적 기반을 상실해 버린다면 기독교는 세상사와 더불어 흘러가 버리고 말 것입니다.

이러한 입장에서 볼 때 기독교를 비롯한 오늘날의 종교는 비상시에 처해 있으며 위기에 처해 있다는 사실을 부정할 수 없는 것입니다. 그러한 위기에서 벗어날 수 있는 비결이 무엇이냐? 이 사회에서 백 퍼센트 환영받는 자리에서가 아니라 몰림받는 입장에서 새로운 무엇을 갖고 새로운 세계의 창건을 위해 나설 수 있는 새로운 운동이 벌어져야 합니다. 그런 운동이 아니고는 안 됩니다. 만일 기독교가 세속화된다면 이 기독교는 외적인 세계에 끌려 들어가게 됩니다.

미국 기독교가 몰락하게 된 이유

211 - P.139, 1990.12.30

기독교가 왜 현재 수많은 교파로 분립돼 가지고 이렇게 됐느냐? 근본을 모르고 방향성을 몰랐기 때문입니다. 무엇을 중심삼고 갈 것인가 하는 방향성을 몰랐기 때문에, 최후의 끝날에 가서 머무는 종착점이 하나님의 섭리의 목적과 섭리의 근본과 섭리의 방향과 일치될 수 있는 입장에 서지 못함으로 말미암아 하나님이 기뻐할 수 있는 종교가 못 된 것입니다.

그러한 종교가 못 되고 그러한 나라가 못 됨으로 말미암아 반드시 그건 하늘의 섭리 앞에 제거당해야 되는 것입니다. 제거하기 위해서는 그것을 대치할 수 있는 준비를 해야 돼요. 세계적 기독교를 대신 수습할 수 있는 준비, 세계의 나라들을 수습할 수 있는 이런 준비를 해 나가야 됩니다. 이 기반이 점점 발전, 장성하면서 사탄세계의 모든 것은 퇴화되는 것입니다. 세속화되는 것입니다. 기독교도 세속화, 불교도 세속화, 모든 고차적인 종교들이 나중에 가 가지고 어떻게 되느냐 하면 남녀문제로 다 깨져 나가는 것입니다.

여러분들도 알다시피 미국에서 방송 선교를 주도하던 유명한 목사들, 짐 베이쿼어라든가 지미 슈갈이라든가 이런 사람들이 전부 다 여자문제, 남녀문제 때문에 깨져 나갔습니다. 그건 그렇게 돼 있어요. 예수님도 그 당시에 로마인들의 반대를 받고 유대교와 유대나라 사람의 반대를 받게 된 게 뭐냐 하면 전부 다 사악한 무리, 음란한 무리로 취급받은 것입니다. 그걸 때려잡는 것입니다. 왜? 악마가 음란했었던 것을 뒤집어엎기 위해서 죄인 아닌 선한 입장의 사람을 자기와 같은 입장의 함정에 빠뜨리는 것입니다. 거기에 빠지면 나오질 못해요. 그렇기 때문에 반드시 고차적인 종교는 신령한 영계에 들어가 가지고 차원 높은 신비스러운 영적 체험을 하게 되는 것입니다.

거기에서 반드시 항상 남녀문제가 문제되는 것입니다. 남자

2. 세속화된 기독교와 그 위기

가 정성을 들이고 있으면 미인 여자가 나타나 가지고 유혹하는 것입니다. 또 여자가 정성들이면 남자가 유인하는 겁니다. 이런 남녀문제를 결정적으로 해결지어야 할 것이 본래 인간의 조상 되는 아담 해와가 해야 할 것인데도 불구하고 이걸 다 실패했다는 것입니다. 이런 실패작의 기원에서 성공작의 노선을 발견하기 위해서는 실패작의 모든 문제를 해결짓고 거기서 새로운 도약을 하는 초월적인 남성과 여성이 있어야 된다는 것입니다.

우리 인류 조상인 아담 해와가 청소년 시대인 15, 6세에 타락하여 비법적인 사랑의 길을 가서 그걸 뿌렸기 때문에, 음란한 조상으로 말미암아 뿌려졌던 이것을 끝날에 가서 추수해야 되는 것입니다. 그렇기 때문에 온 세상이 지금 청소년 타락시대로 들어왔다는 것입니다.

이것은 부모가 있어도 말리지 못하고 형님, 누나, 스승도 말리지 못합니다. 부모나 스승이나 그 나라의 주권자라 하더라도 이것을 간섭해서 말릴 수 있는 한계선을 넘어선 자리에 처해 있는 것입니다. 앞으로 이러한 등등의 문제가 심각하다는 것입니다.

그런데 미국 같은 기독교 국가가 어쩌자고 이렇게 됐느냐? 이것이 수수께끼입니다. 이게 왜 이렇게 됐느냐고 묻게 되면 어느 신학자도 답변을 못 하는 것입니다. 기독교는 전통적 문화를 중심삼고 가정 윤리를 세우고 있고 성경을 보면 음란이라는 것은 용서할 수 없는 뼈 안의 죄라고 규정하는데 성서관을 중심삼고 신앙을 하는 이런 기독교문화권을 대표한 미국이 어쩌자고 이렇게 개인주의화 돼 가지고 이러한 음란의 탈에 전부 빠져 들어갔느냐 이거예요.

이것은 외적인 문제를 추구하는 사람은 반드시 거기에 걸리게 되는 것입니다. 그래서 돈 있는 사람들이 대부분 거기에 빠져 드는 것입니다. 부자가 천국에 들어가기는 낙타가 바늘구멍으로 들어가기보다 어렵다는 말은 타락될 수 있는 환경적인 여건이 어느 시대이든 부자들을 중심삼고 연결되기 때문에 한 말이라는 것입니다.

이런 등등의 모든 문제를 하늘이 어떻게 처리하느냐? 그런 망국지종의 세계판도가 전개되면 전개될수록 그것을 방치할 수 있는 것이 아니라 그것은 그것으로서 흘러가 버리는 것입니다. 이것을 아시는 하나님은 새로운 밭에, 새로운 온상에서부터 옥토를 갈고 하나의 새로운 세계를 만들기 위한 씨를 뿌리고 싹을 기르고 모종을 하는 것입니다. 그리하여 거기에 대치할 수 있는 새로운 세계의 준비와 더불어 이런 최고의 자리에서부터 떨어져 내려간다는 것입니다.

여러분이 알다시피 미국은 자유세계의 주도국으로서 2차대전 이후에 기독교문화권을 중심삼은 나라입니다. 역사를 대신해서 종교의 배후에 문화의 내용을 중심삼고 세계통일권을 축복받았던 나라는 2차대전 이후 미국밖에 없었습니다. 그런 기독교를 대표한 미국이, 기독교 자체가 갈 길을 몰랐어요. 주님이 어떻게 오느냐 하는 문제, 주님이 와 가지고 뭘 할 것이냐 하는 문제를 놓고 망상적인 신앙을 하고 있었던 것입니다.

역사는 과학의 시대로 가고 있습니다. 모든 근원을 파악하고 종의 기원을 탐구해 가지고 근본을 추구하는 과학의 발전시대가 옴으로 말미암아 종교도 거기에 보조를 맞추지 않을 수 없는 일입니다. 거기에 주체적인 관을 가지고 세계가 어떻고 창조의 내용이 어떻다는 것을 설명해 가지고 하나님을 입

2. 세속화된 기독교와 그 위기

증할 수 있는 이런 종교가 나와야 할 텐데 그런 종교가 없기 때문에 하나님이 살아 있는 한 그런 종교의 내용을 준비해야 된다는 것입니다.

이런 저런 모든 문제를 두고 복잡다단한 문화배경의 어려운 모든 것이 역사와 더불어 흘러갈 수 있는 그 여건들을 수습해 가지고 그냥 흘러갈 것이 아니라, 사탄으로부터 망할 것이 아니라 이것을 회생시킬 수 있는 만반의 준비를 하는 하나의 교단을 형성해야 되는 것입니다.

오늘날 이 세계에 중심 종대가 있는가

064 - P.177, 1972.11.01

미국이란 나라를 가만 보면 단일민족이 아닌 복합민족입니다. 큰 나무가 되려면 먼 곳에 있는 영양소까지 흡수해야 합니다. 그렇잖아요? 그리고 흡수해 가지고 소화시켜야 합니다. 흡수해 가지고 소화시키면 번창할 수 있지만 그러지 못하게 되면 그것이 문제가 됩니다. 영양소가 되어야 할 것이 영양소로 되지 못하고 그것이 병원(病源)이 되어 그 자체의 멸망을 초래할 수 있는 결과가 된다는 것입니다. 그와 같은 것이 바로 현재의 미국사회입니다.

그러면 이렇게 죽어 들어가는데 무엇이 순이냐? 나이 많은 사람들이 아니고 지극히 젊은 청년들입니다. 이렇게 되는 것입니다. 미국이 망해 들어가고 있는 것입니다. 이것들이 지금 퇴폐사상이 들어 가지고 히피족이니 뭐니…. '아이구, 나는 올라가지 않을래' 가면 갈수록 전부 다 떨어져 내려가는 것입니다. 가면 갈수록 미국은 망하는 것입니다. 이렇게 보면 미국은 끝났다는 거라고요.

　기독교 문화사상을 중심삼아 가지고 세계적인 20세기 후반에 문화세계를 창건하였던 것은 현재 자유세계의 선도적 입장에 선 미국이 아니냐? 미국은 복합민족입니다. 그러면 미국이 몇 년 동안 축복을 받느냐? 2백년입니다. 미국이 1776년에 독립되었다구요. 2백년 기간이 축복 기간입니다. 그래서 1976년이 미국에 있어서 축복의 한계선입니다. 그러니 얼마 남지 않았다고요. 7년을 남긴 그때는 미국의 운명을 판가리 해야 할 때입니다. 그러면 이 세계에 있어서 종대가 있느냐? 탑을 쌓더라도 중심을 세워 가지고 쌓아 올라가야지요? 그 중심은 저 끝에서부터 만들어 올라가야 합니다. 그렇지 않아요? 그러면서 이것이 직선으로 올라가야 합니다. 이렇게 되어야 되는 것입니다. 중심은 중간이 아니라 저 밑창에서부터 직선이 돼야 됩니다. 그런데 그럴 수 있는 중심이 누구냐? 세계 역사과정에 중심이 누구냐? 종교 가운데 중심이 어디냐? 중심이 없습니다. 오늘날 이 세계에 종대가 있느냐? 중심이 없다! 이런 결론을 내릴 수 있습니다.

　지금 미국을 보게 되면 백인이 중심이냐, 흑인이 중심이냐? 지금까지는 백인이 중심이었지만 중심의 자리에서 책임 못하니까, 중심은 전체를 위한 것인데도 불구하고 중심만 위하려고 하니 뼈다귀는 다 없어졌습니다. 결국은 다 없어집니다. 그것이 없어지면 없어질수록 별수 없이 자기는 낮아진다는 것입니다. 그러니 인종차별하면 망합니다. 맨 처음에는, 올라갈 때에는, 뻗어나갈 때는 차별했지만, 나라를 세우고 나서도 차별하면 결국에 가서는 망한다는 것입니다.

2. 세속화된 기독교와 그 위기

073 - P.018, 1974.07.21

미국의 원수는 내적인 국민과 가정에 있다는 것을 알아야

여러분, 나라가 망하는 길에는 외세의 힘에 의해서 망하는 길과 내적인 부패로 말미암아 망하는 길, 두 길이 있는 것입니다. 여러분은 로마가 망한 것이 외세의 공세로 말미암아 망한 것이 아니라 내적인 부패로 말미암아 망했다는 것을 알고 있는 것입니다. 오늘날 미국의 외적인 모든 기준을 보게 될 때 외적인 공세로 망할 수 있는 단계는 아직까지 오지 않았습니다. 이제 미국의 원수는 어디에 있느냐? 외적인 세계에 있는 것이 아니라 내적인 세계에 있다는 것입니다. 여러분 국민에게 있고 여러분의 가정에 있다는 것을 알아야 되겠습니다. 이게 뭐냐 하면 기독교 신앙의 몰락과 가정윤리의 몰락에서 기인된 겁니다.

역사를 보면 어떤 나라든지 윤리가 파탄되면 반드시 그 나라는 망한다는 것입니다. 미국의 사회풍조 가운데는 여편네를 바꿔서 살고, 여편네를 바꿔서 자는 풍조가 있습니다. 그것이 미국의 흐름이라는 것입니다. 자기 마음대로 육(肉)이 즐길 수 있는 것을 위하여 사랑을 하고 있는 것입니다. 누구를 대하든 자기 마음대로 한다는 것입니다. 좋으면 길가에서도 무엇이든 자기 마음대로 즐긴다는 것입니다. 지성인이 된 미국의 젊은이들이 앞으로 미국의 미래와 미국의 현재를 책임져야 하는 중차대한 책임이 있는데도 불구하고 지금 스트리킹(streaking)을 하며 대학가에서 문제를 일으키고 있다는 것입니다.

이와 같은 무리들이 앞으로 가는 데 있어서 이상적인 가정이니, 모범적인 윤리니 하는 기독교사상을 찾을 수 있느냐?

없다는 것입니다. 욕망이라는 것은 혼란과 혼돈과 절망상태로 끌어넣는 길밖에 없는 것입니다. 지금까지 젊은이들은 역사에 새로운 무엇으로 자극을 받기 위해서 이와 같은 일까지도 했는데 이제는 자극받을 것이 없다는 것입니다. 지금은 혼자 뛰지만, 이젠 남자가 여자를 업고 뛰고 여자가 남자에게 업혀 뛰는 놀음이 남아 있을 것입니다. 업고 뛰다가 그 다음엔 무엇을 할 것이냐? 나중에 보면 뛸 뿐만 아니라 '우리 마음대로 하자' 하면서 교정에서 전부 다 안고 별의별 춤을 추고 있다는 것입니다. 학교가 망하고 나라가 망한다는 것입니다.

그것으로 만족을 못 느끼는 이들 앞에 새로운 자극이 필요하다는 것입니다. 이들은 자기들을 비난하는 구시대 사람들에게 뭘 했느냐고 하면서 '보따리를 다 쌌지. 다 집어치워라. 우리는 마음대로, 젊은 시대 마음대로 할 것이다. 너희들이 반대하는 것이 우리가 제일 좋아하는 것이다' 이렇게 들고 나온다구요. '구시대 사람들이 좋아하는 것은 우리가 제일 나빠하는 것이요, 구시대 사람들이 싫어하는 것은 우리들이 제일 좋아하는 것이다' 한다는 것입니다. 이들에게는 자극이 필요한데 그 이상의 자극이 무엇이냐? 처음에는 폭동밖에 없어요. 사람을 죽이고 피를 흘리고…. 그런 단계가 될 때 젊은 사람들 중에 어느 누가 '공산주의는 우리에게 최고다' 라고 주장만 하면 한꺼번에 다 몰려 들어가는 것입니다. 젊은이들이 일시에 공산당으로 돌아갈 수 있는 위험기가 온다는 것입니다.

그렇게 된다면 그걸 무엇으로 막겠어요? 미국의 군사력을 동원해 가지고 막을 수 있어요? 공산당이 이와 같은 방향으로 내적인 기초공작을 하고 있는 것입니다. 또한 공산당은 일

2. 세속화된 기독교와 그 위기

하기 싫어하고 단체 행동하기를 싫어하는 사람들에게는 마약을 중심삼고 망쳐 놓으려고 합니다. 그렇게 되는 날에는 미국을 손대지 않고 공산당이 먹어 버리는 것입니다. 만약에 미국 국민들이 공산당으로 돌아갔다고 했을 때, 미국 국민들을 전부 다 사랑하고 위하는 공산당이 될 수 있느냐?. 그들은 세계에서 착취의 왕자가 될 것입니다. 착취자의 계열이 됩니다. 그래서 그들은 핍박을 가할 것입니다.

이렇게 볼 때 미국이 장래에 이렇게 안 된다고 보장할 수 있는 무엇이 있느냐? 없다는 것입니다. 이것을 방지할 수 있다는 가능성보다도 방지하지 못한다는 것이 태반의 의견이요, 태반이 그런 동태가 아니냐 이거예요. 그러면 하나님이 그렇게 되기를 원하겠느냐? 기독교 사상을 중심삼은 미국이 이렇게 개인주의가 됐다는 것은 신기한 것입니다. 이것은 기독교가 책임하지 못했기 때문에, 기독교의 지도자들이 책임하지 못했기 때문에 당연한 것입니다.

지옥권에 빠져 있는 미국 사회

102 - P.168, 1978.12.17

오늘 제목이 '생사의 교차로'예요, 생사의 교차로. 그러면 어디에 생사의 교차로가 있어요? 많은 길을 다 접어두고 우선 십자길이 있다고 합시다. 십자길. 자, 여기에는 나를 위해 가는 길이 있습니다. 그 다음에는 자기 집을 위해 가는 길이 있습니다. 그 다음엔 자기 나라를 위해 가는 길이 있습니다. 요것이 오늘날의 인간, 미국 국민들이 가는 길입니다. 자기를 위해 사는 사람, 자기 집을 위해 사는 사람, 나라를 위해 사는 사람, 세 종류가 있다구요. 그러면 미국 국민을 보게 되면 어때요? 80퍼센트 이상이 자기를 위해 사람들입니다. 그건 기초 단계예요. 이것이 아마 90퍼센트 이상 될 것입니다. 그러면 집은 어떻게 되느냐? 집은 누가 책임져요? 나라는 누가 책임져요?

자, 이런 사람들에게 하늘이 있어요? 전부 다 지옥권입니다. 미국이 지옥입니다. 사실이 그렇다는 것입니다. 오늘날 20세기 문명의 정글입니다. 정글 가운데는 마피아가 있고, 폭력배가 있고, 백주에 벌어지는 별의별 놀음이 다 있다는 것입니다. 여러분들이 거기에 살고 있다는 것을 알아요? 이 머리들이 전부 다 거기에 생각이 젖어 있고, 거기에 감정이 통하고, 거기에 다 익숙해져 있다구요. 그런 데에 익숙해져 있지요?

그런 미국에서 살고 싶어요, 아프리카에서 살고 싶어요? 아프리카면 어때요? 아프리카 가게 된다면 말입니다. 집을 위하고, 나라를 위하고, 세계를 위하는 사람들이 많다는 걸 알아야 돼요. 그런데 미국 사람이 아프리카에서 살고 싶다는데 왜 웃어요? 그게 이상하다는 것입니다. 틀림없이 뭐가 잘못됐다는 것입니다. 자기가 틀린 것을 모르는 것이 상식화돼 있다는 것입니다.

그러니 이러한 사고방식을 가진 이 세계에 이러한 문화의 나라다 해 가지고 이것이 떡 이 가운데 들어와 가지고 그 놀음을 전부 다 하고 있다구요. 그래서 종교도 다 깨져 버리고, 집도 다 깨져 버리고, 나라도 깨져 버리고, 다 깨져 버렸다구요. 미국에 세운 기독교가 다 깨져 나갔다구요. 미국이 자랑하던 하나님이 다 깨져 나갔습니다. 미국이 세웠던 나라가 다

2. 세속화된 기독교와 그 위기

깨지게 되었습니다. 미국이 세웠던 가정이 다 깨져 나갔어요. 나라를 생각 안 하면 미국이 망하는 것입니다. 이러다가는 미국이 망하는 것입니다. 이대로 가다가는 세계를 망치는 것입니다. 뿐만 아니라 하나님까지 망쳐요. 하나님까지 망치는 것입니다. 그럴 수 없으니 레버런 문이 와서 브레이크를 거는 거는 것입니다.

망해 가고 있는 미국 문명

103 - P.220, 1979.03.01

현세는 미국이 선진 과학문명을 중심삼고 앞선 단계에 있기 때문에, 많은 나라들이 그 선진문명을 본떠서 가려고 하는 것입니다. 왜 그러느냐? 거기는 이익이 있기 때문입니다. 이익이 있다는 것입니다. 이롭다는 것입니다. 이익 되기 때문에 그런다는 것입니다. 그 다음에는 뭣 때문에 그러느냐? 편리하기 때문입니다. 좋기 때문입니다.

이 미국 문명은 미국이 갖춘 모든 과학적인 학문적·지식적인 기준을 말하는 것입니다.

그 다음에 내적 진리, 즉 말씀을 중심삼고 생각해 보자구요. 미국 문명은 지식이 문제가 되어 있는 것입니다. 말씀대로 되어 있지 않으니 미국은 지금부터 그것을 향해 따라가야 됩니다. 여기에 실체가 있습니다. 사랑하라는 말입니다. 결론은 인격입니다. 격(格)이 있다는 것입니다. 그 다음에 그것이 통일되어 있느냐, 이상적이냐 하는 것이 문제예요. 통일되었느냐 하나되었느냐 하는 것입니다. 그 문화와 지식을 중심삼고 모든 격을 갖춘 그것이 전반적 분야에 있어서 하나로 되어야 되는 것입니다. 그 하나로 된 것이 나빠서는 안 되고 좋아야 된다는 것입니다.

 이렇게 볼 때에, 미국의 문명은 지식적인 입장에서 볼 때, 격(格)에서는 갖추어져 있지만, 질에 들어가서는 하나 못 되어 있는 것입니다. 질이 어떠냐? 이질적이냐, 동질적이냐? 문제가 복잡하다는 것입니다. 흑백문제라든가 여러 혼합 민족을 중심삼아 가지고 있어서 이것이 문제가 크다구요. 그래서 다 무너지는 것입니다. 그러니 미국의 교육이 필요 없다고 하는 것입니다. 해서 뭐 하겠느냐는 것입니다. 다 잃어버리게 되는 것입니다. 그러다 보니 기독교인은 모든 것을 다 저버린다는 것입니다. 이것을 볼 때, 이제 미국 문화는 망하는 것이다 하는 결론을 내릴 수 있다구요. 망해 가는 것입니다. 무너져 가는 것입니다.

 고차적인 문명을 따라가는 것은 이익이 된다고 했는데, 이걸 볼 때 이익이 되는 것이 아니라 손해가 많다는 것입니다. 모든 것을 저버린다는 것입니다. 그 다음에 이 미국식 사고방식을 가지면 모든 것에 거리낌이 많다는 것입니다. 불편하다는 것입니다. 자연스럽지 못하다는 것입니다. 마음으로 거리끼고, 심정적으로, 인격적으로, 전반적인 면으로 거리끼는 것이 많다 이겁니다.

 미국의 가정이 왜 그렇게 되느냐? 가정에 들어가면 거리낌이 많기 때문입니다. 마음으로, 인격으로, 심정으로 거리끼고, 어머니 아버지 하는 게 전부 다 거리끼는 것입니다. 그래서 집을 뛰쳐 나오는 것입니다. 교회에 가도 설고, 전부 거리낀다는 것입니다. 전부 다 마음이 맞지 않는다는 것입니다. 안 된다는 것입니다. 사회관이 서지 않았다는 것입니다. 그건

2. 세속화된 기독교와 그 위기

자연히 그렇게 되는 것입니다. 인간 세계도 마찬가지입니다. 인간 문화도 마찬가지입니다. 종교도, 교회도 마찬가지입니다. 하나님의 뜻도 마찬가지 입장에서 취급되는 것입니다.

청소년 문제도 타락의 씨가 뿌려진 결과다

020 - P.175, 1968.06.09

타락이 뭐냐 하면 하나님을 팔아먹고 환경을 팔아먹은 것입니다. 자기 고깃덩어리를 중심삼고 떨어져 나간 것이 타락입니다. 그러한 타락으로 인한 결실이 세계적인 형태로 나타나는 때가 된 것입니다. 우리는 그러한 것을 보고 거기에 휩쓸릴 것이 아니라, 그것에 응수하여 왼손으로 붙들고 오른손으로 쳐 갈겨야 합니다. 이러한 운동이 벌어져야 됩니다.

앞으로 이 민주세계에 돈을 가지고 국권을 팔아먹을 수 있는, 수표를 가지고 국가를 놓고 거래할 수 있는 시대가 되면 마지막입니다. 불원한 장래에 그렇게 될 것입니다. 이러한 문제가 본격적으로 벌어질 때가 온다는 것입니다. 이러한 가운데에서 살고 있는 우리는 현재 어느 편에도 설 수 없습니다. 어차피 정비해야 할 세상이지만, 악이 그렇게 뿌려졌으니 악이 결실되어야 하는 것입니다. 뿌린 대로 거두어진다는 것입니다.

또한 오늘날 청소년 문제가 대두되고 있습니다. 이것은 타락론을 보아서도 부정할 수 없는 사실입니다. 오늘날 대학가의 청소년들, 20대와 틴에이저 청소년들의 문제가 심각합니다. 그리고 남녀 문제가 제기되는데, 이들이 타락하는 데는 어떻게 하느냐? 부모의 허락을 받지 않고 자기들 멋대로입니다. 또 부부가 합하는 데도 자기들 멋대로라는 것입니다. 사랑의 법도는 천륜의 공법이 원천인데도 불구하고, 그러한 천륜의 공법에서 벗어나서 모든 생명의 원동력, 생명의 기원이 되는 사랑의 법도가 길거리에서 하나의 놀이거리가 되고 춤가락에 나가떨어지는 이러한 세계가 되었으니, 종말이 올 것이 뻔한 것입니다.

아담 해와가 타락한 시기가 언제냐 하면 10대, 즉 청소년기였습니다. 나이 많은 사람들의 타락이 아니었다는 것입니다. 그래 타락하는 데는 무엇을 중심삼고 타락했느냐? 사랑을 중심삼고 타락했습니다.

사랑의 문제를 중심삼고 타락하여 둘로 나뉜 타락의 씨를 심었던 것입니다. 사람을 두 갈래로 만든 것은 악이 침입한 연고입니다. 악이 침입한 연후의 불륜한 사랑의 결과로 말미암은 그 씨가 세계에 심어졌다는 것입니다.

이것이 점점 확대되어서 세계가 두 패로 갈라져서 좌우 문제가 벌어지게 되었습니다. 사랑을 중심삼고 최상의 선진국에서부터 최하의 후진국에 이르기까지 전세계에 그러한 태풍이 불어 닥치는 그때가 세상의 끝날이라는 것을 알아야 합니다. 그렇게 심었으니 그렇게 거두어야 되는 것입니다.

오늘날 청소년들이 나무 그늘에 숨어서 타락하는 것은 아담 해와가 나무 그늘에서 부모의 공인을 받지 않고 불륜한 사랑의 인연을 맺었기 때문입니다. 그렇게 씨를 뿌려 놓았기 때문에 그렇게 거두어진다는 것입니다. 이것이 국경을 초월하고 시대를 초월하고 사상과 주의를 초월하여 세계적인 공통 현상으로 벌어질 때가 올 것입니다. 그때가 끝날이라는 것입니다. 지금 그러한 때가 된 것입니다.

2. 세속화된 기독교와 그 위기

그러한 바람에 젊은이들도 젊은이들이지만 나이 많은 사람들까지 놀아난다는 것입니다. 미국 뉴욕에 센트럴 파크(Central Park)라는 공원이 있는데, 거기에 가 보면 의자들이 많이 있습니다. 그 의자에는 나이 많은 사람들이 많이 앉아 있습니다. 그들이 어떤 사람들인고 하면 가정이 없는 사람들입니다. 대개가 혼자 사는 사람들인데, 그들은 일부러 가정을 가지지 않습니다. 자기 마음대로 들락날락하면서 얼마든지 육체의 향락을 누리며 살 수 있는데, 왜 구태여 가정을 가져 가지고 시시콜콜하게 구속받으면서 사느냐는 것입니다. 독신으로 아파트 생활을 하면서 그런 육체의 놀음을 하고 있습니다. 그런 모든 잘못 뿌려진 결과의 바람이 세계적으로 몰아쳐 들어가는 현상임을 부인할 수 없습니다. 미국뿐만이 아닙니다. 구라파의 국가들, 그리고 기독교 문명권이나 불교권의 민족들, 나아가 세계의 국가들이 전부 다 그러한 바람에 나가떨어지고 있습니다. 그러지 않을 수 없다는 것입니다.

3. 각성해야 할 기독교와 미국사회

미국을 떠나시는 하나님을 붙잡기 위해 새로운 운동을 해야

069 - P.030, 1973.09.03

하나님을 부정하고 하나님을 쫓아 버리고 남편은 남편대로 들고 나오고, 여자는 여자대로 들고 나오고, 자식은 자식대로 들고 나오는 것입니다. 하나님을 제쳐놓고 자기 당을 들고 나오고 자기 출세를 들고 나오고 있는 것입니다. 전부 다 하나님을 잃어버리게 된 것입니다. 그러니까 하나님은 아니 떠나려야 아니 떠날 수가 없습니다.

나라도 없고 교회도 없고 학교도 없고 가정도 없는 미국이 됐으니, 이 미국 천지가 하나님의 축복의 자리에 설 수 없는 것입니다. 하나님이 떠나게 되면 축복도 떠나가게 되고 망할 수밖에 없는 것입니다. 하나님이 떠나면 가만둬도 망하는데, 하나님은 그냥 안 두고 원수를 보내서 친다는 것입니다.

현재 미국이 그런 때에 있다는 것을 젊은 청년들은 알아야 하고, 공산주의 이념과 채찍이 미국 전역을 휩싸고 있는 때라는 것을 알아야 합니다. 미국 국민은 단합해서 하나님 앞에 돌아갈 수 있는 운동을 해야 됩니다. 그냥 있을 수 없다는 것

3. 각성해야 할 기독교와 미국사회

입니다.

이제는 떠났던 하나님을 모셔들이고 옛날보다도 더욱 열렬한 사상을 받아들여 거국적인 단합을 하고 회개하여 하나님을 모셔들일 수 있는 길 외에는 미국이 부활할 수 있는 길은 없다고 보는 것입니다. 미국을 망하게 하려는 것이 아니라 미국을 살려 보자는 운동을 할 수 있는 젊은이가 있어야 되고, 그런 단체가 있어야 되고, 그런 교회가 있어야 되고, 그런 종교 이념이 있어야 됩니다.

이제 미국 가정에 하나님을 모셔야 됩니다. 미국 사람들의 가슴에 하나님을 모셔들여야 됩니다. 미국 가정과 미국 교회에 하나님을 모셔들여야 됩니다. 미국 정부에 하나님을 모셔들이는 일을 누가 하겠느냐? 여러분 그것을 하고 싶어요? 그러면 여러분 개인이 하나님을 모셔들여야 됩니다.

개인을 위한 하나님을 모시고, 가정을 위한 하나님을 모시고, 교회를 위한 하나님을 모시고, 나라를 위한 하나님을 모시는 입장에서 내 개인이 하나님의 축복을 받을 수 있어야 가정이 축복을 받을 수 있고, 교회가 축복을 받을 수 있고, 나라가 축복받을 수 있는 것입니다. 그런 신념이 있느냐? 그런 신념이 있어야 됩니다. 그런 일을 하게 되면, 하나님이 따라오지 않을 수 없다는 것입니다. 하나님이 나에게 관심을 안 가질 수 없다는 것입니다.

내가 자고 먹고 하는 생활권을 하나님이 간섭하기 때문에 누가 나를 치는 날에는 옛날에 인디언이 망한 것과 마찬가지로, 또 영국이 망한 것과 마찬가지로 그런 일이 벌어진다는 것입니다. 아무리 강하더라도 끝내는 굴복하는 것입니다. 마치 다윗과 골리앗과 마찬가지 입장에 선다는 것입니다. 강하고 담대해야 됩니다.

그렇기 때문에 이제는 문제가 무엇이냐? 우리가 승리할 수 있고 미국에 하나님을 모실 수 있는 단 하나의 길은 무엇이냐? 옛날 퓨리턴보다도 하나님을 더 위하고 더 사랑하고, 또 옛날 독립군 책임자보다도 하나님을 위하는 데에 있어서 더 철두철미하고 앞서야 되겠다는 것입니다. 차원 높은 사상을 갖지 않고서는 하나님이 관심도 안 가질 것입니다. 그렇기 때문에 다시 내려가서 끌어와야 되겠다는 것입니다. 이것을 여러분이 알아야 됩니다.

하나님의 축복을 받고 뜻을 세워 나가는 길에도 희생의 대가를 치러 가지고 건설했던 것인데, 이제 망하게 된 입장에 있어서 이것을 다시 망하지 않는 자리에 세우는데 희생의 대가가 없을 수 있느냐 이거예요. 그 대가가 있어야 됩니다. 여러분들은 보다 큰 희생을 할 수 있어요? 어떻게 생각하고 있느냐구요? 그러겠느냐구요?

움직이지 않는 부동의 하나님이 큰 곳에다가 미국을 올무로 매어 가지고 끈으로 끌면 끌려 내려가는 것입니다. 그렇지만 윈치로 틀더라도 저것이 끌려오면 끌려왔지 내가 끊어지지 아니해야 하는 것입니다. 끊어지면 안 돼요. 미국이 달려가면 달려갔지 끊어져서는 안 되는 것입니다. 그렇게 되어 있어요? 여러분 각자가 그렇게 되어 있어요? 그러면 미국이 여러분들 못 가게 전부 다 끌어당기면 어떻게 해요? 여러분들 끌리길 거예요?

하나님은 언제나 힘이 무한하기 때문에 여러분이 끊어지지 않을 자신만 있으면 한꺼번에 획 감아치운다는 것입니다. 로프가 끊어질까봐 못 감지요. 순식간에 다 해치울 수 있다는

3. 각성해야 할 기독교와 미국사회

것입니다.

뜻을 대할 때 주저하는 것이 없어요? 총알같이 달려가게 돼 있느냐구요? 그러면 거기서부터 미국에 새로운 혁명운동이 벌어지는 것입니다. 미국을 떠나서 낙심한 하나님은 미국이 망할 줄 알았는데, '우리가 있습니다' 하며 하나님을 모시고 올라오는 무리가 있어 하나님이 그 무리를 밀쳐 버리더라도 끄떡없고 아무리 시험해 봤자 끄떡없게 된다면, 비로소 하나님이 재차 역사하는 것입니다.

하나님이 미국의 가정을 축복해 주고 느꼈던 섭섭함과 교회를 축복해 주고 느꼈던 섭섭함과 나라를 축복해 주고 느꼈던 섭섭한 마음을 알고, 그 이상의 가정과 이상의 나라를 세울 수 있도록 용서를 받고 나서게 될 때는, 하나님은 비로소 제2차의 출발을 이 나라에서 행차할 것이다 하는 것이 선생님의 생각입니다.

미국 국민은 하나님의 축복의 뜻을 알고 깊이 각성해야

081 - P.161, 1975.12.18

이제 미국 국민은 오늘의 미국을 이룬 하나님의 축복이 미국만을 위한 축복인 줄 알아서는 결코 안 됩니다. 이 축복은 세계를 위한 축복이요, 또 미국도 미국만을 위한 나라가 아니라 세계 인류를 위한 나라인 것을 깊이 깨닫고 전세계 인류 구원을 위하여 어떤 희생과 십자가라도 사양치 않아야 합니다.

이스라엘과 로마제국과 영국이 하나님의 뜻을 받았으나 그 사명에 실패한 내용을 알았은즉, 미국은 정녕 하나님의 뜻을 이루어 드리는 나라가 되어야 하겠습니다. 미국은 초민족적으로 구성된 나라라는 의미에서 세계를 구할 수 있는 가장 좋은 조건을 구비하고 있습니다. 이렇게 오색 인종이 합해 사는 나라는 일찍이 역사상에 없었으니 하나님의 가호가 아니었다면 벌써 분열되고 싸우다 망할 수밖에 없었을 것이지만, 지금까지 오히려 축복받고 흥해 온 것은 놀라운 하나님의 뜻이 있었기 때문인 것입니다. 미국 국민들은 이제 하나님의 축복의 뜻을 알고 깊이 각성해야 합니다.

미국은 정신문명과 물질문명의 극치를 이루어 놓았으니 하나님의 뜻 안에 준비된 대표 국가로서, 제1 이스라엘이 메시아를 갈망했듯이 다시 오실 주님을 기다리고 맞아서 창조이상을 완결한 통일세계를 이루어 드리는 나라가 되어야 되겠습니다.

1차, 2차대전을 승리로 이끄신 것도 하나님이시요, 미국으로 하여금 유엔을 편성케 하신 것도 하나님의 뜻이었습니다. 본래 유엔은 기독교를 중심삼은 세계 국가들이 결속하는 본영이 되어야 될 것입니다. 공산주의 국가의 가입은 절대로 하나님의 뜻이 아닙니다.

그리고 미국은 승전 후의 사무처리를 잘못했습니다. 2차대전에 승리한 연합국과 삼국 동맹국가들이 가졌던 나라들까지 올바로 보호 관리할 책임이 미국에 있으니, 만일 미국이 하나님의 뜻을 알았더라면 사탄편 국가 소련을 당당히 제압하고, 세계 만방의 자유국가들을 모아 민주세계에 결속시켜 하나님의 뜻 가운데 전세계를 복귀해야 했습니다. 그때가 그럴 수 있는 좋은 기회였습니다. 그러나 미국은 당시 아시아 제국과 동구의 위성국가들을 실질적으로 공산권에 내어 주고 한국과

3. 각성해야 할 기독교와 미국사회

독일을 양단시키고 말았습니다.

2차대전의 승리는 하나님의 판도를 넓히고 세계로 진출시키고자 하신 하나님의 축복의 결과였습니다. 그러나 미국은 결과적으로 젊은이들의 피의 희생을 헛되이 만들고, 하나님을 부정하는 불구대천의 원수 공산세계를 이롭게 했을 뿐입니다. 그때 희생된 젊은이들의 원한의 피의 호소가 아직도 그치지 않고 있는 것을 미국은 알아야 합니다. 더구나 미국은 자유진영 수호의 성직에서 후퇴하여 월남과 같이 그 보호 밑에 있던 나라를 하루아침에 비운의 제물로 삼았으니, 미국의 국제적 신의는 땅에 떨어지고 원망의 함성은 날로 높아 갑니다. 그뿐입니까? 미국에는 여러 가지 심상치 않은 국내 문제들이 날로 심각해가고 있습니다. 흑백문제가 그것이요, 마약문제가 그것이며, 청소년 윤락과 가정파탄, 범죄문제 등이 그것입니다.

하나님을 모신다는 교회가 이 문제들을 바로잡는 주역을 해야 할 것인데, 교회는 날로 젊은이들을 잃어버리고, 어떤 경우에는 양로원화 되어 가고 있는 형편입니다. 극도의 개인주의적인 인생관과 가치관으로 가정과 국가와 세계를 보며 전체를 위하는 하나님의 뜻을 저버리고 사는 미국 사람은 하늘의 심판을 면치 못할까 두려워하여야 합니다. 이대로 가다가는 하나님께서 떠나실 것이요, 그러면 미국은 축복을 빼앗기고 비참하게 될 것입니다. 벌써 그렇게 되어 가고 있는 현실을 직시하면서 각성 분발하여야겠다고 생각합니다.

마음속에 하나님이 계십니까? 가정에, 동네에, 사회, 국가에 하나님이 계십니까? 또 백악관에 하나님이 계십니까? 보다 중요한 것은 교회에 하나님이 계신가 하는 것입니다. 지금으로서는 그것조차 의문입니다. 하나님은 뭉치게 하시는 힘이시니 하나님께서 같이하셔야 개인의 몸과 마음도 하나되고, 부부와 가정이 하나되고, 민족이 하나되고, 국가가 하나되고, 동·서양이 하나되고, 세계가 하나되고, 하늘땅도 하나되어 하나님과 인간이 하나된 통일의 세계가 올 것이니, 이런 세계가 되면 공산주의는 그림자조차 없어질 것입니다. 하나님만 계시면 만사 해결이지만 하나님을 잃어버리는 날엔 모든 것을 잃어버리는 것입니다.

이것을 알진대 모든 것을 희생하고, 미국 전체를 희생하더라도 찾아야 할 이 하나님이요, 전세계 인류인 것을 똑똑히 알아야겠습니다. 미국은 각성하고 백성들이 단결하여 하나님을 중심삼고 다시 결속하는 운동이 벌어져야 할 것입니다. 기독교를 통합하고 모든 종교를 규합하여 차원 높은 뜻의 세계를 향하는 미국이 되게끔 정신적 혁신운동이 일어나야 하겠습니다.

미국은 하나님의 주의인 세계주의와 초교파주의로 돌아가야

088 - P.051, 1976.07.04

미국 땅을 구라파보다도 더욱 잘 만들어야 되겠다, 구라파보다 낫게 해야 되겠다 했는데, 이것이 2백년 간 하나님의 축복을 받고 서구사회의 모든 문화를 극복해 가지고 우월한 자리에 나설 수 있는 하나의 동기라는 것입니다. 그렇기 때문에 새로운 교회와 새로운 나라가 생겨났다는 것입니다. 그 새로운 나라와 새로운 교회는 새로운 민족으로서 초민족적이요, 초국가적인 입장에 선 새로운 민족과 새로운 교회를 주장했

3. 각성해야 할 기독교와 미국사회

다는 것을 알아야 됩니다..

그렇기 때문에 그 새로운 민족과 새로운 교회의 주의는 어떤 주의냐 하면 세계주의예요. 그 세계주의가 바로 하나님주의와 통했다는 것입니다. 하나님의 뜻이 뭐냐? 하나님의 뜻을 중심삼은 그 주의가 뭐냐 하는 것을 우리는 확실히 알아야 돼요. 그 하나님의 주의는 초민족주의입니다. 초국가적입니다. 그 다음에는 종파주의가 아니에요. 무슨 감리교주의가 아니고, 무슨 성결교주의가 아니고, 무슨 천주교주의가 아닙니다.

그러면 무슨 주의냐? 초교파주의입니다, 초교파주의. 하나님의 뜻으로 말하면, 주의 사상으로 말한다면 그 주의가 무슨 주의요, 그 사상이 무슨 사상이냐 하면 초민족과 초국가와 초세계주의인 동시에 초교파주의다는 것입니다. 그러면 오늘날 수많은 기독교가 분파되어 싸우는 것이 무슨 주의냐? 종파주의입니다. 그러면 국가 국가끼리 싸우고 인종 인종끼리 차별하는 것은 무슨 주의예요, 그게? 인종 차별주의지요. 국가주의자들입니다.

하나님의 뜻이 뭐냐 하면 세계를 구원하는 것입니다. 세계를 구하기 위해서는 초민족주의요, 초교파주의 과정을 통해야 된다는 결론이 나옵니다. 미국의 건국 정신을 보면 신교를 중심삼고, 교회를 중심삼아 가지고 초민족적인 결성은 되었다는 것입니다. 초국가적인 결성은 봤다는 것입니다. 그런데 초교파주의적 기준이 안 되었다는 것입니다. 이거 문제라는 것입니다. 여기서 장로교가 있고, 감리교가 있고, 뭐 어떻고 뭐 시시한 것들이 많다구요.

그래 가지고 초종파주의적 기준을 중심삼고 초민족주의 결속을 다짐할 수 있는 이런 역사적 2백년 전통을 가져 가지고 지금 이때에 와 가지고는 모든 종교는 국가를 중심삼고 하나의 초민족적 기반 위에 세계 민족이 규합된, 하나님이 보시기에 바람직한 미국이 되어야 되는 것이 현재의 입장이었다 하는 것입니다.

여기에서 문제되어야 될 것이 그 미국이 주장하여 하나님의 뜻을 따라가려면 어떻게 해야 되느냐? 초민족주의가 먼저냐, 초교파주의가 먼저냐? 초교파주의가 먼저입니다. 초민족주의를 가지고 초교파주의를 만들 수 없다는 것을 알아야 됩니다. 초국가주의가 되더라도 초교파주의는 안 된다는 것입니다.

그렇기 때문에 초민족주의가 되기 위해서는 단 하나, 초교파주의적 기준만 만들어 놓으면 됩니다. 그러면 초국가주의, 초세계주의가 자동적으로 된다는 것입니다. 미국 땅에서 의회제도와 더불어 맨 처음에 장로교파 국회의원, 감리교파 국회의원, 천주교파 국회의원, 그 다음에 초교파적인 국회의원들이 합해 가지고 국회를 중심삼고 초교파 운동을 하면서 발전시켰다면 얼마나 이상적인 국가가 되었겠느냐 이거예요. 국가가 교회를 따라가야 되겠어요, 교회가 국가를 따라가야 되겠어요? 국가가 교회를 따라가야 됩니다.

그러면 현재의 미국을 보면 미국이 교회를 따라가느냐, 교회가 미국을 따라가느냐? 교회의 면세조치도 누가 만들었느냐 하면 국가에서 만들었다는 것입니다. 그걸 하나님이 만들어야 할 텐데도 불구하고 국가가 만들었다는 것입니다. 더구나 현재에 이르러서는 종교에 대한 면세조치를 놓고 '전부 다 삭감해 버리자. 부정하자' 하는 것입니다. 미국이 이렇게 돼 있다는 것입니다. 하나님의 일이라면 정부가 무엇이든지 하

3. 각성해야 할 기독교와 미국사회

나님을 위해서 백 퍼센트 해야 할 텐데, 하나님의 일을 정부가 브레이크를 걸어 가지고 깎고 마음대로 할 수 있다는 것입니다.

　미국의 건국 이념이 뭐냐 하면 원 네이션 언더 갓(One Nation Under God;하나님 아래 하나의 나라)입니다. 이러한 이념을 중심삼아 가지고 하나님의 이름으로 모든 것을 처리하는 이것을 세웠는데도 불구하고, 지금은 하나님을 제쳐놓고 인간의 권한을 중심삼고 처리하자는 것입니다. 반대가 됐습니다. 그때에는 정부에 들어가서 주동적으로 민주주의의 제도와 모든 사상적 기원을 만들고, 교회를 위하는 사상과 하나님의 이름을 절대시하는 입장에서 했는데도 불구하고 지금은 하나님의 이름이라든가 교회를 전부 다 빼 버리고 '우리 이름으로, 미국의 이름으로!'를 외치는 것입니다. 이거 안 됩니다.

　이렇게 되면 어떻게 돼요? 하나님이 떠나갔어요? 하나님이 본래 이상으로 세워서 이 나라에 축복했던 모든 기원이 틀어지고, 하나님이 약속했던 것이 틀어지니 이 나라는 큰 위기에 봉착할 것이라는 결론도 여기에서 나오는 것입니다. 하나님이 떠나면 다 실패하는 것입니다.

4

하나님의 뜻 실현과 미국을 중심한 통일운동

1. 기독교의 새로운 부활과 통일운동

인종을 초월한 새로운 심령운동

087 - P.072, 1976.05.01

미국의 정신계, 즉 미국의 퇴폐한 젊은 청년들을 다시 수습해 가지고 미국을 넘고 세계를 위할 수 있는 젊은이가 되자 하고 이렇게 움직여낼 수 있는 종교가 있어요? 또 그런 지도자가 있어요? 암만 봐도 없다는 것입니다. 단 하나 레버런 문밖에 없지 않느냐 이겁니다.

279 - P.118, 1996.08.01

지금까지 이 문제를 해결 못 했어요. 비로소 레버런 문이 풀어 주는 것입니다. 하늘의 비밀과 사탄세계의 비밀을 다 알았기 때문에 이 세상을 요리하겠다는 것입니다. 내가 이 길을 찾기 위해서 죽음 고개를 몇백 번 넘었다는 것을 알아야 됩니다. 하나님을 몇백 번 울린 사람입니다. 역사 이래 레버런 문 이상 하나님을 잘 아는 사람이 없어요. 그렇기 때문에 문제입니다. 세상이 아무리 반대하더라도 레버런 문은 망하지 않아요. 하나님이 보호하기 때문입니다. 레버런 문이 가르쳐 준 진리권 내에 들어오게 되면 하나님이 같이 보호하는 것입니다.

087 - P.072, 1976.05.01

내가 미국 사람이라면 반대 안 할 것입니다. 내가 백인이고 미국 사람으로 태어났다면 미국 사람들도 반대 안 할 것입니다. 그렇지만 그렇기 때문에 하나님은 하나 만들려고 하는 겁니다. 이제는 초민족적 시대에 들어왔다는 것입니다. 우리는 민족을 초월하고, 종족을 초월해야 됩니다. 만약에 그렇지 않으면 백인들은 아메리카 인디언들을 학살한 역사적 대가를 전부 다 치러야 됩니다. 황인종에게 칼침을 맞아 죽는다구요. 그렇게 됩니다.

하나님의 사랑이 있기 때문에 벌주는 대신 복을 주기 위해서 계몽을 해 나오는 것을 고맙게 생각해야 됩니다. 만약 레버런 문을 반대하는 날에는 흑인이 레버런 문 패가 될 것이고, 스페니쉬(Spanish;스페인계 사람)가 레버런 문 패가 되어 올 것이고, 인디언, 컬러 맨(color man;유색인종)들이 전부 다 레버런 문을 지지할 것이라고 본다구요. 그렇게 되면 맨 꼴래미가 되는 것은 백인입니다. 그렇게 되면 백인들의 앞날이 비참할 것입니다. 현재 그렇게 되지 않았어요? 백인들은 생각해야 됩니다. 하나님의 뜻이 있는 것을 알아야 한다구요.

그렇기 때문에 인종차별을 하지 말고 하나님의 뜻이 어디에 있는가 알고 하나되어 가지고, 우리 세계적인 통일교회, 종족을 초월하고, 민족을 초월한, 새로운 역사적인 이 심령운동에, 이 정신운동에 가담해야 됩니다. 거기에 전미국의 백인들이 선두에 서야 돼요. 백인들이 선두에 서야 되는 것입니다. 이러한 위험성이 있기 때문에 백인 청년 통일교회 교인들이 선두에 서 가지고 피땀을 흘리고 수난길을 감으로 말미암아 용서받을 수 있는 길이 있다는 것을 알아야 되겠습니다.

1. 기독교의 새로운 부활과 통일운동

여러분들이 선생님을 보기 전에 선생님이 '아! 이 백인은 다르다' 라고 할 수 있는, 또 일반 백인들이 여러분들을 보고 다 잊어버릴 수 있게끔 활동하지 않으면 안 되는 것을 여러분들이 알아야 되겠습니다. 요즈음 보고를 들어 보면 백인들이 전부 다, 샛노란 머리와 새파란 눈알을 가진 사람은 전부 다 레버런 문을 멸시하고, 돌아보지도 않고 반대하지만 저 스페니쉬계라든가 흑인이라든가 황인은 전부 다 지지하고 있다구요. 이러한 일들이 지금 벌어지고 있다구요. 그러므로 백인 여러분들이 가 가지고 형님들을 전부 다 끌어내어 그래서는 안 된다고 해야 할 책임이 있다는 것을 알아야 됩니다.

미국 기독교의 재부흥을 위한 활동 전개

110 - P.234, 1980.11.18

미국 기독교 부흥을 누가 책임지겠어요? 레버런 문이 책임지기 전에 여러분 목사, 장로, 전세계의 기독교를 추종하는 형님들이 책임져야 되는 것입니다. 그런데 할 수없이 미국까지 간 그 세계 문명의 방향은 아시아를 찾아오는 것을 알았기 때문에 나는 1971년도에 미국으로 건너가게 되었습니다. 그때는 누구도 몰랐습니다.

나는 가 가지고 기반을 닦고 1973년 이후, 3년 만에 미국을 석권해 버렸다는 것입니다. 악명 높은 레버런 문이라도 좋고, 아무래도 좋다는 것입니다. 내 이름이 때려죽이리만큼 흥분되게끔 유명해져라 이거예요. 그것이 하늘의 명령이었어요. 그래 불철주야 3년 반 만에 미국 조야의 문제의 인물이 된 것도 내가 그렇게 해서가 아니라 하늘이 그렇게 만든 것입니다.

1975년에 전세계 127개 국에 선교사를 보낸 후, 미국 조야나 언론계에서 두드려 패니 세계에 널려 있는 통일교회의 선교사들은 엉망진창이 되는 것입니다. 통일교회의 가는 길이 어떤 길이냐? 하나님의 뜻 가운데에서 나왔다면, 세계의 핍박 과정에서 맞고 빼앗아 나오는 전법을 취하는 것이 하나님의 작전입니다.

공산당도 반대하고, 미국 국회도 반대하고, 미국의 기독교도 반대하고 유대교도 반대하고 모든 잡종 종교, 미국 국민조차도 레버런 문을 전부 때려잡자고 나섰어요. 그야말로 다윗과 골리앗이 싸우는 것 같은 놀음을 한 것입니다. 하나님이 찾고자 하는 이상적인 이스라엘 동산, 조국광복을 위한 하나의 뜻을 품고 미국 국회를 대하겠다, 소련의 KGB(국가보안위원회)와 정면으로 충돌할 것이다, 기성교회와 정면으로 충돌해서 그의 부형(父兄)들은 망하더라도 2세를 수습하겠다는 것입니다. 그렇지 않으면 다 망하니까…. 그렇기 때문에 하늘이 보우하사 레버런 문이 가는 데에는 젊은 사람들이 따르게 마련이었더라 이거예요.

여러분들을 대해서 무슨 뭐 어떻고 어떻고, 뭐 예언이나 하는 그런 시시한 레버런 문이 아닙니다. 종교지도자로서 역사는 남아요. 종교지도자로서 정도를 가기 위해서 나온 것입니다.

열한 명의 형제에 의해 애급으로 팔려 가서, 죽으라고 하는 그 자리에서도 요셉에게는 오히려 열한 형제를 구해야 될 책임이 있는 것입니다. 그와 같이 내가 이 미국 땅에서 죽지 않고 살아남아서 미국 대통령과 미국 조야를 내 손에 감아쥐게

1. 기독교의 새로운 부활과 통일운동

되는 날에는 한국 백성과 이 땅 위에서 갈 길 없이, 나라 없이 헤매는 저 기독교를 구해 주겠다는 그 일념밖에 없습니다. 그것이 하나님의 뜻입니다.

　이 시대에 승리해 가지고 내가 기성교회의 사람들을 만나기 위해서 오는 것입니다. 이번에 와서 말입니다. 전국의 유지들을 만났습니다. 국가의 중추적인 역할을 하는 모든 사람들을 만났습니다. 기독교의 여러분과 만나는 것도 이래서 만나는 것입니다. 예수님 당시의 유대교와 유대 나라가 예수님과 하나되었더라면 로마제국이 문제가 아니에요. 로마제국이 문제가 아닙니다. 로마를 중심삼은 지중해문화권, 영국을 중심삼은 대서양문화권을 거쳐서 미국을 중심삼은 태평양문화권이 반드시 아시아에 되돌아와야 됩니다. 예수님의 몸을 잃지 않고 이루어야 했던 아시아권을 중심삼고 형성해 가지고 세계 제패를 다시 찾아야 됩니다.

섭리를 중심한 내용을 모르고 있는 기독교인들

196 - P.172, 1990.01.01

　통일교회는 아벨의 자리에 있고 기독교가 가인 자리에 있습니다. 서로 형제예요. 동생을 중심삼고 하나님에게 돌아가야지, 형님을 중심삼고 동생을 끌고는 하나님에게 돌아갈 길이 없어요. 그래서 애급에서 누구를 끌어냈느냐? 차자를 끌어냈어요. 그래서 이스라엘 나라를 ….

　이스라엘 백성들이 가나안 복지에 들어가 가지고 잘못한 것이 무엇이냐? 40년 동안 유리고객하다가 가나안 땅에 들어가니 자기들은 거지패예요. 가나안 7족을 보니 잘 먹고 잘살아요. 집이 없나, 농토가 없나, 양이 없나, 소가 없나, 아들딸이 없나…. 아들딸을 보니 전부 기름기 흐르는 아들딸이고, 잘 입고 잘사는 부잣집 아들딸입니다. 사막에서 거지패가 되어 가지고 들어와 보니…. 그들이 해야 할 것은 하나님을 누구보다 사랑해야 되는 것입니다.

가나안 7족이 문제가 아닙니다. 하나님을 사랑해서 하나님이 찾고자 하는 나라를 찾아야 했던 것입니다. 그 나라는 어떤 나라냐? 이 가나안 7족을 휩쓸어 버린 터 위에 설 수 있는 나라입니다. 그런 나라가 되어야 했던 것입니다. 그런데도 불구하고 2세들이 굶주린 자리에 들어가 가지고, 시집 장가가는 데는 이스라엘 거지패들은 싫다고 해 가지고 가나안 7족과 짝짜꿍이 벌어진 것입니다.

이래 가지고 이스라엘 전통 역사, 애급에서 분립된 역사에서 새로 돌아와 가지고 하늘국가 창건을 목적하였던 모든 이상적 기준을, 2세로부터 후세를 통해 가지고 하늘나라의 이스라엘 왕권을 세워야 했는데도 불구하고 그 책임을 몰랐다는 것입니다.

그리고 그 왕권이라는 것은 이스라엘 단일민족만이 아닙니다. 세계적인 것입니다. 이스라엘 나라를 택한 것은 이스라엘을 구하기 위한 것이 아닙니다. 가인을 구하기 위한 것입니다. 이걸 몰랐다는 것입니다.

예수님이 죽지 않았으면 기독교는 이름도 없어요. 예수님이 죽으러 왔어요? 죽으러 왔다면 뭘 하러 4천년 동안 메시아를 보내겠다고 약속했겠어요? 유대교가 없는 로마에 보내서 죽게 하면 되지. 메시아를 보내 가지고 이스라엘 나라가 해방되어 세상에 있어서 복 받는 민족이 되게 하는 데…. 복을 받는

1. 기독교의 새로운 부활과 통일운동

데 하나님이 복을 줘요? 세계의 복을 전부 모아 가지고 하늘에 바친 다음에 상속을 다시 받아야 자기 나라가 복을 받는다는 것을 몰랐다구요.

 그런 등등의 모든 종교세계에 감춰 온 비밀을 전부 알지 못하고 깔아뭉개 가지고, 그 터전은 여기에 있는 데 이쪽에 와 가지고 그 모든 미지의 기반과 더불어 같이 행차하겠다고…. 어림도 없어요. 이 문제를 해결해야 돼요.

 그렇기 때문에 레버런 문은 40년 동안에 기독교를 중심삼고 통일되었던 통일왕국시대를 잃어버린 하나님의 섭리의 기준을 다시 이뤄야 돼요. 아담을 중심삼고 해와와 두 아들이 하나되어 가지고 하늘 앞에 사탄세계의 통일된 나라를 올려 바쳐야 돼요. 왜? 타락으로 인하여 사탄의 사랑과 사탄의 생명과 사탄의 핏줄을 이어받은 인류가 됨으로 말미암아 하나님의 소유권을 전부 사탄 소유권으로 만들어 버렸어요. 하나님이 소유주가 아닙니다. 하나님의 사랑을 이룬, 혈연적 일체이상을 중심삼고 하나님의 사랑을 중심삼은 세계 판도의 주인공이 되어야 할 기반이 사탄 사랑의 침범으로 말미암아 완전히 깨져 나갔어요. 하나님이 슬픈 하나님이고 고통의 하나님인 걸 기독교인들이 몰랐다는 것입니다.

미국의 의도적인 종교재판

132 - P.291, 1984.06.26

 본인의 방대한 공익사업의 범위를 아신다면, 본인이 미국에 와서 2만5천 불의 탈세를 꾀하였으리라고는 그 누구도 생각지 아니할 것입니다. 본인의 재판사건은 처음부터 탈세사건이 아니었습니다. 이것은 미국정부의 의도적인 종교재판이었습니다.

그들이 통일교회를 먼저 택한 것은 통일교회가 공격을 받더라도 그 누구도 동정하지 아니할 것이라고 믿었기 때문입니다. 그러나 정부는 여기에서 큰 오산을 저질렀습니다. 미국의 종교계는 모든 사람의 인권이 보장되지 아니하는 한 그 누구도 인권을 보장받을 수 없으며, 어느 한 사람이 위협을 당하면 전체가 모두 위협을 당한다는 것을 너무도 잘 알고 있었습니다.

정부가 권력을 남용하게 되면 가공할 사태가 벌어집니다. 보십시오. 로마제국은 예수 그리스도를 십자가에 못 박지 아니하였습니까? 이 미국에서는 정부가 무당들을 불태워 죽였으며, 천주교를 핍박하고 유대교를 탄압하며, 또 흑인 노예제도를 연장시켰습니다. 바로 정부가 몰몬교의 교주 조셉 스미스를 투옥하고, 폭도에 의해서 살해당하는 것을 방관했습니다. 지금은 그 정부가 본인을 잡으려 하며, 그 과정에서 우리 모두의 종교자유를 침범하고 있습니다. 우리는 지금 바로 이 정부의 직권남용을 막아야 합니다. 그렇지 않으면 다음 피해자는 누구이겠습니까?

바로 이와 같은 중요한 시점에서 레버런 문이 미국의 종교자유를 결정하는 새 돌파구가 되었다는 것에는 역사적, 섭리적 의의가 있는 것입니다. 본인의 유죄판결은 종교 자체를 실천하는 것이 죄가 된다는 뜻입니다. 종교지도자라는 바로 그 본질 때문에 본인은 처벌을 강요당하고 있습니다. 이와 같은 기가 막힌 사실은 미국의 양심을 흔들어 깨우쳤습니다. 종교지도자들과 신앙인들이 드디어 일어섰습니다. 그들은 분노에

1. 기독교의 새로운 부활과 통일운동

떨고 항쟁의 전진을 시작했습니다. 가장 중요한 사실은 광범한 종교계가 한 목적 하에 뭉쳤다는 사실입니다. 이 종교계의 단결이 드디어 미국의 생존을 보장할 것입니다.

세계 최대의 대립

132 - P.292, 1984.06.26

오늘날 우리 세계 속의 최대의 대립은 미국과 소련의 대립이 아니며, 자본주의와 사회주의와의 대립도 아니며, 민주주의와 공산주의의 대립도 아닙니다. 그것은 하나님을 믿는 자와 하나님을 부정하는 자의 대립입니다.

공산세계는 하나님을 부정하는 세계이며, 인류의 꿈을 실현하는 데 실패했습니다. 그런데 자유세계도 물질만능에 허덕이고 하나님을 저버리며, 오늘날 세계문제에 속수무책입니다. 오늘날 민주와 공산, 양대 세계가 모두 어둡고 혼돈 가운데 있습니다. 새 '비전'이 어디선가 나타나야 합니다. 그것은 하나님을 중심한 세계관이어야 합니다.

그 새 이념이 하나님주의임을 선포합니다. 이 이념이야말로 새로운 해답을 제시해 줄 것입니다. 그리고 이 이념은 하나님의 사랑의 심정 속에서 솟아 나온 것입니다. 이 이념이 모든 종교인과 양심인사를 통합할 것입니다. 이 이념이 모든 원수들과 원수 나라들까지도 뭉치게 만들 것입니다. 참다운 영혼의 자유를 구현할 것입니다. 그리고 이 이념이 드디어 지상천국의 기틀을 놓을 것입니다.

본인이 발표한 하나님을 중심한 방대한 사상체계의 내용이 고차원적 이론으로 되어 있기 때문에, 듣는 사람으로 하여금 충격적 감동을 받게 하므로 소위 '세뇌'라는 말이 나오게 되었습니다. 이로 말미암아 일부 기성세대와 언론기관의 오해를 자아내는 결과가 되었고 본인을 원수시하는 공산주의자들은 이를 역이용하여 세계적으로 통일운동에 대한 흑색선전에 이용하여 왔습니다.

본인은 오늘 미국의 종교자유를 보존하기 위하여 본인이 희생의 제물이 된 것을 영광으로 생각합니다. 만일 본인이 위기에 선 미국역사의 앞날을 경고하는 등대 빛이 된다면 본인의 희생은 위대한 목적을 달성합니다.

오늘 우리가 당면한 과제는 바로 미국과 자유세계의 생존 그 자체입니다. 이 미국과 세계의 생존과 번영을 보장하기 위하여 본인은 어떤 수모도 감수할 것이며, 어떤 험한 땅에도 갈 것이며, 어떤 고역이라도 사양치 아니할 것이며, 어떤 십자가라도 이를 기꺼이 질 것입니다. 만일 이 숙명의 길을 가다가 설사 쓰러지는 한이 있더라도 그로 말미암아 미국이 살고 세계가 살아 하나님의 뜻이 이루어진다면 본인은 오직 하나님께 대한 감사에 충만할 것입니다.

미국 목사들에게 원리를 교육하는 이유

134 - P.065, 1985.01.04

댄버리는 한국 말의 담벽과 통한다구요. 내가 언젠가 그러지 않았어요? 이 담이 무너지는 날에는 이 자리가 자유의 출발지가 될 것이다 하고 말입니다. 이 자리에서 태양을 향하여 쏘는 것입니다. 수직으로 쏘는 것입니다. 인공위성을 쏠 것입니다. 거기서 쏘기만 하는 날에는 무한입니다. 무중력 궤도로

1. 기독교의 새로운 부활과 통일운동

넘어가는 날에는 영원히 달릴 것입니다. 그렇게 알고, 선생님이 준비하고 있으니까 여러분들도 빨리빨리 지상에서 준비해 가지고 그 경계선까지 다 이루고, 내일이라도 와서 기다리면 선생님이 내일이라도 새 세계로 데리고 갈 것입니다. 능력이 많으신 하나님이 무슨 일을 못 하시겠어요?

이스라엘 민족은 국가 가나안 복지를 바랐지만, 우리는 천주 가나안 복지를 바라고 넘어가야 됩니다. 그런데 우리 통일교회 패들은 이스라엘 민족과 같으니 애급 같은 천지에서 누구한테 통고해 주어야 하느냐 하면, 이스라엘권을 상속받을 수 있는 패들에게 통고해 줘야 합니다. 그런데 기독교권이 이스라엘권입니다. 그렇기 때문에 제2 이스라엘권인 기독교에게 전부 다 통고해 주어야 하는데, 영국이나 미국에 전부 다 할 수 없으니까 목사들한테 통고할 수밖에 없습니다. 목사들만 교육해 놓으면, 목사 앞에 사람이 천 명이 있든 만 명이 있든 그것은 목사 책임이지 내 책임이 아닙니다. 따라서 목사한테만 통고하면 우리는 넘어간다 이겁니다. 그렇지 않으면 못 넘어간다는 것입니다.

애급에 있는 이스라엘 민족과 마찬가지이기 때문에 그걸 통고해서 다 가르쳐 줘야 됩니다. 다 가르쳐 줘야 돼요. 거기에 있는 목사들 한 30만 명만 교육하게 되면 제2 이스라엘 민족, 애급에 있는 민족이 다 알게 되는 것입니다. 다 알게 되기 때문에 따라 나갈 수 있게 돼 있습니다. 그렇지 않으면 우리가 나가지를 못한다구요. 다 망한다는 것입니다.

목사 한 사람 앞에 보통 3백 명, 5백 명씩 다 달려 있기 때문에, 그 한 사람을 통하면 5백 명을 찾아가는 것과 같습니다. 그러니까 목사 한 사람만 딱 가르쳐 주면 되는 것입니다.

▲ 한국을 방문한 제1차 미국기독교목사 초청 통일원리 공청회 참가자들.

 그래서 통일교회가 평균적으로 한 사람이 120명 목사한테만 통고하게 되면 미국 전역, 이스라엘 민족, 애굽에 있는 사람 전부한테 통고하는 사명 완료다. 그렇게 봐 주겠다는 것입니다. 그러면 여러분과 선생님이 만나 가지고 틀림없이 가나안 복지, 우주 가나안 복지에 들어갈 것입니다. 가나안 복지에 들어갈 것입니다.

 그래서 이번에 나와서 이것을 통고를 해주는 것입니다. 틀림없이 해라 이거예요. 하나님을 사랑하는 마음, 하늘땅을 사랑하는 마음, 나라를 사랑하는 마음, 민족을 사랑하는 마음, 종족을 사랑하는 마음, 가정을 사랑하는 마음을 가지고 전부 다 통고하라 이겁니다. 진공상태에서 최고의 희생과 최고의 정성을 통한 눈물을 흘리면서 우리는 이 사명을 위해 미국 전역을 행진하자 하는 것입니다. 이것이 하노 중하기 때문에 낸 버리에서 문 선생이 나와 가지고, 올 수 없는 자리에서 와 가지고 여러분에게 통고하는 것임을 알아야 되겠습니다. 욕이야 하겠으면 하고 말겠으면 말고, 가나안 복귀를 하느냐 못하

1. 기독교의 새로운 부활과 통일운동

느냐, 민족을 구하느냐 못하느냐 하는 것이 더 바쁘다는 것입니다.

미국 목사들을 교육시키는 일은 미국을 살리는 역사적인 사업

178 - P.230, 1988.06.04

우리가 이 활동을 하는 것은 많이 희생하는 것인데 전도하는 것하고 ICC(초교파성직자회의)활동하는 것 중에 어느 게 낫겠어요? 물론 ICC운동입니다. 왜 그러냐? 만약 그 동안에 7천 명을 전도했다 하더라도 그 7천 명이 미국을 움직일 수 있는 역량을 가질 수 없는 것입니다. 그렇지만 목사들 7천 명을 움직였다는 사실은 막강하고도 놀라운 일입니다. 그럼으로 말미암아 미국 교계와 미국 전역에 영향을 끼칠 수 있었다는 겁니다.

목사 한 사람 한국에 데리고 갔다 오는 게 쉬워요, 통일교회 교인 전도하는 게 쉬워요? 미국 사람들은 실리주의자들 아니에요? 그러니 실리를 추구해야지요. 목사들은 교회를 갖고 있으니까 몇 백 명씩을 데리고 있다구요. 그런데 그 몇 백 명을 데리고 있는 그 목사들에게 제일 어려운 게 뭐냐 하면 2세, 자기 아들딸을 요리할 도리가 없다는 것입니다. 그 아들딸들을 우리에게 맡기면 문제없이 소화할 수 있는 길이 훤히 있다는 것입니다.

그러면 목사 아들딸뿐 아니고 교회 전체의 장로의 아들딸, 그 다음에 그 시중의 전부가, 시와 직결되는 시중(市中)의 젊은이들 전부가 연결될 수 있는 길이 거기에 물려 있다고 보는 것입니다. 이것을 우리는 미국을 살리는 중요한 하나의 길이라고 생각해야 됩니다. 그것이 교회에서 직결되어서 그런 문제가 반드시 시(市)와 더불어 주(州)와 더불어 이 나라와 더불어 연결된다는 사실을 알아야 돼요.

여기에서 젊은이들에게 불을 질러 놓으면 그것이 교회로부터 도시로, 전국으로 붙어 나갑니다. 그렇지만 우리가 전도를 하게 된다면 전국으로부터 전부 다 반대한다는 것입니다. 대학은 대학대로, 교회는 교회대로, 도시는 도시대로, 나라는 나라대로 그러고 있다구요.

그동안 한국에 7천 명의 목사를 데려다가 교육을 한 지가 얼마나 됐어요? 2년 가량 되었습니다. 이번 8월 20일이면 내가 댄버리에서 나온 지 3년이 됩니다. 7천 명, 7만 명 교육하는데 얼마나 걸렸나요? 1년 이상 걸리지 않았어요? 1년 걸렸지요? 1년 반이 조금 넘었어요.

이와 같은 일, 미국에는 많은 기독교 교파가 있고 기독교 신자가 있지만 초교파적으로 이렇게 모든 교회 지도자를 움직였다는 것은 역사에 없는 일입니다. 미국 역사와 기독교 전통에 없는 일이 벌어지고 있다는 사실, 이건 세계적인 일입니다.

꼭대기에 봉우리가 많던 것이 우리로 말미암아 연결되어 가지고 편편하게 된다 이겁니다. 편편하게 녹아내려 물이 생깁니다. 여러분, 교파끼리 서로 싸우고 안 만나는 교파가 많지만 우리가 중간 중간에 만나게 해서 예배도 같이 보고 이런 일이 벌어지잖아요? 이게 놀라운 것입니다.

그러면 이 직진이 잘돼서, 전쟁이 잘 진행 중이에요? 패선 상태예요, 승전 상태예요? 손에는 아무것도 없어요. 그렇지만 미국이 있다구요. 미국 나라가 있어요. 이걸 잡는 날에는 미국 나라가 잡힌다는 걸 알아야 돼요.

2. 미국과 세계 구원을 위한 통일운동의 위상과 목적

미국에서의 활동은 하나님의 프로에 맞추기 위한 것

069 - P.307, 1974.01.01

통일교회의 역사가 1960년부터인데 지금까지 세상의 역사는 그저 급강하로 떨어져 내려갔지만 통일교회의 역사는 올라가는 것입니다. 세계의 최고의 기준인 미국이 전부 다 우리와 바꿔칠 수 있는 코너에 들어갔다구요. 운세적으로 보면, 우리가 올라가고 미국이 내려간다구요.

1972년, 1973년을 중심삼아 가지고 여기 미국의 대통령이 떨어져 나가는 것이 왜 그런지 알아요? 하늘이 높은 줄 모르고 땅 위에서 자기가 높다고 했기 때문에 다 꺾여 나간 것입니다. 여러분, 지금의 워터게이트 사건, 미스터 문이 닉슨 대통령에 대해서 전부 다 선언했어요. 거기에서 미스터 문과 하나되면 살 수 있는 길이 있다는 것입니다. 그래서 선생님이 상원의원 하원의원들에게 한 사람도 빼놓지 않고 전부 편지를 했다구요. 우습게 아는지 모르지만 이것은 우연한 사건이 아닌 것을 여러분이 알아야 된다는 것입니다.

2년째 백악관과 우리가 교차점을 가졌다는 사실은 이것이 역사적인 사건인 것을 여러분이 알아야 됩니다. 워터게이트 사건을 논하게 될 때는 반드시 역사적으로 미스터 문의 이름이 남게 돼 있다구요. 이건 암만 부정하려야 부정할 수 없도록 미스터 문의 이름이 역사에 남게 된다는 것입니다. 지금 미국 국민들은 모르지만 후손들은 미스터 문이 대관절 어떠한 사람인데, 그런 일을 했느냐고 할 것입니다. 역사적인 재료가 됩니다.

그래서 선생님이 워터게이트 사건을 보고(寶庫), 보배로운 창고라고 해 가지고 세계적으로 우리 통일교회 교인들이 이 사건을 중심삼고 움직였다는 사실을 책으로 만들 것입니다. 워터게이트 사건을 출판한 어떠한 책보다도 큰 책을 만들어서 각 도서관, 각 직장에 이것을 배치할 날이 불원한 장래에 올 것입니다.

닉슨이 거기서부터 올라가기 시작한다구요. 7퍼센트가 올라갔다는 간행물을 내가 봤다구요. 요것이 21퍼센트만 올라가는 날에는 해방이 됩니다. 여러분이 여기에 와서 이날을 기념하고 있지만 전국에서 주(州) 대표라든가 기동대장들은 지금 그 준비를 위해서 2주일 동안에 미국 전역에서 활동하고 있다는 것을 여러분이 알아야 됩니다. 여러분은 이번 기간에 미국 국민의 마음과 하늘땅과 하나되어 선생님의 소원이 성취되게끔 '하나님이여 협조하여 주시옵소서' 하고 기도해야 합니다. 어느 주든지, 어느 곳이든지 동서남북의 어디서든지 이 일이 성사되기를 신념을 가지고 기도해야 됩니다.

이런 놀음을 왜 해야 되느냐 이거예요. 왜 해야 되느냐? 하늘의 프로에 맞추어 드리기 위해서입니다. 미국은 천사장 국가이기 때문에 천사장을 구해 줄 수 있는 것은 아담밖에 없습

2. 미국과 세계 구원을 위한 통일 운동의 위상과 목적

니다. 아담밖에 구해 주지 못한다는 것을 여러분이 알아야 됩니다. 천사장 국가형이기 때문에 선생님이 지도하는, 선생님이 가는 방향을 따르지 않고는 수습될 길이 없습니다. 두고 보라는 것입니다.

우리의 사명은 미국이 하나님의 뜻과 일치될 수 있게 하는 것

088 - P.054, 1976.07.04

이제 2백년대를 맞이하는 현세에 있어서 이 미국이 금후의 3백년대를 어떻게 극복해 넘어갈 수 있느냐 하는 문제를 볼 때 희망적이냐, 절망적이냐? 절망적이라는 것입니다. 절망적인 차원에 놓여 있다는 것입니다.

2백년 동안에 하나님이 이 나라에 2천년 기독교문화를 다시 수습하기 위해서 세우는 미국이 이와 같은 판국으로 끝나는 것을 하나님이 원하겠느냐 이거예요. 여러분 하나님의 뜻 가운데서 보게 된다면, 2백년 축제라는 것은 '전 미국 국민이여, 하나님의 이름으로 귀착할지어다! 전 미국 국민이여, 초교파적인 새로운 사상을 중심삼고 세계를 하나님의 나라로 만들기 위해서 구하여 나서는, 이 2백년 축제를 통하여 3세기의 새로운 축복을 향하여 전진할지어다! 아멘' 하는 이런 축제가 되기를 바라신 것입니다.

하나님의 이름으로 초국가적이요, 초교파적인 입장에서 하나님에게 돌아가자고 하고, 하나님 앞에 뜻을 위해서 세계를 구하자고 할 수 있는 이런 축제의 기원이 되기를 바라지 않겠느냐.

그런 의미에서 오늘 레버런 문은 미국이 하나님의 2천년 역사를 탕감하는 대표 국가인 줄 알았기 때문에 하나님을 붙들고 하나님의 마음을 위로할 수 있는, 미국에 있어서의 하나의 역사적 동기를 만들어 놓자는 것입니다. 그래서 우리는 초민족적으로 모였습니다. 수는 적지만 초교파적으로 모였습니다. 이것만은 틀림없다구요, 틀림없어요.

이런 걸 볼 때, 하나님의 뜻과 미국과 우리를 보게 되면 미국 역사는 하나님의 뜻에 일치되어야 할 텐데 안 되었으니, 우리가 하나님의 뜻 앞에 일치될 수 있는 기원을 만드는 데에 우리의 사명이 있다는 것을 알아야 되겠다구요. 이 사상적 기원에 있어서 오늘을 붙들고 내일의 희망적인 3세기로 넘어간다는 이런 철두철미한 사상을 가지고 출발하는 것이 보다 미국적이요, 보다 하나님이 축복하여 세우신 미국적인 자리에서 축하하는 책임을 질 수 있다고 보는 것입니다.

이 미국을 따라오던 하나님, 교회를 따라오던 하나님이 이제 떨어져 지옥으로 갈 수밖에 없는 현실에서 우리가 돌이켜서 천국으로 모실 수 있는 하나의 길을 만들지 않으면 안 된다는 엄청난 세계사적 차원에 선 것을 알아야 되겠다는 것입니다. 하나님은 이 나라에서 떠나고 있고, 이 교회에서 떠나고 있는 것을 알아야 돼요.

거 왜 떠나느냐? 왜 떠나느냐 이거예요. 하나님의 뜻과 국민이 하나 안 되고 하나님의 뜻과 교회가 하나 안 되었기 때문에. 여러분 나라의 독립군들, 여러분의 건국조상들은 자나깨나 새로운 나라를 추구했던 거와 마찬가지로 미국 국민들은 그 이상 자나깨나 이러한 세계적인 혼란시대에 있어서 새로이 하나님에게 귀화할 수 있는, 세계적인 뜻과 세계적인 종파 교회를 가지고 새로이 결속할 수 있는 이런 운동을 하지

2. 미국과 세계 구원을 위한 통일 운동의 위상과 목적

않고는 미국은 하나님으로부터 채찍을 받을 것입니다.

이 나라와 이 국민과 교회가 전부 다 갈라져 버렸다구요. 완전히 갈라져 버렸다는 것입니다. 또 이 정부와 세계 사람들도 완전히 갈라져 버렸다구요. 이 미국을 세운 것은 교회를 위해서 세운 것이요 세계를 위해서 세운 것인데, 이 미국이 교회를 잃어버리고 세계를 잃어버렸다는 것입니다. 그것은 하나님의 뜻이 아니었다는 것입니다.

교회가 세계를 구할 수 있는 교회가 되고, 세계 민족을 구할 수 있는 주의를 가진 미국이 되어야 됩니다. 미국이 그렇게 되었어요? 안 되었습니다. 2차 세계대전 직후에 세계는 전부 다 미국의 소속으로 되어 있고, 세계 교회를 미국이 움직일 수 있었는데도 불구하고 미국이 잘못해서 세계 교회를 개발하고 세계 민족을 품을 수 있는 이런 때를 잃어버렸기 때문에, 여기서 몰락하고 있다는 사실을 알아야 됩니다.

통일교회와 미국과 기독교가 하나되면 세계를 구할 수 있어

073 - P.305, 1974.10.06

우리는 이 나라와 세계를 살릴 수 있는 전통을 다 갖고 있습니다. 기독교가 문만 열어 놓으면 이 기독교를 한꺼번에 통일할 수 있는 내용이 있는 것입니다. 앞으로 민주세계를 우리에게 맡기면 단시일 내에 하나로 만들 수 있는 그러한 내용을 가지고 있는 것입니다. 만일 미국이 우리의 뜻에 하나되는 날에는 이 세계를 구하는 것은 문제도 없습니다. 여러분들도 그렇게 믿으라구요. 사실이 그렇다구요.

우리에게 무기가 없고, 우리에게 모든 과학의 힘이 없더라도, 우리는 맨손 가지고도 미국 국민과 하나만 되면 세계를 구할 수 있는 것입니다. 미국 하나만 움직인다면 모든 것이 해결됩니다. 이것을 만약에 수행 못 하는 날에는 죽더라도 또 하고, 또 하고, 억천만 년이 걸리더라도 또 해야 되는 것입니다. 못 하는 날에는 여러분의 아들딸까지도 이와 같은 희생의 길을 가야 된다는 것을 알아야 합니다.

여러분, 민주주의 가지고 타락한 미국 청년들을 구할 수 있어요? 미국의 군사력 가지고 국내의 부패한 걸 막을 수 있어요? 국회의 상원의원들이 아무리 법을 주장해도 그 법 가지고 앞으로 미국을 새로이 구원할 수 있느냐 이거예요. 젊은이들 문제도, 가정이 파괴되는 문제도, 공산당의 위협적인 사상 문제도 모두 다…. 새로운 국가로서 당당히 세계를 지도하는 데에는 이 뜻 외에는 없다는 걸 알아야 돼요.

그런데 그런 내용을 다 갖춘, 절대적으로 필요한 이 단체가 왜 이렇게 핍박을 받고 고생을 해야 되느냐 이겁니다. 여기에 서 있는 나는 욕심이 없는 사람입니다. 내가 무엇을 하겠다는 욕망이 없는 사람입니다. 하나님의 뜻대로 이 길을 가는 거라는 것입니다. 인류를 위해서 이 놀음을 할 뿐입니다. 이것을 알게 될 때 어느 것이 선하고 어는 것이 악하다는 것을 우리는 확실히 알 수 있는 것입니다.

역사 이래에 이와 같은 입장에 우리가 서 있고, 그런 우리를 하늘이 옹호하고 미래의 인류가 옹호한다고 할 때, 지극히 당당한 우리입니다. 우리는 가면 갈수록 승리하지만 반대하는 것은 가면 갈수록 패배자의 서러움을 당할 것입니다.

2. 미국과 세계 구원을 위한 통일 운동의 위상과 목적

102 - P.304, 1979.01.21

하나님과 인류를 해방하려는 통일교회의 미국에서의 활동

　레버런 문이 국가적인 탕감을 전부 치르고 아시아의 반대를 받으면서 아시아 사람들을 다 빼내고, 서구 사회, 구라파에 중요한 사람을 다 빼내 가지고 영향 미칠 수 있는 기반을 닦아 이 미국에 투입한 것입니다. 이것이 미국에서의 통일교회 활동이라는 것입니다. 그래서 뭘 하자는 것이냐? 하나님을 해방하고, 예수님을 해방하고, 인류를 해방하고, 전부 다 해방하는 운동을 하자는 것입니다. 레버런 문 자신도 해방하고 통일교회도 해방하자는 것입니다.

　통일교회를 가만 보니까 통일교회가 나쁜 줄 알았더니 통일교회 주의가 '하나님을 해방하고 예수님을 해방하고 기독교를 해방하고 인류를 하나 만들자' 하는 것이라는 것입니다. 전부 다 나쁜 줄 알았는데 알고 나서 '나도 그래야 되겠다, 나도 그래야 되겠다' 하면서 배운다구요.

　미국은 '원 네이션 언더 갓(One Nation Under God;하나님 아래 하나의 나라)'인데 통일교회는 '원 월드 언더 갓(One World Under God;하나님 아래 하나의 세계)'라고 한다는 것입니다. 그런데 기성교회는 지금 요 모양입니다. 또 그들은 기독교가 제일이라고 하는데 통일교회는 기독교만 하나 만들자는 게 아니라 전세계 종교를 하나 만들자는 거예요, 알고 보니까.

　지금 4백 개 교파가 싸우고 있다구요, 4백 개 교파가. 그래서 여러분들도 교회의 대표를 다 빼 오는 것입니다. 종교단체에서 다 빼 오는 것입니다. 우리가 신학교를 세우게 되면 천주교 사제, 뭐 장로교, 무슨 감리교 목사, 앞으로는 불교 스

▲ 미국 의회에서 연설을 하시는 문선명 선생 (1974.10.8).

님, 회교 대표까지 전부 다 끌어들여 가지고 공부하게 하려고 한다구요.

그리고 나라에서 뺄 뿐만이 아니라 종교에서 또 뺀다구요. 교파에서 뺀다구요. 여러분들이 그런 걸 알아야 됩니다. 여러분이 미국 사람으로 어떤 교파에 있으면 어떤 교파를 대표하고 미국을 대표했다고 생각하라 이거예요.

미국 국회의원들을 하나님의 사상으로 무장시켜야

103 - P.065, 1979.02.02

내가 하나님의 입장이 되어 여러분들을 다 길러 가지고 전부 다 세상에 내보내서 가인을 찾아 가지고, 형제를 찾아 가지고 가정을 이루게 하는 것입니다. 야곱이 21년 동안 가정을 이루어 가지고 가나안 복귀한 것과 딱 마찬가지라구요. 예수

2. 미국과 세계 구원을 위한 통일운동의 위상과 목적

님도 타락권 내에서 마찬가지의 일들을, 그 뜻을 이루어 가지고 세계적인 가인을 찾아 이스라엘을 찾아와야 했던 것입니다. 마찬가지라구요. 로마와 이스라엘이 하나되었다면 세계는 하나될 수 있었다구요. 그래서 이스라엘 나라를 버리고 로마를 통해 세계를 하나 만들려고 하는 것입니다. 그래서 돌아오는 것입니다. 그래서 서양문명이 동양으로 돌아가는 것입니다.

재미있는 것은 이스라엘, 유대 나라는 아랍권 회교권 내의 한 나라로 남아 있고, 오늘날 한국은 공산권 내의 한 나라로 남아 있다는 것입니다. 이스라엘은 아랍권 내에 포위되어 있다는 것입니다. 그리고 한국은 공산권 내에 포위된 단 하나의 나라다는 것입니다. 그러니 누가 잘해야 되느냐? 미국이 잘해야 됩니다. 장성권인 미국이 잘해야 돼요. 소생 · 장성 · 완성이 있는데 소생이 유대교이고, 장성이 기독교인데, 기독교 문화권인 미국이 책임해야 됩니다. 기독교가 빠져 나가면 하나될 길이 없습니다.

그래서 한국 사람인 '레버런 문'이 한국을 대표해서 미국을 중심삼고 유대인의 주체 되는 미국 기독교와 하나되면 유대교는 자동적으로 하나된다는 것입니다. 미국과 기독교를 하나 만들면 유대교는 자동적으로 하나되는 것입니다. 그래서 이번에 국회 상원의원 작전을 통해서…. 이게 참 우연한 기회가 아닙니다. 뜻의 때로 볼 때에 이게 그렇게 되어야 된다고 봤던 것입니다. 새로운 시대로 넘어갈 수 있다 하는 원리적인 관에서 그런 일이 벌어질 수 있는 것입니다.

이번에 상원의원을 방문했던 모든 주 대표들은 이제부터, 지금까지 3일간 활동했던 그들을 중심삼고 관계하고, 매일

편지로 연락을 하고 인사를 도맡아 하고 주에 돌아가서라도 그들의 사무실과 관계 맺어야 됩니다. 그래 가지고 전체 국회의원, 상·하원 의원들에게 어떻게 하나님의 사상을 강화시키는 주도적인 역할을 하느냐 하는 책임이 남아 있다는 것을 알아야 되겠다구요. 시간이 있으면, 무슨 회의 때 왔으면 반드시 그 사람들을 가서 만나보고, 전화라도 하고 돌아가라는 것입니다. 이제는 다 알았습니다.

그러니까 한 번 만날 때마다 한마디를 하면, 열 번 만나면 열 마디를 알 것이고, 백 번 만나면 백 마디를 알게 되는 것입니다. 그래서 일 분 동안에 한 마디라도 해서 그들 앞에 새로운 아이디어를 전수하는 책임을 해야 되겠다구요. 그래서 국회의원들이 하나님의 뜻을 알 수 있는 단계로 넘어가고, 그러한 방향으로 모든 방향이 갖추어지게 될 때에 미국은 소생할 수 있다고 보는 것입니다. 그렇기 때문에 국회의원들과의 관계를 소홀히 하지 말고, 미국 국회와 미국 국민의 최고 지성인들을 교육할 수 있는 재료를 갖추라는 것입니다.

사람이 태어나 가지고 탕감을 그대로 해 가지고 생애를 거쳐 가지고 목적을 이루려면 하나님의 사랑이 필요한 것입니다. 여러분에게 새로운 전통을 중심삼고 미국을 교육시킬 사명이 있는 것입니다.

하나님의 뜻과 기독교의 운명을 위해서 미국을 위기에서 구해야

073 - P.016, 1974.07.21

미국이라는 나라를, 이 거대하고도 잘생기고 허우대 좋은 미국이라는 나라를 그냥 둘 것이냐? 미국을 잘만 요리하면

2. 미국과 세계 구원을 위한 통일 운동의 위상과 목적

세계를 일시에 자기 수하(手下)에 넣을 수 있는 기대가 되어 있다는 걸 알게 된다면, 미국의 원수는 이 나라를 누구보다도 관심을 갖고 침식하려고 하지 않을 수 없는 것입니다. 미국 국민은 개인적인 입장에 있기 때문에 생명을 각오하고 나라를 위해 총을 들고 나가 싸우자고 하는 문제에 있어서는 전부 다 싫다고 하는 것입니다. 미국 국민이 갖고 있는 개인주의 이상으로 강력한 사상을 가지고 전체적인 형태로 나타나는 날에는 미국은 우리 앞에 손을 들어야 된다는 결론이 나옵니다. 그런 나라가 뭐냐면 여러분의 원수인 공산당이라는 것입니다. 공산당은 미국, 민주세계의 원수일 뿐만 아니라 하나님의 원수입니다. 하나님의 원수라는 것입니다.

이것을 누가 방비해 줄 것이냐? 이것은 기독교가 해야 되는 것입니다. 그러나 그런데도 불구하고 기독교는 몰락상태에 있다 이겁니다. 기독교를 대표하여 세계적인 국가를 만들어 가지고 하나님의 뜻을 대신해서 세워졌던 이 나라가 해야 될 텐데도 불구하고 이 나라에는 할 수 있는 능력이 없다는 것입니다. 이것은 미국의 위기일 뿐만 아니라 민주세계의 위기요, 민주세계의 위기일 뿐만 아니라 하나님을 중심삼은 섭리적 위기라는 것입니다. 이것은 타당한 결론이 아니냐는 것입니다.

그러면 이것을 누가 방비할 것이냐? 오늘날 미국의 기독교 가지고는 안 된다는 것입니다. 오늘날 기독교를 믿는 신자들 가지고도 안 될 것이고, 기독교를 믿고 있는 젊은 사람들의 어떤 단체의 힘을 가지고도 안 된다 하는 것은 당연한 결론입니다. 그러므로 그러한 기독교의 몰락 상태를 중심삼고 기독교의 기반을 다시 규합한 어떠한 기독교 신자, 어떠한 시대의 강력한 새로운 기독교의 이론을 가진 청년운동 혹은 교회운동이 재차 필요한 단계에 왔다 이겁니다. 그런데 그럴 수 있는 것이 아무리 봐도 미국 내에는 우리밖에 있을 것 같지 않다는 것입니다.

이번 대회를 통해 가지고 증거된 사실이 뭐냐? 어떠한 종교단체에서 2백 명의 젊은 사람들이 합심하여 단식투쟁할 수 있겠느냐? 없다는 것입니다. 이것을 할 수 있는 것은 레버런 문의 단체 외에는 없다는 결론이 나왔어요. 그래서 선생님에게 2백 명의 식구를 동원해 달라는 의뢰가 백악관으로부터 왔습니다.

이것은 무엇을 말하느냐 하면, 미국이 위기에 처했을 때 생명을 걸고 선두에 설 수 있는 젊은 사람이 미국에는 없다는 것을 말하는 것입니다. 이런 입장에서 볼 때, 역사적인 사명이 우리에게 있다는 것을 자각해야 되겠습니다. 우리가 이 깃발을 들고 나선 것은 통일교회를 위해서가 아니라 하나님의 뜻과 기독교정신의 재부흥을 위해서입니다. 그래서 책임지고 나섰다는 사실을 알아야 됩니다. 그런 입장에서 볼 때, 우리를 대해서 얼마나 신뢰를 하고 우리만을 바라보며 전체의 기대를 할 수밖에 없는 하나님의 입장인가 하는 것을 우리는 알아야 되겠습니다.

뿐만이 아니라, 기독교가 망하기를 바라고 있는 원수의 눈이 우리로 말미암아 기독교는 새로이 살 수 있다는 위대한 힘을 느낄 수 있게 과시할 수 있는 좋은 찬스입니다. 저들이 우리로 말미암아 불을 켜서 기독교가 다시 일어날 수 있다는 것을 알게 되는 날에는 우리에 대해서 얼마나 공포를 느끼겠느냐 이거예요.

2. 미국과 세계 구원을 위한 통일 운동의 위상과 목적

이럼으로 말미암아 민주세계가 재생하는 것이요, 피를 흘려가면서 건국을 했던 여러분 조상들의 희망이 새로운 차원으로 전개될 수 있는 것이요, 여러분의 후대 후손들이 방황하지 않고 새로운 길로 하늘의 섭리와 직행할 수 있는 길이 열려지는 것입니다. 이러한 사실을 생각할 때, 우리는 세계사적인 사명을 짊어졌다는 것을 알아야 되겠습니다.

서구문명과 아시아문명을 다리 놓아야 할 통일교회

097 - P.069, 1978.02.26

레버런 문이 아시아와 서구사회를 다리 놓는 데에 있어서 그 다리를 놓았나요, 지금 놓고 있나요? 그러니 문화사에 있어서나 종교사에 있어서나 레버런 문을 빼면 안 됩니다. 그걸 알아야 됩니다. 지금 미국에서 레버런 문이 반대를 받지만, 미국에 있는 아시아 사람들과 모든 유색인종들을 레버런 문을 전부 다 환영한다는 것입니다.

서구 사람들은 '레버런 문이 백인이면 얼마나 좋겠나!' 이러지만, 그건 잘못된 생각입니다. 아시아 문명권을 누가 책임질 것이냐? 백인은 못 한다구요, 백인은 못 해요. 내가 여기에 와 가지고 백인들을 아시아인처럼 좋은 사람들로 만들었다는 것입니다. 여러분이 대하는 사람이 레버런 문 한 사람이지만 아시아와 합하는 일이 벌어지고 있다는 걸 알아야 됩니다.

아시아 사람들은 좋은 일을 하는 데에 있어서 어떤 관념이 없어요. 그리고 아시아 사람들은 좋은 일이 있으면 다른 일은 제치고 좋은 일을 먼저 한다구요. 그러나 서구 사람들은 그렇지 않다구요. 하는 일 다음이에요. 그런 면에 있어서 서구 사람인 여러분이 레버런 문 한 사람 때문에 아시아 문명권에 깊숙이 젖어 들어가고 있다는 걸 알아야 됩니다.

　서구와 아시아는 쌍둥이에요. 그래서 싸우는 것입니다. 가인과 아벨같이, 에서와 야곱같이, 베레스와 세라같이 쌍둥이가 싸우는 것입니다. 싸우는 쌍둥이. 그러므로 둘이 다 합할 수 있는 능력이 있느냐가 문제예요. 아시아 사람들이 좋아하는 주의, 서구 사람들이 좋아하는 주의가 무엇이냐? 그것이 통일교회 사상입니다. 서구사상, 기독교사상을 가지고 있고 그 다음에 아시아의 모든 사상적 배경을 지닌 것이 통일교회 사상입니다. 그래서 아시아 사람도 '아 ―' 이러고, 서구 사람도 '아 ―' 이러면서 좋아한다는 것입니다.

　이걸 붙이는 데 있어서 둘이 강해야 되겠어요, 이게 강해야 되겠어요, 이게 강해야 되겠어요? 어떤 서구 사상보다도, 어떤 아시아 사상보다도, 공산주의 사상보다도 강해야 됩니다. 여러분들이 그 사상보다 강해요?

　통일교회 교인들이 레버런 문 같다구요. 큰 놈이나 작은 놈이나 똑같다는 것입니다. 서양 놈이나 뭐 뭐 검둥이나 누런 놈이나 다 같다는 것입니다. 이와 같이 통일교회가 좋긴 좋다는 것입니다. 좋긴 좋지만 너무 어려워서 못 간다는 것입니다. 그거 참 좋은 말이라고 생각해요. 그러나 그 어렵다는 걸 빼 버리면 다 껍데기가 되어 버리고 만다는 걸 알아야 됩니다.

　다이아몬드가 강한 것은 그만큼 끈덕지게 붙어 있기 때문입니다. 그래서 굳다는 것입니다. 그렇기 때문에 통일교회의 가치는 거기에 있다는 걸 알아야 돼요. 아무리 어려워도 살아남

2. 미국과 세계 구원을 위한 통일운동의 위상과 목적

는다는 것입니다. 그래서 우리가 오색인종을 모아 가지고 태평양을 건너서 아시아와 서구사회에 탕감의 다리를 놓는다는 것입니다. 앞으로는 동양 사람하고 서양 사람하고 결혼시킬지도 모른다구요. 일생을 걸고 이 놀음을 하지 않으면 안 된다 하는 논리가 성립 안 될 수 없다는 것입니다.

한 나라의 문명을 만드는 데에도 생명을 바친 사람이 많고, 미국 2백년 시대에 있어서 희생한 사람이 많다는 것입니다. 워싱턴에 있는 알링턴 국립묘지에 가 보라구요. 얼마나 죽은 사람이 많은가. 미국 한 나라를 구하는 데도 그런데, 서양과 동양을 살리고 하늘땅을 찾을 수 있는 이러한 위대한 일을 위해서 내 생명을 하나 걸만 하냐, 안 하냐? 한번 해볼 만한 것입니다. 남자로 태어났다면 신나는 놀음입니다.

통일운동은 미국을 방어하는 방파제

073 - P.022, 1974.07.21

미국에는 수많은 종교 지도자가 있고 종교인이 있는데도 불구하고, 그들은 미국의 국민을 동원해 가지고 젊은이를 동원해 가지고 이와 같은 일을 못 하는데, 어떻게 되어 통일교회만이 가능하냐? 이것은 하나님이 누구보다도 통일교회와 같이하고, 하나님의 뜻을 누구보다도 통일교회가 강력히 믿고 알고 있기 때문이라는 것을 뜻있는 사람은 알 것입니다. 이런 결론을 낼 수 있다는 것입니다.

이런 일을 보게 되면, 이 결과가 우리의 손앞에, 눈앞에는 당장 나타난 것이 없지만 역사를 두고 전통을 생각할 때는 위대한 업적이 여기에서 설정된다는 사실을 우리는 확신하게 됩니다. 우리는 미국에 있어서 기독교사상의 몰락을 방어할 뿐만 아니라 전진적인 사상을 갖고 있는 것을 자부한다구요. 이 나라는 멀지 않아서 이와 같은 무리를 절박하게 요구하게 된다 이겁니다. 그것은 한 교파적으로 그러는 것이 아니라 국가가 주권적으로 이 일을 해야 되는 것입니다. 그걸 알기 때문에 우리는 이런 일을 해야 되겠습니다.

 이것이 미국을 망하게 할 수 있는 제일 무서운 것을 방어할 수 있는 방파제가 된다는 것을 알아야 됩니다. 그뿐만이 아니라 지금의 가정윤리는 미국을 망칠 수 있는 가정윤리이기 때문에, 우리는 새로운 가정을 편성해서 미국 국민 내에서 국민윤리를 새로이 만들 것을 각오하고 있는 것입니다. 그것이 가능하다고 보는 거예요? 여러분의 가정이 앞으로 하늘의 원수가 되는, 몰락하는 사탄의 가정으로 되는 것을 방어하기 위해 우리는 자신하고 나선 무리가 되어야 하는 것입니다. 하늘의 뜻 앞에, 하늘의 미래를 좀먹는 사탄 마귀의 전략에 우리는 흡수되지 않을 것을 알아야 됩니다.

 그렇기 때문에 우리 통일교회는 거기에 대비해서 승공사상 무장을 내적으로 외적으로 하고 있습니다. 그런 입장에서 미국은 우리로 말미암아 정신적인 면에서 구원받을 것입니다. 정치적인 면에서도 공산주의의 위협을 우리로 말미암아 방어할 것입니다. 그 다음엔 경제적인 문제에서 어떻게 하느냐 하는 문제가 남아 있습니다. 우리는 공산주의의 위협을 방어할 수 있고, 기독교의 몰락을 방어할 수 있고, 청소년 윤리의 몰락을 방어할 수 있습니다. 그러나 그 다음에 경제적인 문제를 어떻게 하느냐 하는 문제를 두고 볼 때, 여기에는 아직까지 우리가 세계적인 궤도에 올라가 있지 않습니다. 공산주의를

2. 미국과 세계 구원을 위한 통일 운동의 위상과 목적

빼놓으면 안 됩니다. 이런 관점에서 본 여러분 자신은 틀림없이 그걸 알고 있다구요. 우리로 말미암아 '미국은 앞으로 새로운 미국으로 바뀔 것이고, 새로운 미국으로 세워질 것이고, 새로운 세계를 이룩할 수 있다' 하는 신념을 여러분은 다 갖고 있다는 것입니다.

재탕감의 현실적 무대를 닦아 나오는 통일교회의 미국 활동

073 - P.101, 1974.08.04

오시는 주님이 그런 것을 모른다면 세계는 평화의 세계가 될 수 없다는 결론이 되는 것입니다. 오시는 주님은 어떠한 교단도 승리하고 남을 수 있는 승리적 이론을 가지고 나와야 된다는 말입니다. 또한 어떠한 정치체제도 승리할 수 있는 이상의 정치체제를 가지고 나와야 된다는 말이며, 어떠한 사상체계도 승리할 수 있는 이상의 것을 갖고 나와야 된다는 말입니다. 모든 것을 이기고도 남을 수 있는 이상의 것을 갖고 나와야 됩니다. 그런 의미에서 우리는 어떠한 단체보다도, 어떠한 국가보다, 어떠한 주의보다도 강력한 무리가 될 것입니다. 그렇게 됩니다. 요 20년 기간, 그것이 가능할 수 있는 세계의 대전환 시기가 1960년부터 1980년까지입니다.

우리가 이 환경을 맞이하기 위해서 지금까지 2차 7년노정을 종결하는 역사적 수고를 달성했다는 것을 알아야 되겠습니다. 구약시대 · 신약시대 · 성약시대를 탕감했다는 사실, 지극히 중대한 그것을 한 단체가 통일교회라는 사실을 알아야 합니다. 그렇게 보면 1974년에 통일교회의 14년 기간이 끝납니다. 2차 7년노정이 끝난다구요. 그 기간을 중심삼고 1976년까지 3년 기간이 지나면 미국은 2백년 역사를 맞이합니다. 미국 역사 2백년을 맞는 때와 맞출 수 있는 하나님의 섭리역사가 연결되는 20년으로 2백년 2천년을 탕감할 수 있는 하나의 역사적 기원을 만들겠다고 보는 것이 섭리관입니다.

1972년에서부터 6년간이 지나는 1977년, 1978년이 미국에서는 민주주의가 사망에 떨어지느냐 안 떨어지느냐 하는 위기를 돌파할 때입니다. 바로 지금 이때인 것을 알아야 되겠습니다.

선생님이 3년 동안 공작한 것은 미국에 반드시 이런 때가 온다는 것을 알았기 때문입니다. 3년 전 1972년부터 미국의 조야에 위기가 온다는 걸 알았기 때문에, 그것을 방지하기 위해서 지금까지 피알(P.R.)팀을 보내어 상원의원을 전부 다 교섭해 나온 것입니다. 전부 다 이걸 넘기기 위한 하나의 목적이 있었다는 겁니다. 그렇기 때문에 이제 미국에 있어서 상하의원들 가운데 날 모르는 사람이 없습니다. 지금 그렇게 넘어가고 있는 때라구요.

선생님이 닉슨을 지지한 것은 내게 무슨 개인적 욕망이 있어서 그런 것이 아닙니다. 아무것도 없습니다. 나는 프로 닉슨이 아니라 프로 갓(God)인 동시에 프로 아메리카입니다. 미국의 독립정신과 같은 것입니다. 그런 관점에서도 심각한 차원에 들어서 있다는 걸 알아야 되겠습니다.

공산주의는 이미 파멸의 길에 들어섰습니다. 소련과 중국이 싸우고 있습니다. 그들도 서로를 믿을 수 없게 돼 있습니다. 그런데 민주세계도 전부 다 국가끼리 갈라졌습니다. 미국 대통령이 지금 이러고 있으니까 그것도 마찬가지입니다.

그런 의미에서 이제 한 가지 남은 일이 있다면 통일교회의

2. 미국과 세계 구원을 위한 통일 운동의 위상과 목적

가는 길입니다. 이제 2차, 3차 7년 노정…. 1970년대를 향한 1965년 이후의 7년 기간이 통일교회에서만은 기대할 수 있는 한 때로 남아져 있다는 것입니다. 그 20년간에 우리는 뭘 할 것이냐? 3차 7년노정을 중심삼고 개인·가정·종족·민족·국가·세계·천주에 이르기까지 재탕감의 현실적 무대를 닦아 나오고 있다는 사실을 여러분이 알아야 되겠습니다. 이것이 끝나는 날에는 영육을 중심삼은 새로운 개인과 가정과 국가와 세계로 나아갈 수 있는 것입니다. 영육을 중심삼은 승리적 세계가 우리가 바라는 지상천국이요, 이상입니다.

망해 가는 미국을 살리려면

161 - P.058, 1987.01.02

나라를 살리고 애국을 하는 사람이 애세인(愛世人)입니다. 세상을 사랑하고야 하나님을 사랑하는 것입니다. 그거 왜 그래야 되느냐 이거예요. 소생·장성·완성이기 때문입니다. 하나님까지 가려면 나라를 사랑하고 세계를 사랑해야 돼요. 하나님까지 삼단계가 되기 때문에, 나라를 사랑하지 못하고 세계를 사랑하지 못하고는 하나님을 사랑하지 못합니다. 죽어 가는 미국을 살리는 데 있어서 자기가 살겠다고 하는 녀석이 나서서 죽어가는 미국을 살릴 것 같아요? 생각해 보라구요. 죽어 가는 사람을 살리기 위해서는 죽을 사람 이상 고생할 각오를 해야 살릴 수 있는 것입니다. 죽을 지경이 돼 있는 것을 살 수 있는 정상의 자리에까지 올려야 살아나는 것입니다.

마약범들 혹은 마피아들이 미국을 망치기 위하여 밤잠을 자지 않고 얼마나 그러는지 알아요? 그보다 잘되게 하겠다는 사람이 그들보다 약해 가지고는 꺼져 들어가지, 이걸 올릴 수 없습니다. 40년 동안 세계가 반대하는 그 이상 더 끈질지게 힘을 투입했기 때문에 이렇게 올라왔지, 그보다 약했으면 흘러가 버렸을 것입니다. 그게 진리예요. 여러분도 그래요? 여러분도 밀어낼 자신이 있어요? 결의를 하는 데는 이와 같은 조건을 확실히 해 가지고 결의해야 되겠어요.

모진 반대를 받으면서 미국과 기독교를 수습해 나왔다

196 - P.169, 1990.01.01

민주세계가 반대함으로 말미암아 공산세계가 나한테 빨리 달라붙을 수 있는 시대가 오는 것입니다. 사탄이 소련을 중심삼고 미국을 먹어 삼키려고 힘쓰는 데, '사탄이 네가 민주세계, 레버런 문이 지도할 수 있는 판도를 점령하려 한다면 나는 네 나라의 허리띠를 잡아 쥐는 거야' 그 놀음을 해 나온 것입니다. 세상은 많이 지나갔지요. 소련을 끌어낼 수 있는 것은 언론기관 외에는 없어요. 선생님의 생각대로입니다. 케이지 비(KGB), 정치국을 중심삼은 소련의 통일 이상적 체제, 세계단일화 기준을 해체할 수 없는 것입니다. 들어갈 틈이 없어요. 그들이 서구사회를 녹여 먹겠다고 언론으로서 교차점을 타고 나오는 것입니다.

미국에 가서 내가 댄버리 감옥에까지 들어갔다 나오는 노정을 통해 맞고 빼앗아 나오는 것입니다. 이래서 미국의 대통령까지 내가 세워 가지고 내 방향에 협조할 수 있는 기준을 세웠어요. 2차대전 직후에 기독교문화권과 미국이 레버런 문을

2. 미국과 세계 구원을 위한 통일운동의 위상과 목적

중심삼고 하나되었어야 하는데 그러지 못해서 방향을 잃어버렸기 때문에, 이 미국 기독교를 방향잡기 위해서 4만 명을 교육해서 그 가운데 7천 명을 빼앗아 초교파적인 입장에서 방향을 제시해 가지고, 이제 그런 방향으로 기독교가 움직이기 시작한 것입니다.

미국도 그래요. 민주주의 중심삼아 가지고 부패한 사회상을 수습하겠다는 그 기간에 우리 전부를 투입해서 썩어 가는 미국의 2세들을 퇴치해 버리고 하늘의 정병 2세를 중심삼고, 소수의 무리를 중심삼고 미국 주권 기반을 확보하기 위한 투쟁을 해 나온 것입니다. 그래서 이번 선거에서 완전히 레버런 문이 부시를 대통령으로 당선시킨 것입니다. 공화당이 한 것도 아닙니다.

이런 말을 내가 천하에 얘기하더라도 시 아이 에이(CIA;미국 중앙정보국)가 가만있는 것입니다. 에프 비 아이(FBI)도 가만히 있어요. 사실이니까. 그 선거 직후에 선포해 버리라고 한 것입니다. 워싱턴 타임스를 중심삼고, 인사이트 월드 앤 아이를 중심삼고 그 사실들을 세계에 천명했어요.

이 폴 랙설트라는 사람이 지금 부시 행정부의 경제위원장인데, 원래는 이 사람이 레이건 대통령으로부터 대통령 후보로 임명받았던 사람입니다. 이 사람이 네바다 주 출신인데, 거기에는 도박장이 있어서 마피아들이 득실거리고 있기 때문에 그의 부하 공화당 요원이 마피아하고 사진 찍은 것이 한 장만 나오면 문제가 벌어지는 것을 아는 것입니다. 그렇기 때문에 후보 자리를 부시에게 넘겨준 것입니다. 이랬는데 대통령 선거 때 지금 국무장관인 사람을 혼자 선거위원장 시켜 놓았길래 내가 랙설트와 같이 하게 해서 두 사람을 공동위원장으로

시켜 가지고 선거운동을 추진시켜 나온 것입니다. 그런 것을 다 모르지요?

세력 기반, 힘의 세계에 있어서의 균형의 논리를 내가 알아요. 그들이 물질적 힘을 가진 막강한 나라를 가졌지만, 나는 정신력에 있어서 공산주의와 민주세계를 들어 삼킬 수 있는 막강한 기반을 가지고 있어요.

정신적 기준에 있어서 미국 자체가 내 말을 들어야 돼요. 안 따라올 수 없어요, 공산주의까지. 그 기반을 중심삼고 천명하는 것입니다. 그들 2세들은 전부 다 망해요. 사탄세계 2세는 다 망한다는 것입니다.

미국의 2세들이 부패한 것을 전부 청소해 가지고 이것을 쇄신해야 할 책임이 통일교회 레버런 문에게 있는 것입니다. 그걸 알아요, 미국 정부도. 레버런 문 사상이 아니면 안 된다는 것입니다. 이래서 통일교회를 중심삼고 미국이 방향을 돌리고 기독교도 방향을 돌리는 것입니다.

미국에서 이룬 다방면의 업적

132 - P.289, 1984.06.26

본인은 1980년 레이건 대통령의 선거를 지원하였습니다. 본인은 이 대통령이 공산주의를 막고, 이 나라를 하나님과 건국정신으로 돌이켜 줄 것을 바랐습니다. 그런데 실망스럽게도 가장 많은 종교계의 지지를 받아서 당선된 이 대통령의 휘하에서 정부가 그 어느 때보다도 교회 일을 침해하고 있으며, 역사상 처음으로 목사들이 투옥되고, 종교의 자유가 치명상을 입고 있으니 이게 어찌된 일입니까?

2. 미국과 세계 구원을 위한 통일 운동의 위상과 목적

　지난 12년 동안 본인은 미국을 위하여 인간이 할 수 있는 최선을 다 하였습니다. 본인에게는 오로지 한 가지의 목표가 있었을 뿐입니다. 그것은 미국을 도덕적으로 강하게 만들며, 하나님이 부여한 사명을 다할 수 있는 미국의 역량을 어떻게 든지 키워 보자는 일념이었습니다.

　본인은 국제종교재단을 만들어 세계종교의 통합운동을 일으키고 있으며, 뉴에라(New Eccumenical Research Association)라는 초교파운동을 일으켜 각 종파의 신학자들이 모여 하나님에 대한 이해를 증진하고 서로가 융합하게 하며, 또한 현대의 가장 위대한 신학자와 철학자들이 모여서 하나님의 회의를 개최하게 합니다.

　본인은 또 학계에 하나님의 뜻을 각성시키는 일을 해 왔습니다. 본인은 국제문화재단을 창설하여 연차 국제과학통일회의를 개최하며 과학과 절대가치를 논의케 하고, 뜻있는 교수들이 모이는 세계평화교수협의회, 파라곤하우스(Paragon House)라는 출판사, 워싱턴에 정책연구소를 만들었습니다.

　본인은 또한 문화 분야를 통하여 하나님께 대한 경외사상 강화에 노력하여 왔습니다. 맥아더 원수의 인천상륙작전을 그린 '오! 인천'이라는 영화제작이 한 예입니다. 본인은 맥아더 원수의 애국심과, 하나님과 인류를 사랑하는 정신을 이 영화에서 그리며, 그 정신을 미국 젊은이들에게 심어 주고 그를 영웅으로 추대하는 것이 이 나라를 애국으로 이끌어 가는 길임을 믿었습니다.

　종교적 이념은 반드시 사회봉사로 표현되어야 한다는 원칙 하에 본인은 또한 엔 시시 에스 에이(NCCSA;교회의 사회활동을 지원하는 협의회), 또 국제구호재단(IRFF), 그리고 프로젝트 발런티어(Project Volunteer)를 만들어 온 세계의 가난한 자와 어려운 자들을 돕고 있습니다.

공산주의로부터의 해방을 위하여서 한국과 일본에 국제승공연합을 창설했고, 대학가의 청년도덕운동을 위하여 원리연구회를 창설하고, 국제 카우사(CAUSA)운동을 일으켰습니다.

책임언론의 창달을 위하여서는 세계언론인협회와 뉴스 월드 커뮤니케이션(News World Communications)을 창설하여 세계 도처에서 수개 일간지를 발간하고 있으며, 그중의 하나가 미국의 수도에 있는 워싱턴 타임스입니다. 이는 민주주의의 창달을 위하여 균형 언론의 중요성을 인정하기 때문입니다. 이 워싱턴 타임스 사업 하나만도 무려 1억 불 이상이 투자되었습니다.

그런데 이와 같은 공공사업들은 막대한 재정이 필요하며, 또한 수많은 우리 교도들의 헌신적 노력에 의해서만 이루어집니다. 이미 수억 불이 미국에 투입되었으며 이 막대한 자금은 주로 해외에서 보내오는 헌금들입니다. 통일운동에 있어서는 남과 달리 미국이 수혜자의 자리에 있고 원조자의 자리에 있지 아니합니다. 그것은 미국을 잃어버리면 세계를 다 잃어버린다는 것이 본인의 소신이기 때문이며, 하나님께서 미국을 제쳐놓고 달리 기대해 볼 수 있는 나라가 이 지상에 없기 때문입니다.

3. 미국 근 현대사를 주도해 온 통일운동

미국의 근 현대사를 바꾼 통일교회

202 - P.349, 1990.05.27

지난 세월 미국의 모든 세력들이 합심해서 나를 공격했습니다. 여기에는 공산당, 종교, 정부, FBI, CIA, 마피아…. 안 동원된 것이 없어요. '쳐라, 쳐라, 레버런 문!' 하면서 언론까지 전부 친 것입니다. 댄버리 고개 넘어가니까 다 떨어졌어요. 자기들은 선생님이 댄버리 갔다가 돌아오기를 기다렸지만 선생님은 댄버리를 뚫고 부활한 것입니다. 그러니까 미국 사람들이 모두 완전히 무릎을 꿇었어요. 그래서 선생님이 지금까지 통일교회를 이끌어 오고 있어요. 지금은 미국 사람들이 이해를 하고 '우리한테 레버런 문은 꼭 필요하다'고 그래요. 누가 부시를 미국 대통령으로 만들었어요? 레이건을 누가 그렇게 만들었어요? 미국 역사상 가장 불안했던 이 12년 동안 미국을 지켰어요. 그렇지 않았으면 미국은 살아남을 길이 없었을 것입니다. 공산주의가 자유세계 전체를 휩쓸었을 것입니다.

1975년 월남에서 미국이 완전히 패망했어요. 죽창한테 원

자탄과 대포를 가진 미국이 망해 떨어졌다는 것입니다. 누구한테 졌어요? 베트콩. 그렇지요? 월남에서 졌잖아요? 죽창한테 졌어요. 여기 미국에서 누가 공산당을 이겼다는 사람은 한 사람도 없었어요. 베트콩한테 지는 것이 중국한테 이길 수 있고 소련을 이길 수 있어요? 이론적으로 불가능한 것입니다.

레버런 문이 혼자 나서서 공산주의를 막아야 된다고 외친 것입니다. 희망이 없었습니다. 그럴 때 미국이 선생님을 쳤어요. 하나님이 내려다보시면서 얼마나 슬퍼하셨겠어요? 우리는 그러한 역사를 알아야 됩니다. 누가 12년 동안 보호했어요? 워싱턴 타임스를 통해 가지고 전부 수습한 것입니다. 워싱턴 타임스가 없었다고 생각해 봐요. 레이건 행정부와 부시 행정부가 어떻게 되었겠어요? 소련이 1984년까지 미국을 제패한다는 프로그램이 다 완료되어 있었는데 그것을 어떻게 해야 할지 몰랐습니다.

카터가 대통령 자리에 있을 때 열두 나라가 공산화되었어요. 카터가 그 자리에 계속 있었더라면 소련이 해방될 수 있었겠어요? 고르바초프가 나와 가지고 이런 해방 정책을 쓸 것 같아요? 대번에 한국에서도 철군입니다. 레버런 문도 쫓아 버렸을 것입니다. 그랬겠어요, 안 그랬겠어요? 1984년도에 먼데일이 대통령으로 당선되었더라면 어떻게 되었겠어요? 먼데일이 누군지 알아요? 프레이저 의원의 친구예요. 먼데일 후보가 대통령이 되었더라도 마찬가지였을 것입니다. 한국에서 철군했을 것이고 공산세계를 지지하고 이랬을 텐데 어떻게 되었겠어요? 오늘날 소련에 이와 같은 해방의 물결이 찾아왔겠어요?

또 듀카키스가 대통령이 되었으면 어떻게 되었겠어요? 오

3. 미국 근 현대사를 주도해 온 통일운동

늘날 고르바초프가 개방과 개혁정책을 내세웠겠어요? 어림도 없다는 것입니다. 선생님이 레이건을 붙들고 부시를 붙들고 '이걸 놓아서는 안 되겠다. 세상이 망한다'고 하면서 있는 힘을 다했다구요.

그렇기 때문에 미국의 근대사에 레버런 문을 찬양할 수 있는 역사가 기록될 것입니다. 공산당이 해방된 것은 미국보다도 레버런 문에 의해서입니다.

미국의 근대사에 레버런 문을 빼놓을 수 없다

211 - P.151, 1990.12.30

미국에 대한 소련의 대외 전략이 1984년에는 완전히 미국을 점령한다는 것이었습니다. 그게 그들의 계획이었어요. 그걸 중심삼고 전부 투입된 것입니다. 1984년 소련제국이 자유세계를 점령하겠다는 계획을 틀리게 한 사람이 나예요. 이제 근대 미국에 있어서 문화사라든가 정치 경제사를 쓸 때 레버런 문을 빼 놓을 수 없는 것입니다.

예를 들어 보면 레이건 대통령 선거 기간에 뉴욕시하고 뉴욕 주, 그 다음에 펜실베이니아 하게 되면 동부에 있어서 중요한 곳입니다. 그리고 메사추세츠 주 하게 되면 케네디가 사는 중요한 도시입니다. 이곳이 심장부예요. 그 다음에는 코네티컷 주, 그 다음에 프레이저가 있는 미네소타 주 등 6개 주는 전부 포기하고 민주당한테 넘겨 주고 공화당은 사무실 문을 채우고 다른 데 주력하느라고 전부 다 이곳을 버리고 도망간 것입니다. 그래서 박보희를 시켜 가지고 레이건 대통령한테, '내가 150만 표 이상을 당신한테 첨부시켜 줄 테니 대통령이 될 자신을 가지고 해라!' 그렇게 권고한 것입니다.

1975년에 월남에서 후퇴한 미국입니다. 그런데 누가 승공이라는 말을 해요? 그 가운데 선생님이 나타난 것입니다. 그래 가지고 5년 동안 투쟁하여 리버럴(liberal)한 천지, 백지 천지, 공산당 일당 독재 분위기를 전부 다 침식하기 시작한 것입니다. 그리하여 레버런 문이 가 가지고 5년 이후에 있어서 1980년대로 들어와 가지고 레이건을 대통령에 당선시킨 겁니다.

요즘에는 미국 사람들이 말하기를 '과거로부터 근대에 이르기까지 우리나라의 제일 애국자는 레버런 문입니다' 그러고 있더라구요. 문 총재가 떠날까봐 야단하는 것입니다.

지식세계를 중심한 세계 구원의 노력

139 - P.117, 1985.12.24

이제는 미국에서 레버런 문이라든가 통일교회를 빼 버릴 수 없습니다. 미국 2억5천만의 힘을 다해도 뺄 수 없습니다. 기독교가 전부 다 합해도 이제는 레버런 문 사상을 뺄 수 없습니다.

예수님이 십자가에 달린 때에 다 잃었습니다. 그의 교회를 잃어버렸고, 그의 나라를 잃어버렸고, 그의 가정을 잃어버렸고, 결혼할 상대와 예수님의 일족이 남아질 것을 다 잃어버렸다는 것입니다. 그러니 다시 와야 합니다. 돌아올 때에는 그것을 찾아야 됩니다.

내가 댄버리에 간 것은 20세기의 십자가를 진 것입니다. 거기서 다 찾은 것입니다. 다 없어질 줄 알았더니, 우리 아내나

3. 미국 근 현대사를 주도해 온 통일운동

 아들이나 비참할 줄 알았더니, 우리 교회가 비참할 줄 알았더니, 전부가 비참할 줄 알았더니 다 찾아 세웠습니다. 미국인들은 후퇴했다는 것입니다. 레버런 문의 사상은 미국 역사, 자유세계, 천지에서 빼내 버릴 수 없는 현실적 사실로 남아 있는 것입니다. 미국의 현대 문화사에 있어서 뺄 수 없는 실적을 남기고 간 것입니다. 이것을 탐구하게 될 때, 이 문화의 틀이 남겨진 이상 미국 국민이 억천만세 무릎을 꿇어야 할 역사적인 항소가 여기에 쓰여져 있는 것을 알게 될 것입니다. 여기에 비밀로 쓰여져 있다는 것을 미국 국민은 모르고 있다는 것입니다.

 미국에 있어서의 지금 통일교회 운동은 세계를 위한 운동입니다. 그 방향을 가려 가지고 이제 국민운동으로 전개할 것입니다. 그 단계에 들어왔다구요. 앞으로는 몇 년 동안 대통령 해먹으려면 나를 따라와야 합니다. CIA가 무서워하고 FBI가 무서워하는 기반이 있기 때문에 그래요. 공산당과 싸워 가지고 그들을 이길 수 있는 실력을 가지고 있습니다. 주먹으로 하는 것이 아니에요. 이론으로 하는 것입니다. 이론으로써 싸워서 지면 지는 것입니다.

 나는 아카데미를 중심삼은 세계의 과학자들을 중심삼아 가지고 과학과 종교가 분립된 것에 대한 통일이념을 구성해 가지고, 정지작업을 해서 방향을 제시하자고 금년에 명령을 했습니다. 3년 후에 이 결과로 딱 돌아가야 된다는 것입니다. 이렇게 되면 세계의 석학들이 여러분들 앞에 와서 '통일교회 레버런 문 사상이 어떻다 어떻다'고 강의를 할 것이며, 그 강의를 안 들으려야 안 들을 수 없는 때가 올 것입니다. 지금 버티고 앉은 걸 자랑하지 말고 좀 생각을 넓게 가지고 세계를 위할 수 있는 교수가 되라고 내가 세계평화교수 아카데미를 만들었습니다.

14회라는 것이 이제 1년 남았어요. 통일교회의 하나님의 섭리사관에 있어서, 선민사관에 있어서 14수는 생사를 결정해야 할 수로 남아 있습니다. 내가 이것을 알기 때문에 그 페이스에 맞게끔 아카데미 요원들을 지금까지 밤으로 낮으로 세계적인 아카데미로 그렇게 몰아 가지고 한국에 그때를 맞추기 위한 노력을 해 나왔습니다. 이것을 여러분은 처음 들을 것입니다. 나타나기는 오늘 처음 나타났지만 여러분 배후에서 이런 일을 해왔다는 것입니다.

내가 종교 지도자로서, 아카데미를 중심삼고 뭘 할 것이냐? 지금까지 내가 한국, 일본 정부를 아카데미를 통해서 12년 동안 돌려 왔습니다. 지금 아카데미를 통해서 밤낮으로 미국 정부의 방향을 전환시키는데 노력하고 있습니다.

감옥에서 니카라과 지원금을 모금하게 하다

139 - P.119, 1985.12.24

내가 예를 하나 들지요. 이번 니카라과 지원에 관한 사건입니다. 공산당이 미국의 여론을 완전히 뒤집어 놔 가지고 남미를 전부 다 수라장으로 몰아넣을 작전을 하고 있습니다. 우리 같은 사람은 뻔히 알지요. 공산세계의 전략을 잘 알고 있습니다.

2억4천만이 잠들어 있는 그 밤에 하나님이 무엇이 아쉬워서 댄버리 옥중에 있는 레버런 문을 찾아와서 자는 레버런 문을 깨워 가지고 명령하시지 않으면 안 되었느냐? 그것이 문

3. 미국 근 현대사를 주도해 온 통일운동

제예요. 하나님이 얼마나 비참해요? 나만한 사람이 없어서 오직 나를 찾아오셨겠느냐는 것입니다. 세계에 잘났다고 자랑하는 사람이 그렇게 많은 이 천지에 하나님이 믿을 수 있는 사람이 그렇게도 없어요? 목사, 신학자들이 그렇게 많은 천지에 왜 하필 옥중에까지 들어와서 폐물과 같이 쓰러져 있는 레버런 문을 왜 깨우신 거예요? 비통한 사실입니다. 비통한 사실입니다.

명령이 심각한 것을 알기 때문에 벌떡 일어나 가지고 새벽에 아내한테 전화를 걸어 내일 누구 누구와 즉각 댄버리에 오라고 한 것입니다. 그날은 주일날이었습니다. 그렇게 해 가지고 '미국 여론을 뒤집을 수 있는 건 워싱턴 타임스를 제물삼아 때려치우는 수밖에 없다'고 한 것입니다. 그때는 레이건 대통령이 구라파에 가 있을 때입니다.

하나님은 참 지혜로우신 분입니다. 월요일쯤 하게 되면 행정부처가 전부 다 짜고 레버런 문을 내세웠다 하겠으니, 없는 통에 토요일 저녁에 이래 놓고 일요일에 모아 가지고 명령하게 하신 것입니다. '오늘이 지나가기 전에 세 시 전에 워싱턴 타임스 편집국장에게 명령을 시달하라'고 한 것입니다.

워싱턴 타임스 편집국장에게 '이제 워싱턴 타임스가 니카라과 문제를 중심삼고 1,400만 불 모금 운동을 책임져라! 그래서 미국 국가에 똥칠을 해 버려라' 한 것입니다. 레버런 문은 알거든요. '1,400만 불이 모금 안 되거든 내 구좌에서 현찰 1,500만 불을 사인할 것이다' 라고 했습니다.

그러니 국회가 큰 야단이 났거든요. 감옥에 들어가 있는 레버런 문 때문에 꽁무니가 잡히게 되었거든요. 이래 놓고 들이죄긴 것입니다. 7주 만에 이놈의 언론계가 완전히, 국민 여론이 완전히 돌아섰습니다. '후원해라' 한 것입니다. 7주 동안에 워싱턴 타임스가 폐지 공장이 될 각오를 하고 들이 죄긴 것입니다. 그것은 언론계에 있어서의 공정을 기해야 하기 때문입니다. 모금운동이라는 것은 미국 언론계에는 있을 수 없는 것입니다. 그렇지만 전부 믿고 해라 한 것입니다. 편집국장 드보그라브라고 하는 사람은 '언론계의 메시아'라고 하는 사람이고 사리가 밝은 사람인데 '아이고, 이틀만 말미를 주십시오' 하는 것입니다. 그래 내가 '아니야. 즉각 해!' 했습니다. 그 사람이 참 똑똑해요. '이것은 레버런 문의 말이 아니다. 미국에 대한 소명이다. 사명을 명령하는 것이다' 라고 한 것입니다. 이래 가지고 그 이튿날 기사를 만들어 내보낸 것입니다.

　하나님이 하시는 일은 그렇습니다. 모금에 응할 사람이 없을 것 같았는데 일이 이렇게 되니까 준비된 모든 유지들이 전부 다 들고 나섰습니다. 이래서 7주 동안에 뒤집어 놔 가지고 1,400만 불이 2,700만 불로 통과됐습니다, 미 국회에서. 이러면서 카터 대통령 때 미국 의회가, CIA가 약소국가에 대한 군사원조 금지법을 만들어 못 하게 한 그 법안을 내가 다 깨뜨려 버렸습니다. 내가 이런 것들을 하고 있는 것은 천하가 다 아는 사실인데, 신문에 한 자도 안 나왔습니다. 그러나 이것은 거짓말이 아닌 사실입니다.

　SDI(Strategic Defense Initiative;전략방위계획)만 해도 그렇습니다. SDI를 누가 개발시켰느냐? 내가 전부 다 개발시킨 것입니다. 이번에 레이건 대통령이 제네바에 갈 때 우리 편집국장을 보내 면담을 시켰습니다. 면담하는 자리에서 다짐을 받았습니다. 'SDI를 버리면 미국을 못 찾아 세웁니다.

3. 미국 근 현대사를 주도해 온 통일운동

버리겠소, 안 버리겠소?' 이래 가지고 중지하지 않겠다는 약속을 받았습니다. 나 이런 놀음을 하고 다녔습니다.

그럼 그것이 어떻게 됐겠어요? 내가 그럴 수 있는 기반이 미국에 있습니다. 그들이 돈으로 하겠다면 나도 돈으로 싸울 것이고, 조직력 가지고 공화당 민주당이 밀어치게 되면 나도 밀어칠 수 있는 기반을 감옥에 들어가서 다 닦았어요. 요전에 레이건 대통령이 당선될 수 있는 주도적 세력기반도 무엇이냐? 알고 보니 레버런 문이 감옥에서 만들어 주어 가지고 대통령을 당선시켰는데, 대통령 모르고 있다는 것입니다.

선거하기 위해서는 선거인단 등록을 해야 됩니다. 내가 내 손을 통해서 그 선거인단 850만 명을 등록시킨 것입니다.

크리스천 보이스가 국회에 미치는 영향력

148 - P.240, 1986.10.09

미국에 여러 단체를 만든 것도 내가 주도한 것입니다. 우리 '크리스천 보이스' 라는 것도 벌써 나로부터 시작한 겁니다. 9년의 세월이 흘러갔어요. 지금 워싱턴 정가에서…. 지금 거기서 뭘 하느냐 하면 성경관에 입각해 가지고, 국회의원들을 성경관을 표준해 가지고 인물을 평가해서 점수를 주는 겁니다. 무엇 가지고 점수를 주느냐? 성경을 중심삼고 점수를 주는데, 선거할 때 어떻게 했느냐? 공산당에게 이롭게 했느냐, 사회에 이롭게 했느냐? 낙태문제라든가 교회에서 기도하는 문제라든가…. 그게 전부 다 미국이 독립국가로서의 전통을 봐 가지고 신앙의 자유세계를 만들기 위한 것이거든요. 그러한 전통적인 관을 중심삼은 성경관, 성서관에 입각해 가지고 모든 유권자들이 평가를 해야 되는 겁니다. 몇 점에서부터, 전부 다 평가를 하는 겁니다.

이제 그것이 유명해졌다구요. 얼마만큼 유명해졌느냐 하면 말입니다. 바브 그랜트라는 사람이 거기 회장인데, 요전번에 전부 다 그것을 내가 인수해 버렸다구요. 빚지고 허덕거리는 걸 내가 다 몰아넣고 완전히 그걸 인수해 버렸다는 것입니다. 공개해 버리는 겁니다. 또 바브 그랜트하고 옛날 식구였던 책임자 한 사람이 나가서 그 일을 하고 있는데 그가 쫓겨날 뻔했다구요. 자기들끼리 한다고 하니…. 자기들이 생명력이 없는데 열심히 하나요? 그저 잇속 바라보고 일하는 패들이 돈 생기면 전부 다 뒤꽁무니 빼고 이러니 문제가 생기지요. 이래 가지고 빚을 져서 주저앉게 되어 있거든요. 그러니 할 수 없이 내가 그 빚 다 물어주고 전부 인수해 버렸다구요. 지금은 천하가 부러워하는 단체가 되었다구요.

거기에서 뭘 하느냐 하면, 점수를 매기는 것입니다. 상원의원과 하원의원 535명의 명단으로부터 그 역사 데이터가 전부 컴퓨터에 들어가 있다구요. 그러니 그 사람이 뭘 해 먹었다는 걸 전부 다 아는 겁니다. 〈인사이트(Insight)〉라는 잡지를 보면 매달 국회의원 선거하는 그 실적이 나옵니다. 지방에서는 감언이설(甘言利說)에 의해 지방 사람들이 믿고 다 좋다고 해 가지고 투표를 했는데, 그들이 국회에 가서는 입법부에서 국가의 법을 만들 때 투표하는 걸 보니 가짜예요. 공산당이 이익을 보게 하는 걸 전부 다 평가 내는 것입니다. 이래 가지고 점수를 매겨 나가는 겁니다.

그래서 어떤 일이 있었느냐? 90점 이상인 사람은 전부 다 상을 준 겁니다. 상장을 주는 거예요. 하도 바브 그랜트가 유

3. 미국 근 현대사를 주도해 온 통일운동

명하기 때문에 요전에 월터 크롱카이트가 CBS의 유명한 언론인인데 그 사람이 '레이건 대통령을 대통령 시킨 것은 바브 그랜트다'라고 말한 것입니다. 바브 그랜트는 누가 시켰느냐 하면 전부 레버런 문이 시켜서 그렇게 만든 것입니다. 이걸 요즘에 알게 되어 문제가 된 겁니다.

8백만 명이 선거에 등록하게 한 것도 내가 돈 내고 내가 고생해 가지고 전부 다 시작한 겁니다. 공화당을 끌어넣고 백악관을 끌어넣은 겁니다. 이래 가지고 돈을 전부 다 3분의 1씩 내야 할 텐데, 돈을 공화당이 나보다 먼저 냈어요, 백악관이 나보다 먼저 냈어요? 내가 먼저 내 가지고 전부 시작한 것입니다. 이렇게 시작해 가지고 8백만을 전부 등록하게 해 가지고 기독교인들을 동원할 수 있는 관리체제를 만들었기 때문에 레이건이 대승했지, 그렇지 않았으면 어림도 없다는 겁니다.

그러한 일을 제시한 장본인이 크리스천 보이스입니다. 거기의 책임자가 누구냐 하면 바브 그랜트예요. 이 사람은 유명한 사람입니다. 대학을 몇 개씩 나오고 박사학위도 몇 개씩 가진 사람입니다. 신학교 총장 경험까지 있는 사람이거든요. 이런 사람인데 미국이 이제 앞으로 세계를 지도해야 할 텐데, 지도 국가로서 문제가 생기니까 미국을 돕기 위해서 이민을 온 것입니다. 그래 가지고 움직이는데 자기 혼자 힘으로 되나요? 이래 가지고 이스라엘 나라의 관광 요원들을 데려다가 거기서 돈 받아 가지고 사업체를 만들어서 그 놀음 하게 됐다구요.

그런데 하루는 영계에서 홀연히 나타나 가지고 '이놈의 자식아, 네가 하늘 앞에 나올 때 이러라고 했더냐?' 하고 말하는 겁니다. '나라를 살리고 세계를 살릴 수 있는 중차대한 책임을 지기 위해서 이렇게 나온 거지. 이 놀음 할 것이 뭐냐? 집어치워라' 그런 겁니다. '그러면 어디로 가야 됩니까?' 하고 물어 보니까 '레버런 문하고 일해라' 하고 계시를 받은 사람입니다. '그러니까 아무 말 말고 레버런 문 따라가 가지고 레버런 문 지시대로 일해라' 하는 명령을 받은 겁니다. 그래서 정신이 번쩍 든 것입니다. 워싱턴 가에 있는 크리스천 보이스, 그가 책임졌던 일을 등한시해 가지고 전부 다 망하게 된 걸 전부 다 수습해야 되겠으니 그래서 내가 손대 가지고 빚을 다 물어주고 책임자를 다시 시킨 겁니다. 옛날 식구였던 사람을 다시 끌어들인 것입니다. 그 사람들이 만든 거예요. 이걸 딱 잡아 가지고 이번 선거기간에 그 놀음 하는 겁니다.

535개소를 중심삼아 가지고 지금은 3분의 1을 가지고 하고 있지만 말입니다. 선거하는 사람 전부의 명단을 중심삼고 역사까지 데이터를 빼는 겁니다. 이래 놓고 성경관에 입각한 사람은 몇 점이라고 점수를 다 만들어 가지고 상을 준다고 했습니다. 표창장이 있거든요, 표창장이. 그래서 크리스천 보이스라는 이름이 유명하다구요. 그런데 평점을 90점 이상 맞은 국회의원들이 얼마나 되느냐 하면 180명입니다. 5백 명 중에서 180명입니다. 그걸 보면 미국이 기독교 국가이고, 국회의원들 가운데 기독교 신앙 기반 가족이 그래도 많다는 겁니다. 그걸 전부 알기 위해서 그런 놀음 한 것입니다.

그래서 '아무 날 몇 시까지 표창 받으러 오소' 하고 공문을 냈더니 한 사람도 빠지지 않고, 상원의원 하원의원 할 것 없이 전부 다 왔습니다. 그래 가지고 180명한테 훈장을 준 겁니다. 상장 받고 사진을 찍는 것입니다. 이걸 자기 선거 때 써먹

3. 미국 근 현대사를 주도해 온 통일운동

는 겁니다. '나는 90점 이상이어서 크리스천 보이스에서 상장을 받고, 크리스천 보이스 회장한테 표창 받았다'고 선전하는 겁니다. 그 사진 한 장에 선거인 몇 만 명이 왔다갔다 한다구요. 그러니까 안 올 수 없다는 겁니다. 어디 안 오나 보자, 안 오나 보자! 안 올 게 뭐예요. 한다하는 상원의원, 분과위원장으로부터 전부 다 와 가지고 그걸 받는 겁니다. 그거 받는 데 뭐 세 시간 걸리더라구요. 사진 찍어 주고 상장을 주는 데 말입니다. 그런 싸움을 하고 있는 겁니다.

그 말은 뭐냐 하면, 이 크리스천 보이스가 이미 국회에 미치는 영향권이라는 것은 대단하다는 겁니다. 니카라과 문제에 있어서도 이것이 하원을 통과하는 데 있어서 내가 공갈을 치라고 한 겁니다. '니카라과에 있는 공산당들을 전부 다 여기서 조종하고 있고, 공산당 바람에 놀아나고 있으니 이것을 용서할 수 없다. 우리 크리스천 보이스는 이런 사람부터 모가지 자르겠다'고 협박하는 겁니다. 협박하기 전에는 그 영향이 얼마나 큰지 모른다구요. 그렇기 때문에 그런 문제가 국회에서 일사천리로 통과하는 일이 벌어지는 겁니다. 크리스천 보이스가 그런 영향력을 가진 단체가 되었다는 걸 알아야 됩니다.

레버런 문은 미국의 유일한 소망

215 - P.325, 1991.03.01

레버런 문은 장자권의 중심이요, 부모권의 중심이요, 왕권의 중심입니다. 이 세 가지를 하나로 묶은 것의 중심인데, 그런 분을 미국은 밤낮으로 핍박하고 있는 것입니다.

섭리적 관점에 비추어 볼 때 미국은 장자권을 잃어버리고 있고, 참부모권을 잃어버리고 있고, 왕권을 잃어버리고 있습니다. 이 셋을 잃어버리고 밑으로 밑으로 내려가는 이 미국을 누가 끌어올릴 수 있느냐? 그건 레버런 문만이 할 수 있습니다. 나는 장자권·부모권·왕권을 대신한 사람이에요. 이건 섭리사적 관에 의한 것입니다. 그러니 미국은 날 따라와야 돼요. 그러지 않고는 길이 없어요.

그렇기 때문에 하늘이 레버런 문을 미국을 구하라고 보낸 거라구요. 여러분 말이 쉽지, 미국 대통령을 내 손으로 시켜야 돼요. 그렇게 하는데 14년이 걸렸어요. 이제 미국 대통령을, 레이건을 대통령 만들고, 3대에 걸쳐 12년 동안 부시까지 연결해서 내 손으로 만든 것입니다. FBI가 아니고, 미국 정부가 아니고, 미국 국민이 아니라는 것입니다. 미국의 정치 풍토를 아는 사람은 다 알고 있습니다.

미국이 아무리 반대하더라도 장자권을 복귀시켰고, 부모권을 복귀시켰고, 왕권을 복귀시켰어요. 미국 대통령이 세계를 먹여 살리는 책임을 못 하니까 선생님이 그 일을 대신했고, 그 다음에는 단 하나의 나라의 주도적 책임을 미국이 못하는 것을 선생님이 대행해 나오는 것은 틀림없다고 생각하는 것입니다. 미국을 중심으로 선생님이 장자권·부모권·왕권의 기반을 세웠다구요. 그것은 미국 부시 대통령의 임무였는데, 그는 그것을 모르고 있습니다. 그러니 하려고 시도도 못하고 있습니다. 그렇지만 선생님은 장자의 위치를 대신해서 모든 것을 세웠다는 것입니다.

레이건 대통령도 레버런 문한테 신세진 사람인데 배은망덕했어요. 미국 국민과 미국 대통령이 나를 배반했지만 하늘은 나를 붙든 것입니다. 레버런 문을 따라가지 않으면 미국도 망

3. 미국 근 현대사를 주도해 온 통일운동

하는 것입니다. 그래서 미국이 장자권, 미국이 선생님 앞에는 장자가 되는 것입니다. 세계의 국가 대표니까 장자라는 거예요.

이제 미국과 하나돼 가지고 그 다음에는 소련으로 들어가는 것입니다. 1987년에 김일성이하고 고르바초프가 레버런 문을 암살하려고 적군파 25명을 투입한 것 알지요? 그렇지만 마음대로 안 된다는 것입니다. 결국은 고르바초프도 망한다는 것입니다.

그건 뭐냐면 타락한 직후에 사탄도 갈 바를 몰랐고, 아담도 갈 바를 몰랐고, 해와도 갈 바를 몰랐고, 장자도 갈 바를 몰랐고, 차자도 갈 바를 모르는 딱 그와 같은 것입니다. 세계적이라는 것입니다. 그러다가 이제 하나님의 섭리가 펼쳐지고 있고, 지금 선생님의 시대가 온 것이지, 미국의 상황이나 소련의 상황이나 할 것 없이 모두 똑같아요. 기독교가 그것을 몰랐고, 장자의 나라도, 차자의 나라도 그것을 몰랐고, 해와국가였던 영국도 그것을 몰랐고, 다 몰랐다구요. 그런데 하나님을 중심한 오직 한 사람이 그것을 알았으니 그가 누구냐? 레버런 문이라는 것입니다. 고르바초프도 모르고, 부시도 모르는 것을 내가 끌고 오는 것입니다. 기독교도 모르고 모든 종교도 몰라요! 소련도 그것을 몰라요

이 칸셉에 대한 확신이 없는 한 우리의 역사를 설명할 길이 없어요. 그리고 전통을 모르는 것입니다. 역사와 전통을 모르는 사람은 자기 자식이 어디에 있는지 모르는 부모와 같습니다. 그런데 그 자식은 어둠 속으로 점점 더 깊숙이 들어가서 결국은 지옥 밑창으로 떨어져 버리게 됩니다. 이게 실제상의 결론입니다.

좌우를 하나 만들 수 있는 것은 참부모를 통한 하나님주의뿐

146 - P.228, 1986.07.01

하나님의 뜻으로 보면 당이 몇이에요? 하나입니다. 하나라 구요. 그게 무슨 당이냐? 참부모님 당입니다. 무엇을 중심삼고? 참사랑을 중심삼고. 간단하다구요. 그거 돌아가야 될 것 아니에요? 복귀는 돌아가야지요? 오른팔 왼팔이 어깨만큼 다 올라왔다구요. 이제는 머리를 딛고 올라가는 것입니다. 타락했기 때문에 머리를 몰라요. 영계를 모른다구요, 영계를 몰라요. 타락했기 때문에 머리가 없습니다. 머리가 없어요. 머리가 누구냐? 부모예요, 부모. 참부모가 머리입니다. 그걸 알아야 됩니다. 머리가 있어야 싸움이 끝나는 것입니다. 머리가 없어서 싸우는 것입니다. 우리 사상 가지고 민주당하고 공화당을 하나 만들 수 있습니다. 문제없습니다.

손으로 싸움을 하는데, 손으로 싸우다가 기가 다 빠져 이젠 피가 통하지 않아 다 죽게 되었다는 것입니다. 둘 다 죽게 되었습니다. 마비가 되었다구요. 그래, 미국도 죽게 되었고 소련도 죽게 되었습니다. 그러니 중추신경을 복귀해야 합니다. 하나로 만들려면 중추신경을 들어서 다시 만들어야 된다는 것입니다. 그거라구요. 그렇기 때문에 공화당하고 민주당은 원수간입니다. 그 장들은 서로 만나지도 않잖아요. 그런 원수가 이제 앞으로 머리가 생기게 되면, 참부모 사상만 갖게 되면 하나되지 말래도 하나되는 것입니다. 그러려면 참부모 머리를 중심삼아 가지고 여러분들이 팔이 되고 다리가 되어 접붙여 가지고 그걸 전부 다 소화시킬 수 있는 능력이 있어야 됩니다. 그런 능력이 있는 체제가 통일교회 내에 조직되어 있어야 할 텐데 그게 안 되어 있다 이겁니다. 많이 올라왔지요,

3. 미국 근 현대사를 주도해 온 통일운동

　미국 민주주의가 지금 미국을 이렇게 만들어 놓았습니다. 소련 공산주의가 소련을 저렇게 만들어 놓았습니다. 다 안 된다는 것입니다. 지금 미국이 말하는 민주주의 가지고 미국을 부흥시키고 살릴 수 없다는 것입니다. 그걸 알아야 됩니다. 인간으로서 할 것은 다 해봤다는 것입니다. 그것은 뭐냐 하면 가인이 할 것은 다 해봤다는 것입니다. 가인은 이미 다 끝장났다는 것입니다. 그런데 아직까지 아벨들이 끝장 안 나고 하고 있다 그거예요. 그래서 이것이 개인으로부터 가정으로 올라와 가지고 썩어진 세상의 새로운 뿌리가 되고 새로운 가지가 되어 새로운 세계로 뻗어 나가는 것입니다. 이것이 통일교회라는 것입니다.

　우리가 NBC, CBS, ABC 같은 것을 다 가지고 40일 동안 원리 수련을 한다면 미국 국민이 얼마나 부활되겠나 생각해 보라구요. 어떻게 될 것 같아요? 그것이 어려운 일이에요, 쉬운 일이에요? 어렵지 않습니다. 그것이 눈앞에 왔어요. 눈앞에 와 있다는 것입니다.

　그때에 미국식 민주주의를 취하겠어요, 하나님주의를 취하겠어요? 형제주의를 취하겠어요, 하나님주의를 취하겠어요? 형제주의가 민주주의 공산주의인데, 참부모주의하고 하나님주의가 있어 가지고 하나님주의하고 참부모님주의가 하나되어 있으면 이것을 취하지 형제주의를 취할 사람이 누가 있겠어요? 형제주의는 싸움밖에 안 남아 있다구요. 이젠 하나님주의 지나기 전에 앞으로 할 일은 참부모주의입니다. 나는 참부모주의를 좋아합니다.

참부모주의의 미국화는 미국의 살길

146 - P.240, 1986.07.01

내가 통일신학대학원을 만든 것도 참부모주의를 미국화시키고 하나님주의를 미국화시키는 걸 촉진하기 위한 길이었습니다. 그러면 미국은 망하지 않는 것입니다. 미국은 요즈음 교회의 타락문제, 윤락문제, 마약문제, 가정파탄문제, 사회혼란문제 등 많은 문제를 갖고 있다구요. 그렇지만 일단 참부모주의를 정착시키면 자동적으로 모든 문제가 해결되는 것입니다. 그건 분명한 개념입니다.

그런데 여러분들이 졸업을 해 가지고 뭘 했느냐? 참부모주의하고 하나님주의를 미국화시키는 운동을 못 했다 그 말입니다. 간단한 것입니다. 그게 될 때까지 산을 넘고 대양을 건너고 마을을 지나서라도 이것을 전부 연결시켜 가지고 미국에 붐(boom)을 일으켜야 된다는 것입니다. 그래서 동서 사방으로 그 반응이 되어 가지고 그 메아리가 붐을 일으켜서 '우우' 하고 일어나야 된다는 것입니다.

그래서 뭘 하자는 것이냐? 하나님의 사랑을 받고 참부모의 사랑을 영원히 받을 수 있는 아들딸의 자리에 입적하자는 것입니다. 이제부터 입적하자는 것입니다. 하늘나라의 생명록에 입적하자는 것입니다. 새로운 참부모주의, 하나님주의를 중심삼아 가지고 새로운 입적이 벌어짐과 동시에 지파편성이 벌어져야 된다는 것입니다. 예수님의 12제자, 12지파 등과 같이 지파편성을 하자는 것입니다.

땅에 열두 달이 있는 것과 마찬가지로 하늘나라에 열두 진주문이 있고, 땅에 열두 계절의 변화가 있는 것과 마찬가지로 하늘나라에 열두 장로가 있습니다. 조직이 다 그렇게 되어 있

3. 미국 근현대사를 주도해 온 통일운동

다구요. 우리 사람 조직도 하늘나라와 땅의 조직에 대응될 수 있는 주체적 내용을 지닌 종족 조직이 갖추어져야 된다는 것입니다. 그러니까 우리의 종족도 12지파 조직을 해야 된다는 것입니다. 그래야 12제자가 되어 천국에 통하지요. 그것이 하늘나라의 열두 진주문에 해당하는 겁니다.

거기에는 흑인도 백인도 없습니다. 미국이 그렇게 되어 있어요? 안 되어 있다는 것입니다. 이젠 이렇게 왼발로 사탄세계를 밟고 있어야 됩니다. 왼발로 밟아야 됩니다. 우리는 왼발로 딛고 바른 발로 점핑을 해야 됩니다. 이건 이렇게 가서 사탄 악마의 지옥에 가는데 우리는 이렇게 가 가지고 하늘나라로 점핑해 들어가야 되는 것입니다.

그러므로 참부모가 미국을 전부 다 밟고자 할 때 미국이 싫다고 하면 안 된다는 것입니다. 공산당을 밟으려고 할 때 '어서 밟으소' 해야 점핑해서 천국이 되는 것입니다. 그런데 자연히 그렇게 되었어요? 안 됐잖아요? 소련 공산당도 그래야 될 거 아니에요?

요즘에는 잘났다는 사람들이 전부 다 카우사 교육을 받고 와 가지고는 전에는 왼손 들고 레버런 문을 제일 나쁘다고 하더니 이젠 바른손 들고 제일 좋다고 하고 있다구요. 지옥이라고 알고 있었는데 레버런 문을 통해서 맛을 보니 같이 부활하는 것입니다. 그것을 생각하면 여러분들은…. 죽어가는 모든 젊은이들이 부활하고, 망해 가는 미국이 부활하는데 여러분들은 왜 가만히 있느냐는 말이에요? 지금은 추수할 때입니다.

미국을 살리려면 기독교문화와 가족제도를 부활시켜야

217 - P.331, 1991.06.12

미국의 젊은이들을 둘러봐요. 미국이 경제력, 정치력, 지적인 힘, 군사력 등을 갖고 안간힘을 쓰고 있지만, 이 강력한 기반으로도 미국의 젊은이들에게 일어나고 있는 상황을 구하지 못해요. 미국 정부에서 마약문제를 퇴치하기 위해 마약에 대한 전쟁을 선포했지만 지금은 후퇴하는 상황이지요? 그거 부정할 수 있어요? 내가 미국 부시 행정부에게 지금 미국 정부가 젊은이들을 위해서 쓰고 있는 막대한 자금을 미국을 위해 나에게 줄 것을 권고했습니다. 우리에게는 확실한 뭔가가 있기 때문에 자신한 것입니다. 치료하는 시스템이 있다구요. 미국이 아무리 막강할지라도 이와 같은 치료법만큼은 효력이 없습니다. 여러분들도 잘 알고 있지요? 강력한 약의 주입이 필요하다구요. 그게 뭐냐? 가장 강력한 무기는 원리강론입니다. 사실입니다.

소련의 학생들과 지도자들을 한번 보자구요. 그들이 우리의 원리 수련을 받고 난 이후에는 180도 완전히 돌아섰습니다. 완전히 다르게 됐다구요. 그때 시 아이 에이(CIA;미중앙정보국) 요원들이 어떻게 하고 있나 조사를 하러 그곳을 방문했는데, 원리를 수련받고 나서는 그들이 완전히 돌아선 사실을 알게 된 것입니다. 미국이 우리에게 10년이란 기간을 주었다면 이와 같은 비참한 상황에 오지는 않았을 텐데, 여러분들이 시기를 놓친 것입니다. 소련의 젊은이들이 미국의 젊은이들 앞에 서 있다구요. 소련 정부 책임자들도 미국 정치인들보다 원리를 이해하는 데 있어서 앞서 있습니다.

기회를 놓친 사람들이 뒤처지게 되는 것은 역사적으로 당연

3. 미국 근 현대사를 주도해 온 통일운동

한 사실입니다. 그와 같은 자신의 처지를 불평하기보다는 먼저 그 사실을 인정하는 것이 발전적인 것입니다. 누가 그와 같은 결론을 부정하겠어요? 여러분 주변을 보라구요. 지금 소련에는 그와 같은 불길이 거세게 일고 있습니다. 그것이 자동으로 커져서 팽창한다구요.

그런데 여기는 어때요? 여러분들은 힘이 없습니다. 지금까지 내가 막대한 자금과 인력, 온갖 정성을 미국에 쏟아 부었는데도 불구하고 지난 15년 간 얻어낸 결과가 어때요? 여러분은 소규모의 과격단체입니다. 하나님이 그 정도 규모의 사람들을 원하신 게 아니고, 레버런 문이 그 정도 소규모의 사람을 원한 게 아니고, 여러분들 역시 그 정도 규모의 상황을 원한 게 아닙니다. 그런데 지금은 모두들 한 군데 모여서 평범하게 있잖아요. 그게 뭐예요? 다른 상황에선 또 다르고…. 레버런 문은 그것을 부정하는 것입니다. 여러분도 그것을 부정하고 그렇게 태어나야 되는 것입니다. 어떻게 그런 상황에서 누르고 빠져나올 거예요?

환경을 바꾸는 일은 여러분들 힘만 가지고는 할 수 없습니다. 그래 봤자 앞으로 희망이 없는 비참한 결론만을 자아내게 돼요. 예전에 여러분들이 '지금부터 나는 박해의 길을 즐겁게 받아들이고 하나님의 섭리적 관점에 입각하여 가겠습니다' 그랬지요? 그것만이 전부가 아닙니다. 원리의 관점에서 볼 때, 때로는 어떤 종류의 양적인 희생이 필요한 것입니다. 그렇지 않으면 희망도 길도 없습니다. 그것이 선생님의 주장입니다.

미국이 생존하기 위해서는 기독교문화를 배경으로 한 세계를 부활시켜야만 한다구요. 그것이 첫 번째 할 일입니다. 두 번째는 가족제도를 어떻게 부활시킬 수 있느냐 하는 것입니다. 그렇지 않고는 방법이 없습니다. 이와 같은 두 방법을 동원해서 누가 미국에 영향을 끼칠 수 있어요? 다른 기독교 종파는 할 수 없어요. 통일교회만이 할 수 있는 것입니다.

우리는 미국이 생존케 하는 결과를 문제없이 할 수 있다구요. 우리와 연결되어 가지고 그와 같은 기반을 다진 후에 지금의 상황에서 떨쳐 나오기 위해서는, 기독교 세계에서 각기 떨어져 있는 종파가 보이는 보호적 자세가 아무리 힘들어도 그곳에 들어가야 돼요. 이와 같은 자세를 취하는 길만이 미국을 구할 수 있다구요. 그렇지 않으면 방법이 없습니다. 마치 날짜가 순환하듯이 돌아온다구요.

모든 것을 투입한 문선명 선생

217 - P.334, 1991.06.12

그래, 미국에 선생님이 없으면 어떻게 하겠어요? 선생님은 워싱턴 타임스라든가 무슨 텔레비전 센터 같은 것에 관심있는 게 아닙니다. 내가 한 마디만 하게 되면 오늘 저녁이라도 그거 다 문닫을 수 있는 것입니다. 그 돈 가지고 소련에 갖다 쓰고 중국과 아시아를 구하면 얼마나 멋져요? 한 달에 7백만 불씩 언론계에 투입하고 있습니다. 그 돈 가지고 소련에 가서 투자해 보라구요. 신문사를 10개 만들고도 남습니다. 소련을 완전히 장악하고도 남아요. 9년 동안에 8억 불에 가까운 돈을 갖다 투입했어요. 8억 불이면 그걸 빌려 주고 10퍼센트만 이자를 받더라도 한 달에 얼마예요? 1억 불이 나와요. 은행 이자가 12퍼센트니 1년에 1억 불이 나오는 것입니다. 그뿐만이

3. 미국 근 현대사를 주도해 온 통일운동

아닙니다. 미국을 비롯한 자유세계에 쓴 돈이 20억 불이에요, 20억 불. 잡아 죽이려는 원수세계를 위해 20억 불을 썼다구요. 자유세계 하면 구라파라든가 전부 다 들어가는 것입니다. 그걸 통일교회 재산으로 해서 빌딩을 샀으면 얼마나 부자가 되겠나요? 그야말로 천만 달러가 뭐예요? 억만 달러는 유치하게 되었을 것입니다.

공산당을 멸망시키고 민주주의를 살리려니 그 누군가가 해야 되기 때문에 비싸고 귀한 돈인 줄 알면서도 투입한 것입니다. 그래 가지고 뭘 했느냐 하면 말이에요, 공산당의 전승을 중심삼고 1975년에 미국에 들어온 지 5년 후인 1980년도에 보수파 출신의 레이건을 대통령으로 만들었습니다. 극보수파에서 대통령이 된 것입니다. 그 수수께끼를 누가 만들었어요? 레버런 문 외에 아무도 못하는 것입니다. 월남 전쟁에서 후퇴하고 비참하게 된 미국 땅에서 공산주의를 빨리 점령하지 않으면 안 된다는 것입니다. 미국에 극우파가 어떻게 대통령이 돼요? 내가 없으면 어림도 없는 것입니다. 아는 사람들은 다 안다구요. 그런 레버런 문을 레이건 행정부가 미국 법무성을 타고 댄버리에 집어넣었습니다. 그건 혓바닥을 깨물면서 저주할 수밖에 없는 나라입니다.

2천년 동안 투입한 하나님의 수고를 생각할 때에, 효자는 과거에 수고한 것을 기억하는 것이 아니라, 현재도 미래도 계속 수고해 가지고 거기에 대응하는 것이 효자의 길이라는 걸 알았기 때문에 이 미국을 후원한 것입니다. 그때 미국을 후원하지 않았으면 선생님 조직이 없었으면 레이건 행정부는 어림도 없었어요. 내가 거기에 돈을 1천7백만 불을 썼습니다. 그거 다 모르지요? 지금도 그래요. 내 책임 다 했다구요.

통일운동은 사랑의 확장운동

179 - P.101, 1988.07.22 사랑은 모든 것을 포괄합니다. 그렇기 때문에 그러한 생명력을 끌어서 우주로 확대시키기 위한 놀음을 하는 것이 통일교회 운동입니다. 무슨 운동이냐? 사랑을 확대시키자는 것입니다. 생명의 뿌리, 개성진리체 이상권을 확대시키자는 거지요.

여러분 다 개성진리체지요? 사랑은 전부 다 공통진리체입니다. 이 이상은 사랑 빼고는 아무것도 아닙니다. 통일도 평화도 자유도 사랑 빼면 아무것도 없다는 것입니다. 아내하고 남편하고 자유가 뭐예요? 벌거벗는 겁니다. 벌거벗는 것이 해방이지요? 또 아내와 남편은 자기 제일 비밀장소를 점령해 버려도 그건 자유지요? 사랑이 없다면 그게 가능해요? 인간의 근본을 점령할 수 없는 것입니다. 근본의 자유 해방권은 사랑입니다. 여러분들 사랑을 그렇게 생각해 봤어요?

이제 내 나라를 찾자는 것입니다. 자기 고향을 찾은 사람은 나라에 속하는 것입니다. 자기 종족을 가진 사람은 민족에 속하는 것입니다. 민족을 가진 사람은 국가에 속해요.

국가를 가진 사람은 세계에 속하는 것입니다. 그러니까 더 높은 곳을 찾아가는 것이 인간의 일생에 있어서 고귀한 행로였다는 것입니다.

통일운동의 최종목표

129 - P.329, 1983.12.14 온갖 반대와 박해에도 불구하고 통일운동은 약화는커녕 도

3. 미국 근 현대사를 주도해 온 통일운동

리어 경이적인 속도로 성장하여 전세계적으로 확대되어 왔습니다. 무슨 이유 때문이겠습니까? 그것은 하나님이 보호해 주시고 도와주셨기 때문입니다. 통일사상이 바로 하나님의 사랑이요, 통일운동이 바로 하나님이 원하시는 운동이기 때문입니다. 하나님은 이 운동을 통해서 모든 모순과 사회악을 제거하고 통일된 하나의 참된 유토피아를 실현코자 하고 계십니다. 유토피아란 종교적 술어로는 지상천국을 말하는 것입니다.

129 - P.330, 1983.12.14

본인이 펼치고 있는 통일운동의 최종목적은 하나님의 진리와 사랑의 이념인 통일사상으로써 첫째로 사회적, 세계적인 모든 문제를 해결하여 공산주의를 이 지구상에서 완전히 일소하고 참된 자유와 평화와 번영의 세계를 이룩하려는 것이며, 둘째로 새로운 가치관, 새로운 윤리도덕에 의하는 대가족주의세계를 실현하려는 것이며, 셋째로 모든 억압과 착취와 차별과 사회악이 사라진 공생·공영·공의주의의 대통일세계를 구현하려는 것이 통일운동의 최종목표인 것입니다.

한마디로 말해서 참된 유토피아를 실현하려는 것입니다. 그리고 이러한 사회를 실현하는 방법도 공산주의식의 폭력과 투쟁의 방법이 아니라, 진리와 사랑에 의하는 평화적이요 이상적인 정신운동에 의하는 것입니다. 이 모든 것은 하나님의 뜻이요, 하나님이 성취하려는 최종목적이 되는 것입니다.

5

기독교와 미국의 새로운 장래

1. 세계복귀를 위한 기독교의 사명

기독교에 대한 하나님의 소원

003 - P.344, 1958.02.09

하나님에게 소원이 있다면 그 소원이 무엇이겠는가. 타락함으로 말미암아 잃어버린 이 세계 인류를 대신하여 찾아진 선민 이스라엘을 복귀하는 것이 하나님의 소원이라는 것을 여러분이 알아야 되겠습니다. 이스라엘 민족을 복귀하고자 하시는 하늘의 섭리의 뜻을 여러분이 알아야 되겠다는 것입니다.

야곱을 통하여 모세를 통하여 세워졌던 이스라엘 민족은 2천년 전에 어디에 갔었던고. 그들은 이 예수님 앞에 원수가 되었습니다. 이스라엘 민족과 유대 나라를 세계복귀의 발판으로 세우고 이 발판을 중심삼고 세계적인 가나안 복귀의 전격전을 폈어야 할 예수 그리스도의 노정이었었는데 예수님이 돌아가심으로 말미암아 예수님은 모세와 같은 사정에 처하시게 되었고, 그래서 오늘날까지 기독교는 광야시대에 처해 있는 것입니다. 주인을 잃어버린 이스라엘 민족과 마찬가지로 광야 노정에 머물러 있다는 것을 알아야 되겠습니다.

그러면 예수님은 이 땅에 오셔서 택함받은 제2 이스라엘을 회복하고 유대 민족은 예수님을 중심삼고 세계적인 가나안땅을 복귀해야 했는데, 이런 책임을 짊어지고 예수님 앞에 세워진 택한 이스라엘 민족은 어디 갔었던가? 또 유대교는 어디 갔었던가? 이스라엘 민족이 없어지고 유대교단이 없어지고 이스라엘의 가정이 없어지고 야곱이나 모세와 같은 개인적인 이스라엘도 없어짐으로써 불쌍한 예수님이 되어 죽어갔다는 것입니다.

죽고 싶어서 죽은 것이 아닙니다. 오늘날 기성 신학자들은 죽어야 되는 줄로 잘못 알고 있다는 것입니다. 민족과 교단 앞에 몰리고 가정에서 몰리고 12제자한테 배반당하고 최후로 3제자한테까지 배반당하고 나니 갈 데는 죽을 곳밖에 없더라는 것입니다.

예수님께서 30여 생애를 불쌍히 사시는 것이 하나님이 예수님을 보내신 목적이 아니었습니다. 예수님은 하늘의 황태자요, 홀로 창조이념을 대신할 수 있는 천상천하의 주인공으로 보내셨거늘, 하나님이 사랑하시는 독자 예수님이 땅에 와서 고난당한 것은 예수님이 잘못하여서 그런 것은 아닙니다. 민족과 교단이 몰라서 그랬고 사회와 가정이 몰라서 고난의 길을 갔던 것입니다.

이와 같이 예수님을 죽인 역사적인 범죄를 저지른 우리들에게 예수님이 찾던 이스라엘은 어디 있을 것인가! 마음으로도 호소해 봐야 되겠습니다. 또 예수님이 찾던 이스라엘 교단은 어디 있을 것인가! 마음으로라도 기도해 봐야 되겠습니다. 예수님은 2천년 전에 이 땅에 오셔서 이스라엘 민족과 교단을 찾으셨다는 것을 여러분이 알아야 되겠습니다.

1. 세계복귀를 위한 기독교의 사명

예수님은 이 땅에 와서 택한 제1 이스라엘이 반대함으로 말미암아 돌아가셨습니다. 그래서 자신을 믿는 기독교인들을 잃어버린 제1 이스라엘을 대신하는 제2 이스라엘로 세워 세계에 널려 놓고 다시금 재수습을 하고 계시는 것입니다. 지금이 바로 그런 때입니다.

그래서 오늘날 세계에 널려서 예수님을 믿고 있는 기독교 신자들에게는 무슨 사명이 있는가? 예수님을 배반하여 십자가에 죽임으로 말미암아 제일 먼저 택해 세운 이스라엘을 잃어버렸으니 이것을 대신하는 제2 이스라엘을 건설해야 할 노정이 오늘날 기독교 신자들에게 남아 있다는 것입니다.

오늘날 세계에 널려 있는 기독교 신자들은 어느 입장에 처해 있느냐 하면, 예수님의 12사도와 같은 인물을 중심삼고 또는 예수님의 3제자와 같은 인물을 중심삼고 하나의 교파로 단결하여야 할 때인데, 이런 조직을 잃어버린 기독교이니 큰일났습니다. 모세 앞의 60만 대중은 12지파장과 70장로를 중심삼은 반열형태의 조직 속에서 각각 자기 위치가 정해짐으로 말미암아 광야노정을 거쳐 나갈 수 있었는데, 오늘날 제2 이스라엘이 되어야 할 사명을 짊어진 세계 기독교인들은 반열이 없어요.

예수님 앞에 12반열을 대신하여 나타났던 12사도와 3제자가 책임 못 하여 예수님이 돌아가셨으므로, 전세계 기독교는 세계의 대표적인 교파를 중심삼고 12교파의 형태를 갖추어 결속해야 할 시기가 다가오고 있다는 것을 알아야 되겠습니다.

예수님은 지금 무슨 생활을 하고 있느냐? 예수님이 하늘의 뜻을 이 땅에서 못다 이루었으므로 야곱과 모세가 목자 생활하던 것과 마찬가지로 지금 예수님도 저나라에 가서서 목자생활을 하고 있는 것입니다. 영계에 가서 쉬시지 못하고 여러분을 위해 기도하고 있으니 이것이 목자생활입니다.

그러면서 무엇을 하셨던 것인가. 예수님은 지금까지 2천년 역사노정에서 예수님을 믿고 간 사람들, 즉 이스라엘이 될 수 있는 사람들을 모아서 영계에서 잃어버린 제2 이스라엘 형을 만들어 놓은 것이 낙원입니다. 예수님을 죽이려던 제1 이스라엘을 잃어버렸으므로 탕감복귀원칙에 의해서 예수님 앞에 찾아나왔던 성도들을 모아서 예수님이 부활한 후 영적으로 제1 이스라엘을 복귀한 형이 오늘날 낙원세계입니다.

세계적 광야노정에서 기독교인들의 사명

004 - P.044, 1958.02.23

이제 광야와 같은 이 세상을 개척해야 할 새로운 사명자가 나와야 한다는 것입니다. 오늘날의 기독교로서 만족하여서는 안 될 것입니다. 이스라엘 민족이 광야의 생활에서 모세의 신변을 보호해 주지 못했던 것과 마찬가지로 신교의 출현 때도 그러했습니다. 신교가 나왔으나 광야생활의 형태에서 인정받지 못하였던 것이 모세의 사정과 마찬가지였습니다. 끝날에도 그러한 형태로서 하나님의 뜻이 진전된다는 것을 여러분이 알아야 되겠습니다.

모세와 예수님은 인간적으로 보면 불쌍한 사람들입니다. 모세와 예수님을 생각하게 될 때에 여러분은 피살이 통하는 것 같은 느낌이 있습니까? 여러분의 마음에 모세와 예수님이 몸 둘 곳을 모르고 허덕이며 걷던 걸음을 생각하는 일조차 없다

1. 세계복귀를 위한 기독교의 사명

할진대는, 모세의 40일 시내산 금식기도 때 흘린 애달픈 서러움의 눈물을 팔아먹은 천륜의 배역자와 같은 것이요, 광야에서 쓰러진 이스라엘 민족과 같이 된다는 것을 여러분은 알아야 되겠습니다.

예수님의 서글픈 심정을 우리들이 체휼하여 제1 이스라엘과 제2 이스라엘이 이루지 못한 것을 성취해야 하겠습니다. 이런 것을 성취하러 오신 예수님의 서글픈 심정과 발걸음을 여러분은 아십니까? 오늘날 하나님이 우리들을 세워 놓고 바라시는 것이 무엇입니까?

우주적인 이념의 뜻을 이루기 위해 '영계의 영인들이여! 내가 그대들의 소원을 풀어 주겠다. 지상에 있는 만 인간들이여! 그대들의 제물이 되겠다. 공중의 권세를 잡은 사탄들아! 그대들을 포로로 하여서 하늘의 심판대에 끌고 올라가 참소하겠다' 라는 결심을 갖고 시대가 변하든, 세계가 변하든, 사람의 주의 주장이 모두 변하든 나는 변할 수 없다고 했던 예수님의 절개와 충절을 오늘날 여러분이 가져야 할 것입니다. 이렇게 시간성을 넘고 생애의 이념을 넘어서 천륜의 이념에 통할 수 있는 심적인 각오와 결심의 터가 되어 있지 않는다 할진대는, 하나님 앞에 무조건 순복해야 할 것입니다. 그렇지 않으면 심판을 면치 못한다는 것입니다.

시내산에 올라가는 모세 앞에 이스라엘 민족이 무조건 순복하였던들 그들은 젖과 꿀이 흐르는 가나안 땅에 들어갔을 것입니다. 또 예수님 때에도 그러했을 것이고, 오늘날 끝날에도 그럴 것입니다. 여러분 앞길에는 생애 전체의 가치를 결정해야 할 시간이 찾아오고 있다는 것입니다. 우리들이 죽어서까지라도 하나님의 뜻 하나만을 책임지고 가겠다는 마음으로 하늘을 대신하여 나서주기를 아버지도 바라고, 예수님과 성신도 바라고, 우리의 선조들도 바라고 있다는 것을 여러분은 골수에 사무치게 느끼지 않으면 안 될 것입니다.

　이런 사실을 앞에 놓고 우리 자신들을 돌이켜 보면, 나를 중심삼은 내 몸뚱이가 원수요 나를 중심삼은 내 가정이 원수입니다. 노아에게 있어서는 가정이 원수였고, 야곱의 가정에 있어서는 종족이 원수였으며, 그 다음 국가 형태에 있어서는 세계가 원수였습니다. 하나님은 이러한 역사노정을 걸어오셨고, 지금도 수많은 고비 고비를 돌고 돌면서, 어떤 중심인물이 쓰러지면 다른 사람을 세워서라도 또 거듭해야 하는 사정에 처해 있는데 이러한 하나님의 체면과 위신을 세울 줄 아는 사람이 되어야 하겠습니다.

　어떠한 개인의 힘만 가지고는 하나님의 뜻을 이루지 못합니다. 하나님께서는 세계에 분산되어서 하나의 민족형태를 찾아 세우는 포위작전을 해 나오고 있습니다. 그리하여 개인에서부터 가정과 종족과 민족을 찾아 세워 하나님을 중심한 국가 형태를 갖추어야 할 때가 왔다는 것입니다.

　그러므로 오늘날 전세계 기독교가 12지파를 재창건 하여야 할 시기가 도래하고 있습니다. 광야에 널려 있던 이스라엘 민족에 반열이 있었던 것과 마찬가지로 세계 기독교인들이 반열을 편성하여 사탄에 대한 공격전을 전개해야 할 시대가 오고 있습니다. 이것을 모르고 있는 크리스천들은 광야의 이스라엘 민족이 모세가 인도하는 방향을 알지 못하던 것과 같은 입장에 서 있는 것을 알아야 합니다.

1. 세계복귀를 위한 기독교의 사명

세계적 가나안 복귀와 기독교인의 사명

010 - P.282, 1960.11.06

심정의 인연을 갖추어서 역사적으로 엉킨 하나님의 원한과 예수님과 성신의 한을 풀어 드리고 승리자가 되어 '아버지!' 하면 아버지께서 '오냐' 하실 수 있어야 합니다. 이러한 모습을 바라시고 하나님은 섭리해 나오셨음에 틀림없습니다. 이것은 상식적으로 생각해도 그러하고 이론적으로 따져 봐도 그러합니다. 그렇지 않으면 전부 다 이단입니다.

오늘날 제아무리 잘 믿는 신앙자라 해도 옛날 유대교 신앙자들을 따를 수 없습니다. 그들은 그만큼 철저했습니다. 밤낮으로 메시아가 오기를 고대하고 기도했습니다. 그런데 무엇이 결여되었던고? 그들은 역사적인 눈물을 밟고 올라섰습니다. 역사적인 피와 땀을 무시하고 자기를 중심한 입장에 섰습니다. 그러니 망해야 됩니다.

하늘은 예수님을 죽음의 자리로 내놓으시고 눈물 흘리셨습니다. 아무려면 교법사 제사장들을 제자로 삼고 싶은 마음이 없었겠습니까? 4천년 동안 메시아가 오기를 정성들여 고대하던 그들 중의 몇 명만 예수님의 제자가 되었던들 유대교 전체는 하나님의 뜻 앞에 설 수 있었을 것입니다.

그러나 불쌍한 예수님이었습니다. 영광의 뜻을 대신하는 각오를 갖고 오셨으나 고난의 뜻을 대신하는 새로운 각오를 세우고 가셔야 했던 예수님이었다는 것을 알아야 합니다. 고난의 각오를 십자가로 종결지었던 것입니다. 영광의 심정을 대신하는 그 영광의 뜻은, 그 영광의 각오는 아직까지 우리의 신앙노정에 나타나지 않고 소망의 한 날인 신랑 신부가 만나는 어린양 잔치를 보시지 못한 것입니다.

010 - P.345, 1960.11.27

죽어간 예수님의 뜻을 따라 믿고 충성을 다하던 마음을 받들어 택함받은 민족을 원수로 삼아 나선 무리가 있었으니, 그 무리가 나사렛 예수님당이었습니다. 예수님의 무리였습니다. 이들이 민족으로부터 몰리고 로마제국으로부터 몰리면서 쫓기는 무리로서 죽음의 핏줄기를 연하여 세계적으로 확대되어 등장한 것이 기독교입니다. 예수님의 이념을 갖추어 잃어버린 이스라엘의 한을 대신 짊어지고 세계적인 형체로 몰아 놓은 것이 오늘의 기독교라는 것을 알아야 하겠습니다.

제1 이스라엘을 잃어버린 연고로 이스라엘을 통하여 세계를 수습하려던 예수님의 이념과 하나님의 뜻은 이루어지지 않았습니다. 그래서 제2 이스라엘을 축복하여 예수님과 더불어 하나되어 세계적인 이스라엘 건국운동을 전개해 나온 것이 기독교의 역사입니다. 이스라엘 민족에는 12지파와 70장로가 있었는데, 이들은 모세의 명령에 복종해야 합니다. 오늘날 전세계에 널려 있는 기독교에 수많은 교파가 있을 수 있으되 모두 예수님에게 복종해야 합니다.

야곱의 열두 아들도 야곱을 따랐고 모세의 12지파도 모세 앞에 복종했듯이 오늘날 전세계에 널려 있는 수많은 교단들은 모두 예수님 앞에 복종해야 합니다. 야곱의 아들딸은 죽든 살든 뜻 앞에 복종하던 야곱에게 복종해야 했습니다. 가나안 복귀노정에 있어서 이스라엘 민족은 죽든 살든 모세를 따라야 했습니다. 오늘날 땅 위에 있는 전세계 기독교인들은 자기 교파가 문제가 아닙니다. 세계적 가나안 복귀를 완성하기 위하여 지상천국을 향하여 행군해야 합니다.

이 땅은 바로의 왕국과 같습니다. 사탄세계입니다. 6천년 동안 지지리 사탄의 발판이 된 땅이기에 이 땅에 사는 기독교

1. 세계복귀를 위한 기독교의 사명

인들이 죽음의 길을 걷고 걸어 나온 것입니다. 이렇게 죽음을 무릅쓰고 싸워 예수님의 발판이 세계적으로 넓혀졌습니다. 기독교가 그래서 세계의 절반 이상 지배할 수 있는 권내에 들어 왔습니다. 이제 사탄세계를 쳐부숴야 됩니다. 하나님께서 왜 지금까지 가만히 계셨는지 압니까? 그것은 근본이 끊어졌기 때문입니다.

이제 하늘의 호령이 내릴 때가 왔거늘, 세계에 널려 있는 기독교인들은 종파를 초월하여 주의 나팔소리와 더불어 제2 이스라엘의 방향을 갖추어 새 에덴을 향하여, 새 가나안 나라를 향하여, 새 가나안 천국을 향하여 행군의 나팔을 불어야 합니다. 여기엔 종파가 문제가 아닙니다. 내 교파 네 교파가 문제가 아닙니다. 지금 때는 광야시대입니다. 1차 세계대전 이후 40년은 광야노정에 해당되는 때입니다.

1차, 2차, 3차 40년 노정 동안에는 세계가 뒤넘이치는 것입니다. 더 구체적인 내용은 따로 시간을 내서 이야기할 때가 있을 것입니다. 도탄 중에 처해 있는 세계 인류입니다. 여기에서 어떠한 종파나 지파가 문제가 아닙니다. 모세를 따르던 70장로와 이스라엘 민족이 그런 길을 걸었습니다. 그러니 종말시대에 있어 제2 이스라엘도 그런 길을 가야 합니다. 요단강을 건너 새로운 천국, 새로운 가나안 땅을 향하여 넘어가는 데는 3년 고역노정이 있습니다. 3일의 성별기간이 있었던 것과 마찬가지로 예수님도 부활하여 천국동산에 가기 위해서는 십자가의 3일 고난기간이 있었고 야곱에게도 3일 기간이 있었고, 모세에게도 3일 기간이 있었습니다. 그러기에 세계적인 유업을 계승하여 이루실 실체로 오시는 메시아에게도 그런 기간이 있고, 이스라엘 후손과 전세계 기독교인에게도 반드시 그런 노정이 있습니다. 이 노정을 거쳐야 가나안의 이념 세계를 맞이할 수 있는 끝날의 나팔소리가 들려올 것을 알고 있습니다.

여기에서 어떻게 할 것이냐? 기필코 우리는 떠나야 합니다. 아브라함을 대해서도 명령했고, 야곱을 대해서도 명령했습니다. 예수님도 민족을 거느리고 세계 유업 복귀의 사명을 완결하기 위해 왔었으나, 그 사명을 완결짓지 못하고 갔기에 다시 온다는 것입니다.

기독교인이 넘어야 할 고개

017 - P.118, 1966.12.11

복귀노정을 보면, 예수님 이후에 7단계를 거쳐 나왔습니다. 그래서 7년 기간은 언제나 새로운 문제를 들고 나오는 것입니다.

그러면 기독교인들은 어떤 고개를 넘어가야 하느냐? 사랑의 고개를 넘어가야 합니다. 사랑이야말로 좋은 것으로 나 자신을 위해 있는 것이라고 생각하는 사람도 있겠지만, 하나님의 사랑은 그렇지 않다는 것입니다. 하나님이 그렇게 사랑하고 대했다면 이 세상은 벌써 망했을 것입니다. 하나님의 사랑은 공평합니다. 엇갈리고 올라가고 내려갈 때도 있겠지만, 세계적인 모든 일에 대해서 공평히 대해 나오셨다는 것입니다. 좋은 것이 있으면 나쁜 것도 절반이 있습니다. 하루에도 절반은 낮이고 절반은 밤입니다. 이렇게 상대적인 관계이기 때문에, 좋은 사람이 있으면 나쁜 사람도 섞여 있는 것입니다.

하나님이 자연을 지배하는 것과 마찬가지로, 좋은 사람과

1. 세계복귀를 위한 기독교의 사명

나쁜 사람을 지배하는 것은 선한 권내에서의 지배라고 볼 수 있습니다. 그러나 지금은 낮은 하나님이 지배하고 밤은 사탄이 지배하기 때문에, 밤을 하나님이 주관할 수 있는 기준에 세우기 위해서 성도들이 어둠의 세계로 들어가 청소를 하고 있는 것입니다. 즉 정비를 하기 위해서 종교를 중심삼고 수많은 사람들이 희생되었고, 수많은 나라와 수많은 국민들이 피를 흘려가면서 동원된 것입니다. 이러한 과정을 거쳐오면서 성경으로 보아 6천년 동안 역사가 진행되어 나왔습니다.

복귀과정에서 하나님에 의해 세움 받은 인간들이 책임을 다하지 못했기 때문에, 완전복귀의 선까지 올라서는 데는 역사의 시발로부터 그 거리가 점점 멀어집니다. 그와 더불어 사악한 인류가 증가된다는 것입니다.

하나님께서 지금까지는 외적인 역사부터 복귀섭리를 해 나오셨으나, 이제는 내적인 역사도 복귀할 수 있는 시대로 들어섰습니다. 즉 안팎이 서로 대할 수 있는 때가 왔습니다. 그래서 좌익과 우익, 적과 백이 상대적인 세계가 되어 있는데, 끝날에 가면 정리해야 됩니다. 여기에서 백(白)은 안전을 표시하는 것이고, 적(赤)은 위험을 표시하는 것입니다. 좌(左)는 그른 것을 표시하는 것이요, 우(右)는 옳은 것을 표시하는 것입니다.

천륜의 공법을 대하고 있는 존재세계의 모든 것들의 본심은 천법을 유린하고서는 본연의 자리에 설 수 없는 것입니다. 그렇기 때문에 그 자리에 가면 직고해야 된다는 것입니다.

공산주의, 좌익, 적색주의, 흑색주의라는 이름을 갖고 나온 것은 그 이름 자체가 사실을 직고하는 표시체로써 적합하기 때문입니다. 실체 앞에서도 이것들은 하나의 대상이 되어 민주세계에 대항하고 있습니다. 지금은 좌우가 상응적인 좌우가 아니라, 상극적인 좌우로 되어 있습니다. 상응이 생기고 난 후에 상극은 벌어질 수 있으나, 상극이 생긴 후에 상응은 절대 있을 수 없는 것입니다.

천지 우주가 창조되던 당시부터 상응으로 시작되었기 때문에 상극도 존재할 수 있으나, 만약 상극이 먼저 있었다면 상응은 존재할 수 없게 되는 것입니다. 근본이 파탄되는 것입니다. 그러나 근본에 있어서 상응이 있으면 상극은 화할 수 있다는 것입니다. 여기에 사방이 붙을 수 있는 것입니다. 플러스가 있어 가지고 마이너스가 있으면 서로 붙을 수 있으나, 어느 한 쪽을 빼면 자기들끼리는 상극이 되는 것입니다. 그런데 이 세상은 상응으로 출발했던 것이 아니고 상극으로부터 출발했기 때문에, 즉 상극적인 씨를 뿌렸기 때문에 상극적인 결과를 거두는 것이 자연적인 이치요, 역사적인 이치입니다.

그러면 여러분의 마음은 무엇을 해야 되느냐? 천리법도를 순리적인 법도로 맞을 수 있는 본성을 갖기 위해서 상응적인 자아를 완성해야 하는 것입니다. 몸과 마음이 상극하느냐, 상응하느냐? 상극일 때는 상응은 그 자리에 있을 수 없다는 것입니다. 앞에서 말한 바와 같이, 상응으로부터 출발하면 상극은 존재할 수 있으나 상극으로부터 출발하면 상응은 절대로 존재할 수 없습니다. 그렇기 때문에 그 사람의 이념과 행동이 아무리 아름답다 해도 상극적인 사람의 종말은 파탄인 것입니다. 이것을 여러분들이 확실히 알아서 생활철학으로 적용하면 인생에 있어서 실패하지 않습니다. 이 원칙을 자기 생활에 응용해서 천륜에 맞춰 나가는 사람은 결코 천륜의 반역자가 되는 것이 아니라 순리자가 되는 것입니다.

1. 세계복귀를 위한 기독교의 사명

003 - P.348, 1958.02.09

말세에 처한 기독교인들의 입장

이제 이 세계에 널려 있는 제2 이스라엘아! 네 갈 곳이 어디냐? 세계에 널려 있는 기독교인들은 하늘 앞에 호소해야 할 때가 왔습니다. 이스라엘 민족이 도탄 중에서 애급의 바로 궁중을 미워하면서 우리의 약속의 땅 가나안 복지로 누가 인도할 것인가 하며 지도자를 찾아 헤매던 것과 마찬가지로, 오늘날 기독교인들도 자기가 처하여야 할 반열과 족속이 어디 있는가 하고 찾아야 된다는 것입니다.

그렇기 때문에 기성교회는 깨집니다. 그리하여야만 12반열로 나누어 놓을 수 있기 때문입니다. 아무리 단속해 보십시오. 반열을 구성하여 세계적인 복귀운명을 거쳐야 할 입장에 처해 있기 때문에 국가의 운세를 움직이는 기독교일지라도 사회와 가정, 그리고 개인에게 있어서 그 위신을 잃어버릴 때가 온다는 것입니다.

이스라엘 민족이 애급에 있을 때는 반열편성을 하지 않다가 광야를 출발해야 할 때가 되었을 때에야 반열편성을 했던 것과 마찬가지로, 세계적인 기독교도 세계적인 가나안복귀를 위한 재림이상이 가까이 왔으므로 반열 편성을 개시해야 할 때가 되었습니다.

지난날 예수님이 땅에서 베드로, 요한, 야고보를 중심한 12제자를 통하여 반열을 편성하여 신앙자는 누구든지 그 지파에 속할 수 있도록 해놓고 돌아가셨다면 오늘날 세계의 기독교는 혼란을 일으키지 않았을 것입니다. 이것을 다시 수습하여야 할 때가 오고 있습니다. 그런데 제일 밑바닥에서 배척받은 하나의 모임을 세워서 증거할 수 있는 때가 올는지 모른다는 것입니다. 통일교회가 바로 그런 교회인지도 몰라요.

그러면 오늘날 한국 기독교에 있어서 신령 역사하는 사람, 나 장로니 박 장로니 해서 새로운 교파가 나왔습니다. 그러한 파가 지금 교회를 깨치고 있습니다. 반열을 조직해야 되겠으니 이런 역사가 벌어지고 있습니다. 여기에 이제 문제점으로 남아지는 것이 무엇이냐? 기성주의적인 관념입니다. 이것은 하나님 앞에 원수입니다. 기성주의적인 관념, 즉 나는 에서와 같은 맏아들이니 내가 하나님의 축복을 받아야 된다는 이런 시시한 사상을 버려야 됩니다. 까딱 잘못하면 에서의 관념에 서게 되고 예수님을 죽인 유대 백성이 되기 쉽다는 것입니다.

이것을 넘어야 할 역사의 종국에 이르렀는데 이제 이 관문을 어떻게 넘을 것인가. 이때에 있어서 누가 원수일 것이냐? 에덴동산에서 아담에게 제일 가까웠던 천사장인 원수가 되었던 것과 마찬가지로, 아담을 복귀하기 위한 제2 아담으로 오신 예수님 앞에는 영계의 천사장형에 해당되었던 당시의 유대교 제사장이 제일 원수였던 것입니다. 그들은 천사장형을 제2차로 인계받아 가지고 예수님을 공격했으니 지옥가야 됩니다.

끝날에도 역시 세계에 널려 있는 교직자들이 재림하는 주 앞에 천사장이 되어 하늘을 빙자하여 하늘을 치는 이런 형이 벌어질 것입니다. 그러나 이런 입장에 서더라도 환경에 영향 받지 않고 역사적인 운세는 넘어갈 것입니다. 이런 길을 누가 걸을 것인가. 이러한 제단 앞에 새로운 말을 하고 새 종말을 고할 수 있는 하나의 선지자적인 사명자들이 나와야 돼요. 그러나 그들은 기성교단 앞에 배척을 받아야 할 것이요, 그래서 새로운 단계로 넘어간다는 것입니다.

1. 세계복귀를 위한 기독교의 사명

그러면 동시에 무슨 시대가 오느냐? 영적인 세계의 공격시대가 온다는 것입니다. 천사장이 얍복강 가에서 야곱을 괴롭히고, 또 모세와 예수님을 공격하던 것과 마찬가지로 세계적인 종말시대에 있어서도 이 땅위에 모든 사람들이 반대하는 동시에 하늘까지도 공격하는 시대가 온다는 것입니다.

013 - P.252, 1964.04.12

하나님께서는 개인적으로도 승리하고, 가정적으로도 승리하고, 민족적으로도 승리하고, 국가적으로도 승리한 터전 위에 메시아를 보내어 세계적인 승리의 터전을 마련하려 하셨습니다. 그래서 예수님을 보내셨는데 이스라엘 민족은 그런 예수님을 죽음의 길로 몰아넣었습니다. 그래서 기독교는 다시 개인적인 시대로부터 가정·종족·민족·국가적인 시대를 거쳐야 했습니다. 즉 종적인 이스라엘의 4천년 역사를 재차 횡적인 역사로 전개시켜 나와야 했던 것입니다.

그러므로 제2 이스라엘은 개인적인 십자가의 길에서부터 가정적인 십자가의 길, 종족적인 십자가의 길, 민족적인 십자가의 길, 국가적인 십자가의 길, 세계적인 십자가의 길을 걸으면 사탄과 싸워 승리해야 되는 것입니다. 개인적인 싸움에 승리하여 가정을 위해 싸우겠다는 신념을 가진 자라야 개인적인 축복을 받을 수 있으며, 또한 가정적·종족적·민족적·국가적인 싸움에 승리하여 세계를 위하여 싸우겠다는 신념을 가진 자라야 국가적인 축복을 받을 수 있는 것입니다. 이런 원칙이 있다는 것을 우리는 역사적인 사실로 미루어 알 수가 있습니다.

그러면 이런 원칙에서 볼 때 종말을 맞이하고 있는 현재의 기독교인들은 어떻게 해야 될 것이냐? 악의 세상에 물들지 않고 오히려 악의 세상을 지배해야 합니다. 현실에서 부딪치는 고통과 고난과 비참이 제아무리 크다 하더라도, 원통하고 분한 사실이 제아무리 많다 하더라도 여기에서 자기를 지켜 나오지 않으면 안 되는 것입니다. 이것을 하지 못하는 사람은 현시대를 수습할 수 없기 때문에 이 시대를 넘어 다가올 새 시대의 복도 받을 수 없다는 것을 여러분은 알아야 합니다.

그렇기 때문에 끝날에 처해 있는 오늘날 전세계 기독교인들은 세계적인 환난 도상에서 자기의 일신을 수습해야 할 뿐만 아니라, 가정을 수습하고 종족을 수습하고 민족을 수습하고 국가를 수습하여 세계적인 시련의 고비를 넘겠다는 신념을 가져야 합니다. 모두가 그런 신념을 가지고 단결하여 생활적인 무대와 환경적인 무대를 책임지고 청산지을 수 있는 무리가 되지 않고는 하나님께서 여러분에게 아무리 주고 싶은 복이 있다 할지라도 줄 수 없는 것입니다.

그러면 오늘날 이 시대에 있어서 하나님은 무엇을 찾을 것이냐? 전세계에 널려 있는 많은 기독교회 가운데서 세계적인 종교로 등장할 수 있는 교회를 찾을 것입니다. 또 세계적인 가정으로 등장할 수 있는 가정을 찾을 것입니다. 즉 현실의 고난의 노정, 십자가의 노정을 넘어서서 모든 것을 심판하고 청산지을 수 있는 개인과 가정·종족·민족·국가를 찾고 있다는 것을 여러분은 잘 알아야 합니다.

만일 그러한 하나의 국가가 나왔다면 그 국가의 백성은 어떠한 전통적인 면모를 갖추어야 되느냐? 그 나라의 백성이라면 최고의 사람이든 최하의 사람이든, 모두가 현세에서 최악의 자리에 들어가더라도 그것을 극복할 수 있어야 됩니다. 오늘날 우리는 이 세계를 심판하고 새로운 이념의 세계인 천국

1. 세계복귀를 위한 기독교의 사명

을 건설할 수 있어야 합니다. 하나님은 그럴 수 없는 사람을 불러다 축복해 주지 않습니다.

　하나님은 우리 개인을 승리의 아들딸로 세워 가정적으로, 종족적으로, 민족적으로, 국가적으로, 세계적으로 주고 싶어 하십니다. 이렇게 하나님은 주고자 하여 약속을 하셨지만 역사상에는 그 약속을 실천하여 승리의 기반을 닦은 개인이나 가정이나 종족이나 민족, 혹은 국가가 하나도 없었다는 것입니다. 하나님이 고대하시는 것은 그러한 국가의 이념을 통하여 세계적인 복을 만민에게 속히 나누어 주는 것입니다. 이것이 지금까지 6천년 동안 하루도 쉬지 못하고 섭리해 오시는 하나님의 안타까운 심정이요, 서글픈 사정이라는 것을 오늘 우리들은 알아야 되겠습니다.

2. 새로운 청교도 운동과 미국의 갈 길

각성해야 할 기독교

010 - P.033, 1960.06.26

예수님께서는 부모나 처자 혹은 그 누구보다도 나를 더 사랑하라고 하셨습니다. 최고로 받들고 모셔야 된다는 말입니다. 누가복음 14장을 보십시오. 예수님께서 처음 선포하신 말씀이 그 말씀입니다. '나를 따라 오려거든 너의 처자나 부모나 그 누구를 사랑하는 것보다도 나를 더 사랑하라'고 말입니다. 그런데 그게 요즈음에 와서 변했습니다. 오늘날 기독교에는 신식 예수님장이가 많습니다. 요즈음 신식 예수님장이들이 참 많아졌어요. 뭐가 어떻고 뭐가 어떻고 합니다. 뭐 조금 안다는 사람들이 더 그래요. 이런 믿음을 내가 죽기 전에 청산해야 되겠습니다.

　이 민족, 이 세계 앞에 심정의 제단을 쌓아 나가야 할 기독교인들이라는 것을 알아야 됩니다. 그런데 인정을 중심삼고 화합하는 기독교가 되느냐, 천정을 중심삼고 화합하는 기독교가 되느냐? 문제는 간단합니다. 어느 편이 참입니까? 예수님이 죽는다는 소식을 듣고 도망가는 제자가 예수님의 제자

2. 새로운 청교도 운동과 미국의 갈 길

입니까? 예수님이 죽는다는 소식을 듣자 도망가는 열두 제자를 보실 때 하나님은 원통해하셨습니다.

죽어가는 예수님의 뒷일이 두려워 도망가던 자들과 같은 모습이 되어서는 안 됩니다. 죽어가시던 예수님, 몰림받으시던 예수님보다 먼저 죽겠다고 할 수 있는 제자가 땅 위에 있었던들, 오늘날 기독교의 역사는 이렇게 처참하지 않았을 것입니다. 만일 그때 예수님과 같이 십자가에 죽은 제자가 있었다면 예수님의 부활과 동시에 그 제자의 부활도 있었을 것입니다. 제자 부활이 있었으면 하나님의 뜻은 2천년이나 연장되어 내려오지 않았을 것입니다. 그럴 게 아니에요?

하나님께서 예수님만 부활시키겠어요? 예수님만 살리겠느냐는 것입니다. 예수님의 부활과 동시에 제자의 부활을 못 본 것이 하나님의 한입니다. 그 한이 남아 있기 때문에 오늘날의 기독교인들은 예수님의 재림의 날을 고대하며, 사도들이 책임 못한 부활의 운명을 뚫고 나가야 할 권내에 머물러 있는 것입니다.

예수님이 사탄에게 승리하시어 부활의 권한을 갖고 나타나셨듯이 오늘날 기독교에서도 인간을 대표하여 사탄세계를 박차고 부활의 권한을 자랑할 수 있는 모습들이 나타나야 합니다. 그렇지 않으면 이제까지 쌓아온 기독교는 허물어지고 마는 것입니다.

요즈음이 바로 그런 때입니다. 그래서 신령한 사람들은 그러한 사명과 책임을 부여받고 있습니다. 그런데 그들은 그저 바람꾼입니다. 그렇기 때문에 오늘날의 기독교인들을 보면 심각합니다. 기독교인들은 근본문제부터 알아야 합니다. 이러한 입장에 떨어진 인간이니 몰랐던 주인, 몰랐던 하나님을

▲ 벨베디아 수련소에서 통일교 교인들에게 말씀하고 계신 문선명 선생 (1974.9.19).

알아야 됩니다. 즉 나를 창조하신 본연의 주인을 알아야만 된다는 것입니다.

그런데 주인을 알고 주인의 심정과 통할 수 있는 인연을 가진 사람이 없습니다. 타락했기 때문에 하나님의 심정과 인연 맺은 사람이 한 사람도 없습니다. 없기 때문에 하나님은 자기와 심정의 인연을 맺은 예수님을 보내시어 만민에게 심정의 인연을 맺어 주려 하신 것입니다. 그러나 예수님이 돌아가심으로 말미암아 그 심정적인 내용을 소개하지 못하셨습니다. 예수님의 이름을 걸고 서로 사랑하라는 말과 신랑 신부라는 말을 남겨 놓으신 것입니다.

이제 우리들은 각성해야 합니다. 보내신 메시아를 땅에서

2. 새로운 청교도 운동과 미국의 갈 길

죽이다니요? 메시아를 죽인 자들은 멸망해야 됩니다. 메시아를 죽인 제1 장본인은 누구냐? 제1 장본인은 사탄입니다. 제2 장본인은 누구냐? 교법사들입니다. 제3 장본인은 누구냐? 이스라엘 민족입니다. 이러한 현상이 오늘날에 재판(再版)되고 있습니다. 기독교를 중심삼은 세계의 역사는 그러한 입장에서 흘러나오고 있다는 것입니다. 오늘날 기독교의 역사는 되돌아가고 있습니다. 가신 주님을 모셔야 할 때가 오기 때문입니다.

미국은 전통적인 기독정신을 회복해야

053 - P.186, 1972.02.20

미국은 특정한 민족을 중심삼은 전통적 국민성을 자랑할 무엇이 없는 종합민족 국가입니다. 미국은 전통을 세울 수 없다는 것입니다. 이스라엘 나라는 망하더라도 수천년 끌고 나갈 수 있는 전통이 있었기 때문에 그래도 국가를 다시 찾았지만, 이 나라는 어떠한 특정 민족으로서 자랑할 전통이 없다는 것입니다. 그러므로 이제 미국이 전통으로 이어받아야 할 그 사상이 무엇이냐 하면 기독사상입니다. 기독사상밖에 없다는 것을 나는 알고 있기 때문에 미국을 위해 여러분에게 강조하는 것입니다. 그것만이 미국을 살릴 수 있는 단 하나의 길인 것을 여러분이 알아야 되겠습니다. 그것만이 미국이 죽고 사는 문제를 좌우한다고 보고 있는 것입니다.

그러면 어떻게 할 것이냐? 미국 국민들은 성경을 붙들고 하나님을 붙들고 공적인 세계를 구하기 위해서 생활을 해야 합니다. 이 나라는 희생되더라도 세계를 살리기 위해서 단결하는 운동을 제시해야만 하나님이 미국을 세운 체면과 위신을 지키는 나라가 된다고 보는 것입니다.

　그러면 민주세계인 이 나라 오늘날 미국에 하나님이 요구하는 교단, 제1 이스라엘권을 잃어버린 지상기반을 편성할 수 있는 국가적 기틀을 마련할 수 있는 교단이 있느냐 할 때 그런 교단도 없는 것입니다.

미국 국민은 각성해야

069 - P.109, 1973.10.21

　미국 국회면 국회가 개원되게 될 때는, 기도로 시작하지요? 세계에 그런 나라가 있어요? 우리가 '원 네이션 언더 갓(One Nation Under God;하나님 아래 하나의 나라)'이라는 사상을 전부 다 코치하고 있지만 그것이 미국 나라예요? 하늘나라는 이 세계예요. 그렇기 때문에 미국은 구교보다 나은 신교를, 새로운 신앙의 자유를 가진 세계적인 하나의 나라의 형태를 갖춘 나라로서 세계에 비로소 태어난 것이 아니냐는 것입니다. 그렇게 해서 뭘 하려구요? 세계를 구하기 위해서입니다.

　미국 국민은 미국 국민이 잘나서 이렇게 산다고 생각하지 말라는 것입니다. 미국 국민만 잘먹고 잘살라고 하나님이 축복한 것이 아니라, 세계를 구하기 위해 축복했다는 본래의 뜻을 알아야 된다는 것입니다.

　그렇게 하지 않으면 하나님이 어디로 가겠어요? 하나님이 어디로 가겠어요? 하나님이 어디로 가겠느냐 말입니다. 미국이 만일에 하나님 뜻에서 벗어나면 하나님이 어디로 가겠어요? 하나님은 어디로 가겠어요? 기독교를 위하고 하나님을

2. 새로운 청교도 운동과 미국의 갈 길

믿는 세계적인 나라, 미국을 중심해 가지고 일하고 싶은 것이 아니냐 이거예요. 만약에 여러분의 조상들이 자기 아들딸 복 받기 위해서, 자기들이 잘살기 위해서 미국으로 간다고 했다면 절대 이런 축복을 안 해줬을 것입니다.

북미(北美)에 이민 온 사람들은 아무것도 안 가지고 자유의 신앙길만을 찾아서 상륙한 사람들입니다. 자유의 신앙, 하나님과 자유의 신앙을 바라서 왔습니다. 그 외에는 아무것도 없었다구요. 그 외에는 없었습니다. 하나님을 찾고 자유도 찾은 후에 돈도 찾았다는 것입니다.

그러나 남미(南美)로 간 사람들은 반대였다는 것입니다. 남미로 간 사람들은 하나님을 제쳐 놓고 돈, 돈, 돈 때문에 간 것입니다. 같은 시대에 같은 이민의 입장이었지만 그렇게 달랐다는 것입니다. 환경도 북미보다는 나았다구요. 그런데 어찌하여 그들은 하나님도 잃어버리고 자유도 잃어버리고 돈도 다 잃어버리고 저개발국가가 되어 있느냐는 것입니다. 전부 다 후진국가가 되어 있다구요.

미국이 2백년 동안에 이렇게 세계적인 일등 국가가 되어 있다는 것은 기적입니다. 하나님이 가호해 주고 하나님이 축복해 주셨기 때문입니다. 이것은 이 세계를 구하기 위한 한 때를 방어하고 한 때를 수호하고 뜻을 이룰 수 있는 그러한 대열을 만들기 위해서 한 것이 아니냐는 것입니다.

미국 국민들이 자각해야 됩니다. 복을 받기 위해서 바라고 나온 사람들은 복을 받지 못하고 죽음의 고개를 넘었는데, 복 받고 사는 여러분들이 하나님을 위하는 데 등한시하면 벌을 받아요. 망한다는 것입니다. 심은 대로 거둔다는 것을 알아야 되겠습니다.

미국은 기독교를 중심삼고 볼 때에, 세계적인 열매 국가입니다. 미국이 민주세계를 주도하는 세계적인 국가가 되지 않았어요? 끝날이 되었기 때문에 어떻게 안 될 수가 없다는 것입니다. 이와 같은 입장을 이루어 놓지 않을 수 없다는 것입니다.

미국 제일주의는 하나님의 뜻에 위배돼

242 - P.240, 1993.01.02   미국의 신교 문화권을 중심삼은 미국 제일주의는 하나님의 뜻에 위배됩니다. 이것은 다시 말하면 아벨 제일주의요, 가인은 때려잡아 치운다는 논리입니다. 하나님의 뜻은 그럴 수 없습니다. 하나님의 뜻을 두고 볼 때 이색(異色) 종자가 생겨난 것입니다. 이색 의붓어머니인 해와하고 이색 가인 아벨이 생겨났다는 것입니다. 앞으로 주님이 와 가지고 찾을 신랑 신부는 본색(本色)입니다. 본색의 처자가 생겨나게 돼 있다구요. 그런데 이색이 생겨났으니 이것을 어떻게 하나 만드느냐 하는 것이 문제입니다. 가인 아벨을 하나 만들기 위해서는 어떻게 해야 하느냐? 이 사람들을 여기에 굴복시키려고 하면 안 된다는 것입니다.

사탄은 힘을 가지고 굴복시키려고 하면 안 되는 것입니다. 아벨쪽을 희생시키고, 자기편을 희생시켜서 교육해야 됩니다. 사탄은 안다는 것입니다. 천사장 이상 높여 주면 그 이상은 올라갈 수 없습니다. 그러니까 하나님 앞에서 내려가야 되는 것입니다. 그 이상 높여 주면 자연히 내려가는 것입니다. 그래 가지고 끝에 가서는 사탄이 자체를 직고(直告)해야 된다는 것입니다. '내가 이렇게 모심을 받을 것이 아니고 반대로

2. 새로운 청교도 운동과 미국의 갈 길

내가 당신들을 하늘 이상 높이고 모셔야 할 것입니다. 이래선 안 됩니다' 이렇게 되어서 자동적으로 아벨 앞에 가인이 굴복하는 것입니다. 그렇지 않고는 복귀될 길이 없습니다.

섭리사의 종말시대에 있어서 이런 두 이색적인 민족의 통합을 하나님이 염원했기 때문에 원수를 사랑하라는 논리를 세웠던 것입니다. 이것을 똑똑히 알아야 됩니다. 기독교 역사에 대한 모든 방향에 대해서 확실히 알지 않으면 여러분의 생활적인 면에서 역사가 이렇게 분별되어 나왔고, 역사가 이렇게 탕감되어 나왔다는 것을 알 수 없습니다. 탕감은 그냥 하는 것이 아닙니다. 반드시 그것을 분별할 수 있는 대가를 치러야 되는 것입니다.

그러면 그 대가는 누가 치러야 되느냐? 가인이 치르는 것이 아니라 아벨이 치러야 돼요. 사랑하면 사랑할수록 희생시키는 것입니다. 그렇기 때문에 선생님이 지금까지 승리해서 이제는 세계적 시대라고 해 가지고 모든 만민을 해방시키고 복을 받게 하면서도 통일교인들은 고생시키려고 하는 것입니다. 그런 결론이 나온다구요.

그러면 미국이 왜 섭리사 있어서 영·미·불을 중심삼아 가지고 만고(萬古)에 없는 제일주의를 숭배하는 것이냐? 미국은 아시아 사람이니 중동 사람이니 흑인이니 무엇이니 하면서 이들을 전부 다 등외(等外) 사람으로 취급해 가지고 나왔다구요. 그게 하나님의 뜻이 아니었다는 것입니다. 그렇게 나갈 때는 반드시 흑백문제가 문제가 되고, 이색문제가 미국 정권에 도전하게 되는 때가 점점점 눈앞에 가까워 온다구요. 지금 그 단계에 들어가고 있다는 것입니다. 그것을 누가 인수받느냐? 아시아인이든 흑인이든 그런 사상을 가진 민족이 미국을 전수받는 것입니다.

　미국 자체가 2차대전 후에 오시는 신랑을 미국은 신부 국가입니다 맞아야 하는데 신랑을 못 맞았다는 것입니다. 신랑이 누구냐? 신랑이 영·미·불의 사람이면 얼마나 좋겠어요? 그 신랑이 영국 사람이고 미국 사람이면 얼마나 좋겠느냐 이거예요. 오시는 신랑이 영국 사람이나 불란서 사람이나 미국 사람이면 좋을 텐데 문화적 배경으로 볼 때, 정신적인 지주가 아시아라는 것입니다. 그걸 몰랐다는 것입니다. 역사적으로 볼 때 정신적인 출발지가 아시아니 만큼 종교를 통일하고 인류를 통일할 수 있는 분은 아시아에서 나온다는 말입니다.

새로운 청교도 운동

069 - P.116, 1973.10.21

　이 나라와 세계를 구할 수 있는 새로운 청교도운동, 필그림 파더(Pilgrim Fathers)와 같은 운동이 벌어져 가지고 세계로 세계로 뻗어 나갈 수 있으면, 이 운동이 대학교면 대학교 총장으로부터 교수들로부터 축복을 받아 가지고 나갈 수 있게 된다면, 미국은 영원히 세계를 지도할 수 있는 중심국가로 남아지게 될 것입니다. 하나님은 그렇게 해주기를 미국 국민, 미국 나라에 바라고 있다구요. 나와 우리 젊은이들도 그렇게 하기를 바라고 있는 것입니다. 여러분들도 그럴 수 있기를 바랍니다. 합해 가지고 그런 운동을 해 나가야 됩니다.

　하나님만 모셔들이면 가정문제가 해결되고 윤리문제가 해결됩니다. 청소년문제도 해결됩니다. 흑백문제도 해결됩니다. 공산당문제도 해결됩니다. 경제적인 파탄도 하나님의 축

2. 새로운 청교도 운동과 미국의 갈 길

복이 가중되기 때문에 해결됩니다. 이것만이 미국이 살 수 있는 길이요. 이것만이 미국을 위하는 하나님이 다시 바라는 소원인 것을 여러분이 알아야 됩니다.

미국을 하나님의 나라로 다시 세워야

293 - P.219, 1998.05.26

세계적으로 오색 인종을 하나 만들고 미국에 있어서 흑인 백인이 싸우는 걸 하나 만들 수 있는 것은 레버런 문뿐입니다. 내 손으로 지상천국을 건설하는 것입니다. 레버런 문은 하나님의 뜻을 정확히 알고 있는 것입니다. 내가 선포한 것은 다 이루는 것입니다. 오직 한 길뿐입니다.

하나님이 원하는 나라를 세우면 세계를 통일하는 것은 문제없습니다. 일년도 안 걸릴 것입니다. 미디어 세계를 이용하면 문제없다구요. 그걸 위해서 워싱턴 타임스를 만든 것입니다. 남미 국가들에도 신문을 만드는 것입니다. 세계 185개국에다 신문 및 교육 기관을 만드는 것입니다.

사탄은 국가 기반을 가지고 있는데 아버님은 가정도 없었어요. 가정 기반도 없고, 종족·국가 기반도 없었습니다. 그런데 국가의 힘을 이길 수 있어요? 미국 나라의 힘이 얼마나 막강해요? 그렇지만 미국에 주인이 없어요. 미국에 진짜 주인이 없다는 것입니다. 미국 국민, 미국 사회, 미국 나라가 건국 정신으로 돌아가야 된다는 것입니다. 뉴 퓨리턴(puritan;청교도) 컨셉이 필요하다는 것입니다. 다시금 나라 기반을 세워 가지고 하늘 옥좌의 자리까지 날아 올라가야 되겠다는 것입니다. 새로운 미국을 건설해야 되겠다는 것입니다. 하나님의 나라로 세워야 돼요. 그렇게 되면 세계를 통일하는 것은 문제없습니다.

　그래서 미국을 장자 국가로 세운 것입니다. 아버님이 선택한 해와 국가가 절대신앙·절대사랑·절대복종으로 아버님의 명령을 따르니 만큼, 장자 나라인 미국이 부모의 나라와 하나되어야 됩니다. 어머니 나라 일본, 아들 나라 미국이 하나되어 가지고 아버님을 따라가야 돼요.

　미국과 일본이 하나되어 가지고 아버지 나라인 한국을 도와주어야 됩니다. 지금 한국에는 주인이 없어요. 북한에도 없고 남한에도 없습니다. 하나님의 관점에서 볼 때, 희망이 없습니다. 미래를 이끌어 갈 컨셉이 없습니다. 그러나 레버런 문에게 진리가 있습니다. 절대신앙과 절대사랑의 진리, 절대 가정, 절대 국가, 절대 세계를 이룰 수 있는 컨셉이 있습니다. 레버런 문과 통하면 세계를 요리하고 소화하는 것은 문제없다는 것입니다.

　레버런 문의 힘이 막강하다구요. 미국의 2억4천만 국민이 레버런 문을 따라와야 됩니다. 그렇지 않고는 길이 없습니다. 레버런 문을 따라가면 '하나님 아래 한 세계'를 이루는 것은 문제없다는 것입니다. 미국에 오색 인종이 이주해서 모여 살게 되니까 서로 싸우고 얼마나 복잡해요? 그렇지만 레버런 문이 교육해 가지고 평화세계를 만드는 것입니다.

3. 재림 메시아를 중심한 미국의 사명

하나님의 섭리와 미국의 사명

073 - P.013, 1974.07.21

미국은 민주세계의 주도국가입니다. 하나님은 이 세계를 바라보시면서 이 세계 가운데 민주주의를 사랑해서 키워 왔습니다. 그런데 이 민주세계를 대표한 국가는 미국이기 때문에 미국을 이렇게 키우고 세계적인 주도국가로 세운 것입니다. 미국 국민이 잘나서 이렇게 된 것이 아니라 하나님의 섭리 가운데서 하나님의 뜻을 맡아서 이루게 하기 위해 이렇게 되어졌다고 보는 것입니다. 그렇기 때문에 미국이 하나님과 더불어 발전하기를 바라는 것이 하나님의 뜻이요, 본래 미국이 형성되게 한 미국의 전통정신입니다.

그런 관점에서 현재의 미국을 볼 때 이 미국이 하나님이 진정 이 나라에 계실 수 있고, 하나님의 사랑과 하나님의 뜻을 이어받아 가지고 이 세계를 지도할 수 있는 주체국으로서의 모습을 완전히 가지고 있다고 보기는 어려운 단계에 와 있습니다. 만일에 하나님과 기독교가 없었더라면 미국과 미국 국민은 형성될 수 없었을 것이라는 것은 당연한 결론입니다.

미국은 혼합 민족입니다. 그래도 이것을 연결시킬 수 있는 책임을, 시멘트와 같은 사명을 누가 했느냐 하면 기독교가 한 것입니다. 그렇기 때문에 미국은 기독교를 중심삼고 그 문화권과 생활방식이 같았다는 것입니다. 목적과 생활방식이 같았다는 것이 하나될 수 있는 동기가 되었다는 사실을 우리는 부정할 수 없는 것입니다. 기독교를 중심삼은 정신적인 바탕과 생활적인 바탕과 모든 전통이 같았기 때문에 안팎으로 하나될 수 있었다는 것입니다. 여러분, 서양 사람들의 생활방식은 대개가 빵을 먹고 처소도 비슷하다구요. 그것은 기독교사상으로 말미암아 생활적인 어떠한 깊은 곳까지도 전부 다 밀착할 수 있는 내용이 형성되었기 때문입니다.

오늘날 그것이 전국가의 대표 형태를 갖춰 가지고 종합 민족성을 갖춘 미국이 형성된 것입니다. 그걸 기반으로 하여 교회의 발전과 보조를 같이 하는 데서 경제적인 발전이 시작됐다는 것입니다. 다시 말하면 잘 믿는 신자끼리 공적인 목적을 중심삼고 하나의 뜻, 하나의 기독교 발전을 위주한 데에서 미국이 경제적으로 발전한 동기가 되었다고 보는 것입니다.

미국은 본래 구라파에서 추방당하고 쫓김받아서 피난와 가지고, 도망와 가지고 형성된 국가이기 때문에, 구라파한테 지지 않겠다는 신념이 여러분의 조상 가운데는 팽배해 있었다는 걸 여러분이 알아야 되겠어요. 미국 국민은 구라파로부터 핍박받는 무리요 배척받는 무리의 입장에 서 가지고 강력히 단결할 수 있는 내적인 유대를 가져야 했기 때문에 공고화되지 않을 수 없었던 것이 사실입니다. 그래 가지고 미국은 새로운 기독교 문화를 차원 높은 분야에서 발전시켜 나가면서 잘 믿는 구라파인, 잘 믿는 기독교 신자를 규합하는 놀음을

3. 재림 메시아를 중심한 미국의 사명

지금까지 해왔다는 것입니다. 그렇게 함으로 말미암아 구라파에 있어서 기독교 신앙을 중심삼고 참되게 살겠다는 사람을 흡수할 수 있는 놀음을 했기 때문에, 미국은 구라파인 뿐만 아니라 온 세계의 대표적인 지성인들도 규합할 수 있는 동기가 된 것입니다.

그것이 어떻게 가능했느냐? 그것이 왜 가능해요? 그것은 기독교가 있었기 때문에 가능했다는 것입니다. 즉 이 방대한 기독교 문화권을 흡수할 수 있는 어떠한 잘난 개인이 있을 수 없고 어떠한 민족이 있을 수 없다는 것을 미국의 독립 위정자들이나 이후의 미국 국민들은 알았기 때문입니다. 그렇기 때문에 기독교야말로 미국 건국사상에 있어서 기초정신이요, 그것은 전통적인 정신이 되었다는 것을 부정할 수 없다는 것입니다.

이 기독교정신이 보다 발전함으로 말미암아 보다 전진적이요 보다 세계를 위하는 방향으로 전진할 수 있는 기독교가 되었더라면, 이 미국은 기독교와 더불어 하나님의 뜻을 세계화시키는 데 있어서 중차대한 사명을 하고도 남았을 것입니다. 그러면 하나님이 이 미국을 중심삼고 세계를 하나로 만들고, 미국은 세계를 구하는 데 있어서 단 하나의 국가로서의 사명을 다했을 것입니다. 이렇게 보는 것입니다.

하나님의 뜻에 맞추어야 할 미국

069 - P.112, 1973.10.21

여러분, 미국이 외국 원조를 하고 민주세계에 주도적인 역할을 할 때는 전성시대였습니다. 공산세계와 완전히 부딪칠

때입니다. 여기서 후퇴해서는 안 되는 것입니다. 그 책임을 누가 져야 되느냐? 지도자들이 져야 된다는 것입니다. 하나님의 뜻에 맞게 가지 않거들랑 들이 맞는 거예요, 맞는 것입니다. 하나님이 떠나기 시작한다는 것을 알아야 됩니다. 만일에 민주세계가 사명을 다하지 못하게 되면 기독교가 나타나 가지고 공산당과 대결해서 오른편 강도의 사명을, 주도적 역할을 해야 된다는 것입니다. 세계를 구해야 할 것이 기독교의 책임인데도 불구하고 하나의 교파를 붙들고 있으니 세계는 망해도 좋아요?

그 주님을 모시기 위한 세계적인 발판 국가는 어느 국가가 되어야 하느냐 하면 이 미국이 되어야 합니다. 미국이 되어야 됩니다. 그런데 그 미국이 병이 들었다구요. 죽을병이 들었다는 것입니다.

나는 뉴욕에 도착해 가지고 5번가(Fifth Avenue)에 가서 가지고 눈물을 흘린 적이 있습니다. 엠파이어 스테이트 빌딩이니, 트레이드 센터(무역회관)니 하며 짓고 야단하지만 그거 지어서 뭘 해요? 거기에 하나님이 떠나는 날에는 사고라는 것입니다. 사고라는 것입니다. 하나님이 여러 분을 축복하고 이 나라를 2백년 동안 축복한 것은 그러한 고층 건물을 짓거들랑 거기에 하나님의 이름을 가지고 지을 수 있게끔 한 것입니다. 그런데 그렇게 못 되어 가지고 도리어 반대의 경향이 벌어지고 있다는 것입니다. 썩어가고 있다구요. 썩어가고 있다는 것입니다.

러시아워(rush hour)가 되어 즐비하게 길에서 머뭇거리는 사람들을 쳐다보게 되면, 그 가운데 젊은이들은 전부 다 윤락에 떨어져 있습니다. 하나님이 그렇게 되라고 이 나라를

3. 재림 메시아를 중심한 미국의 사명

축복해 주셨겠느냐? 고층 건물에는 하나님이 계셔 가지고 지도하고, 이 젊은 청년들은 세계로 가는 새로운 퓨리턴운동을 해 가지고 세계를 구하자고 각오를 해야 할 텐데 그렇게 안 되니 하나님이 얼마나 슬퍼하겠어요? 만일 그러한 사람 없더라도 젊은 청년들이 하나의 파워(power)를 갖고 벌판에 모여 가지고 이것이 미래의 세계를 구하는 제단이 되게 해달라고 하나님에게 호소한다면 하나님은 도리어 행복하다는 것입니다.

지금 미국에서, 뉴욕에서 하나님이 떠나고 있는 것을 여러분이 알고 있습니다. 뉴욕은 악마의 도성이라고 세계에 소문나고 있어요. 백주에 살인이 빈번하고 백주에 강간이 성행하는 이 도시를 만들어 놓으라고 하나님이 축복을 한 것이 아닙니다. 이 나라는 망할 모든 요인을 내포하고 있어요. 청소년들이 지금 윤락해 가고 있습니다. 젊은 사람들이 지금 마약 남용으로 해서 골치인 것을 여러분이 알고 있지요? 가정은 파탄되지요? 흑백문제도 앞으로 문제지요? 경제 공황이 앞으로 찾아올 확률이 많지요? 그건 왜 그렇게 되느냐? 하나님이 떠났기 때문입니다.

미국 어디에 가든지 하나님이 있어야 할 텐데 하나님이 떠나기 시작했다는 것입니다. 하나님이 있어야 할 곳에 하나님이 떠나기 시작했다는 것입니다. 여러분의 마음에도 하나님이 떠났어요. 여러분의 가정에도 하나님이 떠나고 있어요. 여러분의 사회도 그렇고 교회도 그렇습니다. 여러분의 정부에도 그래요.

다시 오시는 메시아를 맞는 미국이 되기를

053 - P.210, 1972.02.28

이 끝날, 혼탁한 사상이 세계를 물들이고 있는 이때에 있어서 하나님의 말씀을 절대적으로 믿고 나갈 수 있는 무리가 나타나야 된다는 것입니다. 공산주의라든가 하는 어떠한 철학이나 사상이 문제가 아니라 이것을 극복해 가지고 하나님만을 믿을 수 있는, 새로운 말씀을 중심삼고 나서는 무리가 있어야 된다는 것입니다. 수많은 무리가 그 길을 반대하고, 아무리 죽을 길로 내몬다 하더라도 그것을 극복하고 그 길을 따라 나설 수 있는 무리가 나와야 된다는 것입니다.

하나님의 뜻을 받들고 나서서 그러한 어려움을 극복한 후에야 비로소 하나님의 사랑권 내에서 메시아를 맞게 되는 것입니다. 그리하여 지금까지 양자밖에 되지 못하였던 우리가 직계의 아들로 하늘의 새로운 나라를 맞이하는 백성이 되어야 지상에 천국을 건설할 수 있다는 것입니다. 개인에서부터 가정·종족·교회를 거치고 세계적인 운동을 거쳐 나오는 그러한 무리가 나타나야 된다는 것입니다.

유대교가 분열되고 이스라엘 민족이 분열됨으로 말미암아 뜻을 이룰 수 없었던 것을 우리는 알고 있습니다. 그런 입장에서 현실의 기독교 분열상을 바라볼 때, 지금과 같은 터전에서는 소망을 찾을 수 없다는 것을 우리는 알아야 되겠습니다.

이제 새로운 메시아가 오실 때에는 그분이 피해를 입는다든가 혹은 가시는 길에 있어서 방해를 받는 것을 방지할 수 있는, 세계를 대표한 국가형태를 빨리 만들어야 된다는 것입니다. 이러한 때가 와야 될 것을 예상하고 우리는 여러분이 알다시피 국경을 초월해서 새로운 가정편성운동을 하는 것입니

3. 재림 메시아를 중심한 미국의 사명

다. 대대적인 합동결혼식도 이러한 뜻을 받들기 위한 준비인 것을 여러분이 알아야 됩니다. 개인적으로 접붙이고, 가정적으로 접붙이고, 종족적으로 접붙이고, 국가적으로 접붙일 수 있는 방법을 가르쳐 주어야 할 사명을 짊어지고 나온 것이 오늘날 통일교회라는 것입니다.

현재 미국을 두고 보면 가정을 뛰쳐나온 젊은이들이 많습니다. 그들이 세계를 위한 하나님의 뜻이라든가 혹은 이 땅 위에 오시는 메시아의 길을 닦기 위해서 그렇게 나갈 수 있다면 얼마나 고맙겠습니까? 젊은 남녀들이 갈 길을 모르고 절망의 함정인 히피의 무리가 된다는 사실을 볼 때, 미국 국민은 각성하지 않으면 안 된다고 보는 것입니다.

그리고 가정은 산산조각으로 깨져 나가고 있는 것을 우리는 알고 있습니다. 이러한 곳에는 오시는 메시아를 맞을 수 있는 신앙의 가정이 있다고 생각할 수 없는 것입니다. 이러한 실정, 이래도 좋고 저래도 좋고, 민주세계면 어떻고 공산주의면 어떠냐 하면서 양방면에서 자기 갈 길을 찾지 못하는 자리에 있어서는 하나님의 뜻을 받들 수 있는 국민과 나라가 될 수 없다고 보는 것입니다. 그렇기 때문에 자기 나라만을 위하는 국민이 아니라 자기 나라를 넘어서서 세계를 위하고 새로운 세계적인 운동을 할 수 있는 미국이 될 성 싶지 않다는 것입니다.

우리 통일교회의 젊은이들은 가야 할 방향을 알지 못하고 잠자고 있는 이 민족 앞에 새로운 방향을 제시하고 잠을 깨워 주기 위해서, 나라와 세계를 위해서 가자는 것입니다. 하나님이 그처럼 축복했던 미국이 메시아가 올 때에 딴 나라보다 메시아를 맞을 수 있는 기반이 없어서는 안 되겠다는 것을 염려

하면서, 이 나라를 하나님 앞에 선두에 세워서 축복을 받을 수 있는 나라로 만들자는 것입니다. 그것을 위해 우리는 길을 떠나자는 것입니다.

여러분이 알다시피 미국이 갈 길을 못 가는 날에는 하나님의 섭리에 크나큰 지장을 가져옵니다. 그러므로 우리들은 '하늘이여, 미국을 버리지 마옵소서. 저희가 미국을 위해서 제물이 되고, 미국을 위해서 싸우고, 미국을 위해서 정성을 다하겠습니다' 하면서 가자는 것입니다.

가정을 가누지 못하더라도 오시는 메시아를 모셔야 되고, 나라를 가누지 못하더라도 오시는 메시아를 맞아야만 된다는 것은 틀림없습니다. 부디 오시는 메시아를 맞아 가지고 하나님의 직계 자녀로서 창조본연의 사랑을 중심삼은 하나님의 가정과 하나님의 나라와 하나님의 국민이 되어 주기를 바랍니다.

미국은 세계적 기준에서 메시아를 맞을 수 있는 자리에 서야

053 - P.249, 1972.02.29

제1 이스라엘이 국가적 기준을 중심삼고 실패했는데, 그 기준을 세계적 기준에서 성사시키기 위해서 닦아 나오는 것이 민주세계의 기독교 문화권입니다. 그러면 민주세계에 있어서 선두에 선 그 나라가 어느 나라냐 하는 것이 문제가 되는 것입니다. 그 나라가 미국입니다. 그러면 미국 국민에게 옛날 제1 이스라엘권 시대에 메시아를 맞기 위하여 고대하던 것과 같은 간절한 소원을 가지고 다시 오시는 메시아를 맞기 위한 사상이 있느냐 하는 것을 우리가 생각하지 않을 수 없는 것입

3. 재림 메시아를 중심한 미국의 사명

니다.

옛날 이스라엘 나라와 유대교가 하나되어서 예수님을 받들지 못함으로 말미암아 그 한 나라가 깨졌습니다. 그렇기 때문에 이 시대에 있어서는 그 나라와 기독교가 하나되어 가지고 다시는 전체가 깨지지 않게끔 보호하겠다고 하는 단결된 국가 형태를 갖추어야 된다는 것입니다. 그리고 영적인 면에서도 승리한 이스라엘 국가 형태를 갖추어 사탄세계의 어떤 나라도 이길 수 있는 강한 자주권을 가지고 나타나야 된다는 것입니다.

여러분, 이 나라 미국은 특별히 퓨리턴 사상을 중심삼고 형성된 것을 알고 있습니다. 이 나라는 하나님만을 위할 수 있는 신앙의 절개를 가진 무리들로 말미암아 형성되기 시작했던 것입니다. 이 미국은 야곱과 마찬가지로 하나님의 뜻을 위해서는 내가 죽더라도 이 뜻을 이루겠다는 신념을 가진 민족이 되어야 된다는 것을 알아야 합니다.

그러므로 여기에 있어서 야곱과 마찬가지로 세계적인 사탄을 대해 가지고 싸워서, 씨름을 해서 이겨 가지고 자주권을 세울 수 있는 나라가 하늘편에 있어야 된다는 것입니다. 야곱이 영적인 천사를 굴복시키고 자기 형을 굴복시킴으로 말미암아 축복을 이룬 거와 마찬가지로, 미국 자체도 영적인 사탄을 굴복시키고 에서와 같은 입장에 선 공산세계를 굴복시켜야만 하나님의 뜻을 이룰 수 있다는 것입니다. 그렇기 때문에 물질적으로나 모든 면에서 만반의 축복을 다 해주었던 것입니다.

미국을 사랑하는 동시에 교회를 사랑할 줄 알아야 됩니다. 교회와 나라는 공동 운명에 서 있습니다. 그러므로 이것이 하나되어 가지고 오시는 메시아를 위한 하나의 세계적인 사탄을 이긴 국가로 등장할 수 있는 권위를 갖추어 놓아야 됩니다. 그런 자리가 되지 않고는 다시 오시는 메시아가 이 땅 위에 오시더라도 실패할 수 있는 위험성이 있다는 것을 우리가 알아야 되겠습니다.

아무리 미국과 교회가 하나되었다 하더라도 메시아를 맞지 않고는 이상세계로 들어갈 수 없습니다. 그 메시아라는 분은 하나님을 중심삼고 개인적으로 완전히 하나될 수 있는 대표적인 표준형이요, 가정적으로 완전히 하나될 수 있는 표준형이요, 국가적으로 완전히 하나될 수 있는 표준형이요, 세계적으로 완전히 통일사상을 세울 수 있는 표준형입니다. 그렇기 때문에 그분을 맞지 않고는 안 된다는 것입니다.

그런데 현재의 미국 국민이, 미국 나라가 혹은 미국 교계가 그렇게 되어 있느냐 하는 것을 생각할 때, 이것은 지극히 걱정하지 않을 수 없는 문제인 것입니다. 오늘날 미국이 민주세계의 대표적인 국가가 될 때까지는 그 배후에서 수많은 희생의 대가를 치러 가지고 이만큼 끌어올린 하늘의 공적이 있는 것을 이 국민들이 알아야 된다는 것입니다.

미국은 개인적으로 보더라도 세계 인류의 동경의 대상으로 되어 있는 것으로 알고 있습니다. 혹은 국가 형태로 보더라도 그런 자리에 있습니다. 그러한 입장에서 개인과 가정과 사회와 국가가 하나되어야 할 텐데, 지금 어떤 일이 벌어지고 있느냐 하면, 분립되는 일이 벌어지고 있습니다.

개인과 가정이 하나되어야 하고, 가정과 종족이 하나되어야 하고, 종족과 민족이 하나되어야 하고, 민족과 국가가 하나되어 완전히 일치될 수 있는 단결된 국가를 만들어야 된다는 것

3. 재림 메시아를 중심한 미국의 사명

입니다. 메시아를 고대할 때에 바라던 그 이상의 간절한 마음을 가지고 하나되는 자리에 서는 나라가 되지 않으면 안 된다는 것입니다.

여러분, 미국은 어떠한 나라도 능가할 수 있는 자주력을 갖고 있는 나라로 알고 있습니다. 소련이 문제가 아니요, 중국이 문제가 아닌 것입니다. 하나님편에만 있으면 이것은 문제없이 능가할 수 있는데, 하나님을 멀리하게 된다면 그때부터 문제가 되는 것입니다.

이 미국을 중심삼고 볼 때, 미국 국민이 이제 이 외적 세계의 자주권을 어떻게 형성하느냐 하는 문제가 지극히 중요한 것입니다. 또한 이 나라의 주체적 전통사상을 무엇으로 할 것이냐 하는 것이 문제가 되는 것입니다.

유대 민족은 2천년 동안 나라를 잃어버린 민족이 되었지만, 하나님을 믿는 데 있어서는 지금까지 전통을 지키고 나오는 민족으로 알고 있습니다. 그 이상의 전통적 사상을 세울 수 있는 국민사상이 미국 국민에게 있어야 된다는 것입니다. 그러기 위해서는 전통적 사상이 있어야 하는데 딴 곳에서는 가져 올 수가 없는 것입니다. 그것은 기독교 사상, 기독교 사상 외에는 없다는 것입니다.

다시 말하면 개인은 가정적으로 희생하고 가정은 민족적으로 희생하고 민족은 국가적으로 희생하고 국가는 세계적으로 희생할 수 있는, 서로서로 남을 위할 수 있는 전통을 이어받은 가정 혹은 사회가 형성되어야 된다는 것입니다. 그리하여 오시는 주님을 만나 가지고 비로소 이스라엘에서 실패했던 것을 여기에서 승리했다는 결과를 가져 왔다는 기준을 세워야만 하나님의 뜻이 세계적 기독교 문화권을 중심삼아 가지고 실천될 수 있는 것입니다.

장자인 미국 국민이 책임해야

303 - P.190, 1999.08.25

미국 나라의 목표가 '원 네이션 언더 갓(one nation under God;하나님 아래 하나의 나라)'인데 '원 월드, 원 유니버스 원 코스모스 언더 갓(one world, universe, cosmos under God;하나님 아래 하나의 세계, 우주, 천주)'의 개념을 가져야 됩니다. 이게 기독교로 말하면 재림주님이 오실 때 들려 올라간다는 말과 마찬가지의 뜻이 있는 것입니다. 그것을 위하여, 그 차이에 대한 책임을 미국 국민이 해야 됩니다.

미국 국민이 책임 해야 돼요. 장자가 그 책임을 해야 돼요. 장자권 복귀가 그거예요. 누가 선두에 서느냐 하면 장자가 서야 돼요, 장자가. 영계와 육계가 갈라진 것을 하나 만들고 영계가 장자권을 가진 사탄권에 속했던 것을 전부 다 뒤집어 박아야 됩니다.

그래, 선두에 서야 됩니다, 선두. 선두에 서야 돼요. 가인이 영계에서 선두에 서 가지고 아벨을 희생시켰는데 이번에는 하늘편의 아벨이 형님의 자리에서 영계를 치리해야 돼요. 탕감복귀하는 것입니다.

영계와 육계가 지금은 세 나라라구요. 예수님이 주관하던 낙원권 나라, 그 다음에는 사탄이 주관하는 지옥권 내의 그 이하의 나라, 그 다음에는 참부모가 와 가지고 참부모 중심삼은 통일적 지상·천상천국 해서 세 나라인데 한 나라로 규합되는 것입니다. 지상이 주체, 지상이 중심이에요. 영계가 중

3. 재림 메시아를 중심한 미국의 사명

심이 아니에요. 그것이 실감이 나서 일을 해야 하늘이 역사하지 '그게 그럴까?' 하는 중간 입장에 서게 되면 하늘이 역사하지 않는 것입니다.

세계평준화를 위한 미국의 사명

303 - P.194, 1999.08.25

미국이 지금까지는 세계적인 지도국가, 전부 다 외적인 세계의 제일가는 나라로서 마음대로 할 수 있다고 생각하지만 정신적인 관에서는 그것이 안 돼요. 반면에 가정이나 내적인 분야는 완전히 썩어 가는 것입니다. 가정은 완전히 무너집니다. 가정이 평화 되기 위해서는 이런 하늘나라의 정치적 모든 입장을 능가하는 사랑의 헌법, 절대 참사랑의 헌법을 중심삼은 부처(夫妻)의 모든 것이 공식화되어 있기 때문에 거기에 순응해야 한다는 것입니다. 어떤 사람이 주장해서 변천해 가게 안 되어 있다구요.

그러니까 정치체제는 전부 다 물러가고 앞으로 정치체제는 관리체제로 넘어가는 것입니다. 어떻게 모든 세상 사람들이 평준적으로 잘 먹고 잘 같이 사느냐, 차이 없이 같이 사느냐 하는 문제를 중심삼고 관리체제로 돌아가는 것입니다. 그래서 개인적 관리, 가정적 관리, 종족적 관리, 민족적 관리, 국가적 관리, 세계적 관리까지 전부 다 사랑을 중심삼고 가정 확대라는 것입니다. 가정을 중심삼고 가정·종족·민족·국가·세계·천주·하나님의 8단계와 마찬가지로 공식적으로 발전해 나가기 때문에 이미 갈 길이 다 가려져 있음으로 말미암아 정치 방향을 통해서 투쟁이라든가 그 배척이라는 것이 없이 공식화된 안착할 수 있는 입장의 관리체제로 화(化)한다는 것입니다. 투쟁이 없어요. 투쟁이 없어진다는 것입니다.

이제 그것을 그냥 두고 나가게 된다면 세계 국가가 전부 다 미국을 부정해 버린다는 것입니다. 때가 그래요. 하늘이 부정한다는 것입니다. 전체에 대한 것을 중심삼고 전반적인 것이, 전체가 평준화 될 수 있는 내용이 안 되어 있어요. 전권·전능인데 권력 중심삼고 자기 방향이 달라요. 이제 전능의 시대에 있어서 하나의 목적을 중심삼고 전반적이 되어야 됩니다. 하나가 되어야 됩니다. 그러니까 정치 권력 구조의 투쟁 개념이라든가 목적 개념을 달리 할 수 있는 길이 없다는 것입니다. 하나님을 중심삼고 전부 다 평준화 중심삼고 통일적인 내용이 되어 있다는 것입니다. 정치 방향을 넘어서 가정적 생활방향으로 일원화시켜야 지상·천상천국이 되는 것입니다. 달라진다구요.

관리할 수 있는 것이 법이 되어 있어요. 거기에 따라 가지고 잘 관리하는 것을 말하는 것입니다. 정치체제가 없어진다, 앞으로 관리체제로 변해야 지상천국이 된다고 한 것입니다. 그래, 185개의 정치체제가 있어 가지고 어떻게 되겠어요? 평화가 어떻게 되나요?

그렇기 때문에 앞으로 생활이라는 것은 상·중·하(上中下)가 있습니다. 상·중·하에 있어서 상은 중을 중심삼고, 여기서 상·중·하는 직선이 아니에요. 배가 불러지기 때문에 중을 중심삼고 개인·가정·종족·민족·국가 전부 다 계열이 벌어지는 것입니다. 그렇기 때문에 상·중·하만 되어서는 안 되는 것입니다. 상하 관계만 해서는 안 돼요. 언제나 두 갈래 투쟁 개념이 있다는 것입니다. 전부 다 이게 평준화

3. 재림 메시아를 중심한 미국의 사명

되어야 하는 것입니다. 앞으로 생활적인 면을 중심삼고 중류 그 이상은 내려가고 아래에서는 올라가서 평준화가 되는 것입니다. 이것을 중심삼고, 이것 중심삼고 이것은 이렇게 돌고 이것이 같아야 됩니다. 그것이 때에 따라 변하지를 않아요. 변하지 않습니다.

그래, 무엇이 그 관리체제냐 하면 경제적 관리체제라는 것입니다. 경제적 관리체제에 빈부의 차이가 있기 때문에 그것을 전부 다 유지하려는 데 있어서 싸움이 벌어지는 것입니다. 그렇기 때문에 전부 다 잘사는 사람은 이제 자기 재산을 기쁘게 못사는 사람에게 줘서 이렇게 돌아가야 돼요. 또 높은 사람, 종교인과 비종교인도 마찬가지입니다. 지옥과 천국이 돌아가야 된다는 것입니다. 그래서 성인과 지옥에 있는 사람을 전부 다 축복해 주고, 일반 동서문화의 차이로 모두 원수가 되어 있지만 전부 다 평준화 해 가지고 동서가 결혼하고 남북이 결혼하는 것입니다. 사위기대 가정 개방시대에 지상천국이 된다는 것입니다.

참부모의 사명 완결과 미국

073 - P.105, 1974.08.04

여러분은 살아서 천사장과 같은 사명을 가지고 선생님을 협조할 수 있는 세계적 기반을 가질 수 있는 놀라운 시대에 처해 있다는 것을 알아야 합니다. 그래서 여러분은 영적 실체의 천사장적 사명을 완결할 수 있는 놀라운 자리에 있는 것을 알아야 한다구요. 그것이 지금 이때입니다. 여러분은 예수님보다도 놀라운 위치에 있다는 사실을 알아야 되겠습니다. 예수님은 영적이었지만 여러분은 영육을 중심한 천사장의 사명을 가지고 협조할 수 있는 시대에 처해 있다는 걸 알아야 됩니다. 그뿐만이 아니라 여러분은 선생님의 자녀 된 입장에서도 협조할 수 있는, 효자 효녀의 도리를 할 수 있는 때에 처해 있다는 것을 알아야 되겠습니다. 그렇기 때문에 여러분 앞에는 예수님도 누리지 못한 축복의 길을 갈 수 있는 놀라운 지상의 터전이 되어 있다는 것을 알아야 된다는 것입니다.

그래서 여러분은 선생님이 지금까지 닦은 모든 것을 상속받을 수 있는 권한을 갖게 된 것입니다. 역사 이래 하나님의 이름을 가지고 하늘의 전권과 이 우주의 전권을 대신해 가지고 하늘의 이상적인 사랑을 중심삼고 축복이라는 이름 밑에서 전체 앞에 성례식을 할 수 있었다는 사실은 이번이 처음인 것을 알아야 되겠다구요. 그리하여 여러분의 가정, 축복받은 가정에서 태어난 아들딸은 비로소 사탄세계의 참소를 받지 않는, 탕감을 치르지 않는 해방의 자녀가 된다는 놀라운 사실이 지상에 처음 벌어지는 겁니다.

그렇기 때문에 나는 천사장의 완성이요, 타락한 아담의 복귀완성입니다. 뿐만이 아니라 오시는 주님 앞에 만세 부르고 만민 앞에 축복받아 타락하지 않은 이상적 아담의 권한을 가진 새로운 천국의 자녀로 등장할 수 있는 내 자신이 되었다는 이 놀라운 사실에 대해 여러분은 무엇으로 감사해야 되겠느냐는 것입니다. 천사장 완성, 그 다음에 아담 완성, 예수님 완성, 그 다음에는 재림주 완성의 가치를 이어받아 가지고 하늘 가정을 만들 수 있는 것입니다. 말뿐이 아니에요. 또 이것이 막연한 것이 아니라 구체적입니다. 이 원칙을 중심삼고 보면 영계의 일이 어떻게 되어 있고, 지상의 일이 어떻게 되어 있

3. 재림 메시아를 중심한 미국의 사명

는가 하는 사실이 명백해집니다. 이처럼 공식적인 관에서 영적인 세계를 풀고 실체적 세계를 풀 수 있었다는 사실을 여러분이 알아야 됩니다. 이건 부정할 수 없는 진리라구요. 그러기에 여러분이 선생님을 보고 참부모님이니 무엇이니 그런 말을 하는데, 참부모 될 수 있는 것은 세계 인류 앞에 모든 사명을 할 수 있는 기반을 갖게 될 때에 가능합니다. 다시 말해 그러한 한 나라를 갖고 나서야 될 것이다 하는 것을 여러분이 알아야 되겠다는 것입니다. 그러한 나라가 미국이 된다면 민주세계는 대번에 구원될 것입니다.

  그렇기 때문에 우리는 미국 내에서 여러 민족이 구성된 미국 국민보다도 강력히 하나되어야 되겠다는 것입니다. 그렇게 해야만 타락하지 않고 천국의 출발을 보려던 하나님의 이상의 궤도를 따라갈 수 있는 것입니다. 그렇기 때문에 부모로서 잃어버렸던 것을 비로소 완성시킴으로 말미암아 참부모의 사명을 완결할 수 있다는 것을 알아야 됩니다. *